燕京语言学

第九辑

洪波 主编

中西書局

图书在版编目(CIP)数据

燕京语言学. 第九辑 / 洪波主编. -- 上海 : 中西书局, 2025. -- ISBN 978-7-5475-2451-0

Ⅰ. H0-53

中国国家版本馆 CIP 数据核字第 2025PL7642 号

燕京语言学(第九辑)

洪　波　主编

责任编辑　汪惠民
装帧设计　黄　骏
责任印制　朱人杰

出版发行　上海世纪出版集团
中西書局(www.zxpress.com.cn)
地　　址　上海市闵行区号景路 159 弄 B 座(邮政编码：201101)
印　　刷　上海中华印刷有限公司
开　　本　710 毫米×1000 毫米　1/16
印　　张　23.25
字　　数　448 700
版　　次　2025 年 7 月第 1 版　2025 年 7 月第 1 次印刷
书　　号　ISBN 978-7-5475-2451-0/H・168
定　　价　98.00 元

《燕京语言学》编委会

《燕京语言学》编辑部

前　言

首都师范大学“华夏语言文字文明研究中心”依托首都师范大学文学院语言学方向的汉语言文字学、语言学及应用语言学、古典文献学、少数民族语言文学等二级学科于2024年5月正式成立。华夏语言文字文明研究，其根本是通过对语言、文字、文献等文化传播工具的研究，来探寻中华文明的起源和中华各民族交往交流交融历史。研究主要涵盖语言学、文字学、民族文献学等学科，涉及历史学、民族学、社会学、人类学、文学、哲学等多个学科领域。

在华夏语言文字文献与中华文明起源的研究背景下，本中心的研究依托于文学院汉语言文字学、中国少数民族语言文学学科，既坚持现有学科整体性研究，也重视学科微观的研究，从具体语言现象入手，思考宏观问题；既树立全球化的视野，也注重方言材料的进路，寻求中西内外的融合；以传统的语言学、文字学研究为基础，同时引入历史学、文献学、人类学、遗传学等人文社会科学及自然科学的研究模式，以问题为导向，坚持开放包容学习的态度，不断开拓新的研究领域。

目前本中心的研究领域主要包括三个方面：（1）语言

学研究，主要是汉语、汉藏语相关研究，核心是汉藏语史以及语言接触的研究。涵盖语言学、文字学、民族文献学等学科，涉及历史学、民族学、社会学、人类学、文学、哲学等多个学科领域。(2) 古文字学研究，主要是甲骨文、金文以及少数民族文字的识别以及中国各民族文字接触交融研究。(3) 文献学研究，主要是出土文献和传世文献的结合研究以及少数民族文献的研究。

近年来，首都师范大学文学院为了展现学科的成果，编辑出版了《燕京语言学文存》，选辑本学科老师已经刊发的旧作，旧尘重拂，历久弥新，诠次一新，犹有可观者焉。为了鼓励学术创新，自第三辑始，特更名为《燕京语言学》，倡导新作首发。改刊的《燕京语言学》主要发表与我校各语言学二级学科的相关著作，除刊发校内老师新作旧著，我们也诚邀海内外语言学者宿儒和学界新锐才俊，惠赐佳作。自第七辑始，《燕京语言学》改由我院“华夏语言文字文明研究中心”负责编辑出版工作，刊发内容得以进一步凝练。

目前《燕京语言学》主要刊登以中国境内语言、文字为研究对象的语言学、文字学学术论文、读书札记和严肃学术评论。结合首都师范大学华夏语言文字文明研究中心各研究方向，本刊大力提倡跨学科研究的交叉结合，理论探讨和实证研究的结合，中国语言文字研究传统和前沿理论范式、当代先进技术的结合，尤其推崇利用前沿理论对中国境内不同语言、文字的综合研究，积极推动中国语言学、文字学学科的纵深发展。

《燕京语言学》编辑部

2024 年 7 月 5 日

目　　录

名家新论

比较训诂研究

核心词研究

民族语言文化历史研究

书评

名家新论

起航比较训诂学

——序黄树先先生《比较训诂学探索》

冯胜利

北京语言大学章黄学术理论研究所

［**摘要**］“训诂”虽老，但“比较”维新。比较训诂学既是一门“旧学之新途”，也是一门“新学之旧基”。新与旧，舍其一则不堪为“比”；无“比”，遑论比较之学？

［**关键词**］比较　训诂　词义比较

曩闻树先先生在撰《比较训诂学》，心向往之；今先生寄来《比较训诂学探索》大稿，更欣兴不已，窃为先生成就大作而击案称绝——中国训诂学史上又出现一部“古之所无，而后不可无”的启航之作。树先君嘱余为之序，欣然从命，与有荣焉！

训诂学是一门古老的学问。愚年未冠而有幸受业于陆颖民（宗达）先生。当时我叫他“外公”，先听唐诗，再课《左传》《说文》，始知训诂之旨在乎声音。后从陆先生读硕士，在陆、王二先生的指导和点拨下，渐悟训诂之根在语义，训诂之归在文献。陆先生发明“文献语言学”之根柢要义或在于斯。这一点，章黄后继传人无不心知肚明。树先君，即其一也。树先兄是季刚先生三传弟子，受业于潜斋杨先生门下。潜斋先生曾撰《语言学》，是一部章黄学术传统与西方语言学理的合璧之作；无怪乎树先之学，并兼中西。信哉，非如此而不能为比较训诂之学！树先君训诂根植之深固，盖出《周礼正义》之基底；其古今音韵之纯熟，有赖博导潘君悟云之开启。“训诂”虽老，但“比较”维新；人非斯学，其谁与堪？

比较训诂学既是一门“旧学之新途”，也是一门“新学之旧基”。新与旧，舍其一则不堪为“比”；无“比”，遑论比较之学？树先兄之比较训诂学在今天的训诂学界，可谓先声夺人、独树一帜。虽此，其来亦有自焉。太炎先生曾云：“如‘能’，如‘豪’，如‘群’，如‘朋’，其始表以猛兽羊雀。此犹埃及古文，以雌蜂表至尊，以牡牛表有力，以马爵之羽表形行恺直者。”（《检论·正名杂议》）——此可谓比较训诂之端倪。也有来自洋学者的比较训诂，如汉语家 Peter Boddberg（卜弼德）的“卿”“饗”之解。其说如下（Alvin P. Cohen［eds.］1997：214—215）：

“饗”甲骨文作、，金文作，象二人对坐进食之形；其构意是“对食”。故“亯（享）”“鄉”“卿”“向”“相”语意相通：祭毕祖先后，鄉人同桌进餐。“鄉”乃同族人，“卿”乃同桌对食者。亦即：

享、饗＝sacrifice 祭祀（参段玉裁：“凡献于上曰亯，凡食其献曰飨。”）

鄉、卿＝Ritual meal（Latin：Convivium＝group-food←Convive＝face-to-face，或 convivium“宴会”←convivere“一起狂欢，共同生活”）

同鄉＝messmate（同餐桌对坐伙伴：country 鄉←contra 对）

同享＝commensal（同吃、共生、共食友：parish←paroikos）

进言之：

饗 ＝ country-wick，commune，parish，convictorage，（con-）cenacle，coenositery，syndeipnon；

卿 ＝ ruler’s companion，paroeciarch，convictor，（con-）cenator，coenosite，syndeipnos，syndaitor.

更有趣的是，卜弼德还用希腊语把“香”也系联进来：

Greek：thyō‘to sacrifice 祭’→ thyoō‘to make fragrant 香’（源于 thyme 和 thymiam）

——（取自“Chinese Hsiang 鄉，‘country-wick’and Ch’ing 卿，‘grandee’”）

太炎先生说：“《说文》：亯（享），献也。从高省，曰象进熟物形。《孝经》曰：祭则鬼享之。孳乳为飨，乡人歙酒也。”可见卜氏所释，不无道理。其说是否皆谛，姑尚不论，而他所做的是“比较训诂”，则无疑义。

然而，前人的研究只是个案的发明，而非如树先君此著之富有系统性、丰富性和理论性。毫无疑问，树先君的考证虽亦有时而可商，但其新颖的角度、严谨的学风、详实的材料、缜密的考证，颇具乾嘉诸老的理必之功；而其中古今汉语、南北方言、汉藏布缅、印欧澳非等不同语言的交叉互证，无不是一项艰难而富有开拓精神的工作。毋庸讳言，从事这项研究非有广博的学识和胆力而不可，试图跟进且不易，读之也有“和者盖寡”之虞，但我可以自信地说：此后必有好学深思而承传者也。原因很简单，树先君提出的比较训诂学，其意义远不止于词汇和词义之比较——其含隐要义自有更深者。兹姑举一例，以见其宏旨如下。

清人汪中有《释三九》，让我们明白了《老子》“一生二、二生三、三生万物”的词义底蕴。然而，不只中国人的语言观念如是，其他民族的也不外此。英文的“thrice”和拉丁文的“ter”都含有两个的意思：一是“三倍”，二是“许多”。拉丁文的“三 tres”和“超越 trans”之间有着明显的语源关系；而法文的“甚 tres”和“三 trois”之间的派生关系更一目了然。这种观念还可以追源更远：人同此心，鸟兽亦然！Dantzig（1938）说，鸟巢内若有四卵，人可安然拿去其一而不被发觉。但如拿去两个，鸟通常就要逃走。鸟会用奇怪的方法辨别二和三。难道人和某些动物一样，都赋有一种天生的“数觉”吗？有人研究了南非洲的布须曼（Bushmen）原始民族，发现他们除了一、二和多之外，再没有别的数字。布须曼人的“三”就是“多”。由此可见，“三人行必有我师焉”的“三”所反映的实是一种带有生理、心理等多重性的自然观念——比较训诂学告诉我们的不止是词义，它里面蕴藏着深厚的自然、文化之意蕴、观念和哲理。

余平生所好，唯在学术，谨守“殷勤传学，刻苦为人”之章黄遗训。树先君乃章黄后学，其“殷勤”“刻苦”之功，有《比较训诂学探索》为之证。无疑，这是季刚先生“蜂腰”之忧的传学力作，而其所以独卓于今者，又是打造“自主知识体系”的前沿实践。黄君与我，既属同门，又是好友和同道，于是欣然从命而为之序。是耶？非耶？恕不暇计；唯缘表我对树先的钦佩与敬重而已矣！

是为序

甲辰年端午

于北语家属9号楼墜垣斋

参考文献

Alvin P. Cohen（eds.） 1997 *Selected Works of Peter A. Boodberg*. Berkeley：University of California Press.

Dantzig 1938 *Number: the Language of Science*. London：George Allen & Unwin Ltd.

比较训诂学与古汉语虚词研究

洪　波

首都师范大学文学院

［**摘要**］近世以来，文献语言虚词之功能分析，归语法一科。学者多囿于畛域，治训诂者或不涉虚词，治语法者多无视训诂，皆谬矣。传统训诂于实词求其确诂，于虚词求其“辞气”，二者不偏废。

［**关键词**］训诂　虚词　比较

吾友黄君治训诂之学几四十年矣，由传统训诂而入比较训诂，开训诂学之一新境界，俾训诂学之悠久传统与当代历时比较语言学、语义学、词汇类型学相融合，走上科学之路，体大思精，独标学林。其新著《比较训诂探索》将付梓，嘱余谰言以附焉。

余少从解惠全师学实词虚化，自是以来，稍事历代典籍虚词之诠解，探源寻流，踵武师说。然资罢驽，性散漫，垂老迄无称焉，斯于黄君之黄钟大吕，又何加焉？

虚词之诠释乃传统训诂学之一隅。“词”之发明，即肇于虚词之训释。《诗经·周南·汉广》：“南有乔木，不可休思。”《毛传》曰：“思，词也。”又《大雅·文王》：“思皇多士。”《毛传》曰：“思，词也。”大率毛氏解《诗》，特立“词”以统括句尾句首句中之助字，然迄东汉，许慎则以“词”训释各类虚词，遂为虚词训诂专设之辞。《说文解字》曰：“词，言内而意外也。从司、言。”如：“者，别事词也。”“皆，俱词也。”“曾，词之舒也。”“乃，词之难也。”许氏以为“词”从“司”

“言”会意，“司言”犹“司空”“司徒”，掌控言辞者也。是犹泰西之“葛琅玛”，源自希腊语，本义为“魔法”。希腊拉丁语形态变化复杂而有章，遂以“葛琅玛”喻之。“词”之于汉语，犹“葛琅玛”之于希腊拉丁语也。

虚词之训诂发轫于经学。汉代经学，五经各有师承，“离经辨志”乃各家解经之阶梯，度圣意之津梁。先秦经典，“实字其体骨，虚字其性情”，遂致“实字易解，虚字难训”，毛氏发明“词”以示之，许氏以“词”统摄之，率由此也。《尔雅·释诂》：“孔、魄、哉、延、虚、无、之、言，间也。”亦此类也。马瑞辰《毛诗传笺通释》卷二：“‘间’谓间厕言词之中，犹今人云语助也。《尔雅》此节皆语助，凡词之在句中者为‘间’，词之在句首在句末者亦为‘间’。”然此必不免流于宽泛，后世经师多不取法焉。东汉以降，经师训释虚词，多参合上下文语境，同一虚词，上下文语境不同，义遂别解。此法于宋儒为甚，余目之为绝对语境主义。例如《诗经》之“言”字，毛传多训为“我”（夏大兆 2017，洪波《〈诗经〉“言”字研究》未刊稿），《尔雅·释诂》亦云“言，我也”。然宋儒皆据上下文语境而别为说。如《诗经·小雅·彤弓》：“彤弓弨兮，受言藏之。”毛传：“言，我也。”宋吕祖谦《诗记》引王安石说：“‘受言藏之’者，工成而献王，王受而藏之，以待赐也。”以“而”对应“言”字。《周南·葛覃》：“言告师氏，言告言归。”毛传：“言，我也。”朱熹《诗集传》：“言，辞也。”《小雅·瓠叶》：“君子有酒，酌言尝之。”毛传：“言，我也。”朱熹《诗集传》：“君子有酒，则亦以是酌而尝之。”以“而”对应“言”字。《小雅·小明》：“念彼共人，兴言出宿。”毛传：“言，我也。”朱熹《诗集传》：“兴，起也。……不能安寝，而出宿于外也。”亦以“而”对应“言”字。宋儒此风流波甚远，清乾嘉显儒王引之作《经传释词》，虽自标“揆之本文而协，验之他卷而通”，然亦不免于宋人遗风，随文释义，彼此不相统属，遂有“经生家”（《马氏文通》）之讥。俞敏先生《〈经传释词〉札记》更多所指摘。如“其”字条下王氏谓副词“其”为拟议之词，又曰“其犹殆也”“其犹将也”“其犹尚也”

“其犹若也”“其犹宁也”。俞先生认为以上各种皆为拟议之词，王氏强为分别，遂使词义割裂。（俞敏 1985）

我师公畹先生尝教余曰：治上古汉语，文献固然重要，然亦须上求亲属语言，下探各地方言。唯将死语言与活语言两相参证，方得其门径。黄君倡比较训诂，熔汇文献语言、汉藏语系语言、现代汉语方言乃至其他语言之词义比较于一炉，彼此参证，以窥义方，可谓深得我师是言之旨。人类语言流变至今，词义纷纭复杂，然亦有其条理，各有理据。不唯语音、语法之流变具有共性，词义之流变、词汇之孳乳派生亦有共性。此不独实词之词义引申、同族词之孳乳派生为然，虚词词义之嬗变亦大率如此。盖因人类认知，隐喻与转喻最为普通，隐喻因像似而辗转，转喻因相关而为用。Bernd Heine & Tania Kuteva（2002）编《语法化的世界词库》，搜罗世界百多种语言虚词功能演化之规律，得四百余条共性演化路径。余主持编写《中国境内语言语法化词库》（待刊），于《语法化的世界词库》所列语法化路径之外，更增一百余条共性路径，虚词词义演化之共性，于此可见一斑。

参照虚词词义演化之共性，诠释文献语言之虚词，既可免于逢虚即“词”之大而无当，亦可免于随文释诂之“望文生训”而失其义理。如是，黄君之比较训诂，施于文献语言虚词之功能分析，亦为得其法矣。

近世以来，文献语言虚词之功能分析，归语法一科。学者多囿于畛域，治训诂者或不涉虚词，治语法者多无视训诂，皆谬矣。文献语言，虚实互为表里，性情不彰，体骨焉存？体骨不明，性情焉附？虚实彬彬，立言之本，古今概莫能外。传统训诂于实词求其确诂，于虚词求其“辞气”，二者不偏废。黄君之比较训诂，余亦冀望其不偏废焉，如此则义轨全矣。

是为序。

甲辰仲夏作于四毋斋慵耕室

参考文献

夏大兆　2017 《〈诗经〉“言”字说》,《中原文化研究》第5期。

俞　敏　1985 《〈经传释词〉札记》,《云南师范大学学报》第6期。

Bernd Heine & Tania Kuteva　2002 《语法化的世界词库》，北京：世界图书出版公司北京公司。

比较训诂略说

黄树先

首都师范大学文学院

［**摘要**］本文是《比较训诂探索》的前言。训诂是对文献进行解读，训诂实践催生出训诂学。训诂学是最早成立的中国传统语文学分支学科，经过 2 000 多年的发展，训诂学已成为经典的语言学学科。现代语言学兴起后，涌现出新的理念、新的方法以及新的材料，给传统的训诂学带来了新的发展契机。在继承传统训诂学的基础上，引入汉藏比较、词义比较，借鉴这些学科的理念和材料，运用比较训诂的方法对文献进行整理和研究，形成新的训诂学。

［**关键词**］比较　训诂　汉藏比较

语言和文献是不同的符号系统，语言是口头的交际符号，而文献是记录语言的符号。从时间上看，语言要远早于文献。汉语成熟的成系统的文献，现在已知的是甲骨文。甲骨文是殷商后期的占卜文字，出现的年代大约是公元前 14 世纪，距今约 3 400 年。考虑到甲骨文是形体丰富、结构复杂的表意文字，并且是独自发展起来的自源文字，甲骨文从产生到成熟，还得经过较长时间的演进，那么甲骨文的起源时间应该再往前推算，不过具体时间难以遽定。在中国历史上有比较早的、数量可观的遗留刻符，饶宗颐（2000）、李孝定（1983），收罗宏富，分析细致。不过，这些早期符号跟甲骨文是什么关系，记录的是什么语言，值得深入研究。

甲骨文记录的是什么语言，有各种推测，比较合理的应该认定记录的就是汉语。“汉语”一词出现很晚，最早见于《世说新语》，指的是当时的“晋语（晋代汉语）”。要讲清楚汉语的来源和历史，应该结合汉藏语系，方能正本清源。

中国早期各地有不同的语言，《礼记·王制》说：“五方之民，言语不通。”各地讲不同的方言，这里的方言只是从地域来分，不同于现代语言学里有发生学关系的方言。为了沟通不同的方言，通用的雅言形成了。《论语·述而》记载：“子所雅言，《诗》、《书》、执礼皆雅言也。”雅言的形成，跟夏言有直接的关系。黄季刚先生《尔雅略说》认为，《荀子·荣辱》“越人安越，楚人安楚，君子安雅”，《儒效》说“居楚而楚，居越而越，居夏而夏”。可知“雅”即是“夏”之通假字，黄季刚先生据此推断说：“一可知《尔雅》为诸夏之公言；二可知《尔雅》皆经典之常语；三可知《尔雅》为训诂之正义。”（《黄侃国学文集》）

“雅、夏”古字通用，夏言是古代中原通用语言，传说中的夏代语言，被姬周沿用下来，复融合周边夷狄语言，形成了远古汉语。相关研究可参阅下列文章：俞敏（1980），邢公畹（1996），郑张尚芳（2009），陈其光（1996）。郑张先生说：“夏=雅，取义于正、大（《尔雅》《方言》），夏王称后，故称夏后氏，‘后’对应藏文 hgo‘首领’。”（《胭脂与焉支》）《说文》：“夏，中国之人也。”“夏”* graa 字对应藏文 rgya“汉人”。（俞敏《汉藏同源字谱稿》；施向东先生《汉语和藏语同源体系的比较研究》）南方的侗台人也称汉族人为“夏”。（邢公畹《汉台语比较手册》）

综上，我们知道“雅”来自“夏”，夏语是古老的通用语言。通用语言可以发展出纯正、正确义。刘熙《释名·释典艺》谓：“尔雅，尔，昵也；昵，近也。雅，义也；义，正也。五方之言不同，皆以近正为主也。”雅言源自夏语，夏语从原始汉语发展而来，逐渐演变，形成华夏通用语言，所以夏语（雅言）是最古老的汉语。

汉语的形成时间，可从 5 000 年前的汉藏语分出时算起，这跟中华文明五千年是很契合的。研究汉语早期历史，要和亲属语言进行比较，梳理出早期汉语的早期面貌。拙著《上古汉语词汇史》，把上古汉语词汇分为无文字记载和有文字记载两个时期。上古汉语的下限可暂定在东汉末期，即公元 3 世纪初年。东汉末期以前的汉语，可称之为汉语的上古时期。王力先生《汉语史稿》有《汉语史的分期》，专门讨论汉语的分期，先生把汉语史分为上古、中古、近代、现代四个时期。其中的上古时代指公元 3 世纪以前的汉语，其中的 3、4 世纪为过渡阶段。郑张尚芳先生的古音史，从史前一直到魏（甚至西晋），把上古汉语分为四期：1. 远古—原始汉语，指史前期的远古汉语；2. 前古—上古前期，约当殷商的前上古汉语；3. 上古—上古中期，约当两周的上古汉语；4. 次古—上古晚期，约当汉魏的次上古汉语。郑张先生说："原始汉语那是参照了从亲属语比较所得的原始汉藏语形式。"（郑张尚芳 2003）

东汉末年以前的汉语，是上古汉语；从东汉末年再往前追溯，可分为两个大的时期，一个是有文字记载的时期，大约从殷商到汉末，这是我们通常理解的上古汉语时期；还有一个重要的时期，是没有文字记载的时期，可暂时把它叫作"前上古汉语时期"，也可称之为"无文字的上古汉语时期"。无文字的上古汉语时期、有文字的上古汉语时期一起构成上古汉语。这两个时期都是汉语史上的重要时期，它们遗留下来的材料不同，研究应区别对待，用不同的方法对这两个时期的汉语进行研究。

无文字的上古汉语时期，也可叫作"前上古汉语时期"，它的下限在甲骨文时代，大约在公元前 14 世纪，其上限可从汉语自汉藏语系分化出来时算起。汉藏语系分化的年代，距今大约 5 000 年较为合适。5 000 年前，就是大约公元前 30 世纪。王士元、梅祖麟等先生上推到 6 000 年前（邓晓华、王士元 2003；梅祖麟 2008），比我们的推测要早大约 1 000 年。

一、比 较 训 诂

甲骨文是正式的汉语文献，汉语文献形成后，就要对这些文献进行整理、解读，逐渐形成训诂学。训诂学是中国传统小学的组成部分，是最早形成的小学分支学科。王力先生把中国语言学的第一个阶段称之为训诂为主的时期（王力《中国语言学史》，山西人民出版社 1981 年）。训诂学是从整理文献开始的，西汉早期的《毛诗诂训传》，开启了系统的文献整理。文献的整理，字词是研究的基础，字词的深入研究，出现了诸如《尔雅》《说文》一类的训诂专书；专书的面世，以及随后的研究，又产生了雅学、说文学这些训诂的分支学科。从西汉到晚清，再延续到当今，训诂学人才辈出，成果迭出，各种理论和方法应接不暇，训诂学历经两千多年，长盛不衰。训诂学在现代语言学昌盛的新时代，应该有新的发展，本书提出了比较训诂这一研究思路。

比较训诂继承训诂学的传统，在经典训诂学的基础上，充分发挥传统训诂学的优势，添加汉藏比较、词义比较的理念、方法和材料。

比较训诂首先是把汉藏比较语言学的方法和成果运用到传统训诂的研究中。传统的训诂学只对留存的文献进行解读，引入汉藏语言学后，可以追溯汉语早期历史，对无文字记载的早期汉语进行探讨。借助历史语言学对没有文字记载的语言进行研究，是比较语言学兴起后给语言研究带来的新的研究方法。西方学者特别重视历史比较法，布龙菲尔德（1963：400）说："比较法是我们重构史前语言的唯一方法。"比较法可以把语言的历史大大提早，房德里耶斯（2012：352）说："比较法只是把历史法往过去延伸。它的主旨是要把我们应用于历史时期的推理扩展到我们没有任何文献的时代。"用历史语言学理论和方法研究没有文字记载的语言，是有学理依据的，绝非空穴来风。历史语言学兴起后，西方语言学家自觉地借鉴历史语言学的方法，对古典语文学进行研究，从而形成新的语文学。汤姆森（2009：92）说："（梵语和古典语言）从历史比较语言学那里得到许多新的有益的推动。别的语族也被注意到了，它的详细研究又引起许多新的、充满生命力的'语文学'的建立，这些语文学迅速取得了很大的发展，也获得了许多很重要的成果，这部分地正是由于那些'语文学'乃是直接出自新的语言学，以及采用了它的方法。"汤姆森所说的古典语文学主要是指希腊、拉丁语文。

欧洲的语文学，在历史语言学兴起后，研究的触角延伸到了没有文字的史前时期。印欧语言学的成功，还带动了其他语系语言的研究。汉藏语系假说，就是在印欧语言推动下形成的。汉藏语系经过一百多年的艰辛探索，已经积累了大量成果。在汉藏语系的大背景下，对汉语早期文献进行研究，条件业已成熟。国外第一代汉藏语学者，如孔好古、西门等研究汉藏语，都是从古代汉语入手。国内老一辈学者，如李方桂、马学良、邢公畹、俞敏等先生，具有深厚的小学功底，研究汉藏语得心应手，成就巨大。汉语丰富而古老的文献是从事汉藏研究的宝贵财富，而借助汉藏语言学可推动汉语文献的深入研究。

不要以为汉藏语言学只对早期汉语及文献的研究有帮助，汉藏语言学的研究对于研究中古及以后的汉语和文献，甚至现代汉语，包括各地的方言，都有重要意义。汉语来自原始汉藏语系，汉语的基本成分来自原始母语；原始汉语的词语在随后的历史长河里，不断派生演变。语言里的词语，原本只有数量无多的核心词，每一个核心词也大多是单一词义。这些核心词逐渐发展派生，形成数量庞大的词汇系统，以满足语言交际的需要。“头发”是斯瓦迪士《百词表》的一个概念，汉语用“髪”字标记，“髪”*pod，对应南岛语中“头发”的早期形式 balut 或 balot，在一些南岛语方言里变作 but 或 bot。在汉语里，“髪”发展出 30 余个不同的词义（黄树先《上古汉语词汇史》）。不少词语出现的时代比较晚，中古文献出现几个作土讲的字词，如“坺、垡、墢、埻、坲”，可能都跟汉语早期的“髪”有关。毛发、草可以是一个词，而草和尘土语义关系密切，印尼语 rerumputan“各种野草；垃圾堆”；西班牙语 broza“残枝败叶；渣滓，污垢；灌木杂树丛”。训诂学的研究，溯源是重要的工作，段玉裁说得好：“训诂不通其源，斯误有如此者。”（“揃”字段注）依据文献只能追溯文献早期源头，引入汉藏语言学，追溯的源头就大大提前。

语义类型学是跨语言的词义比较，最近十余年来进展颇快。比较词义的理念与成果，亦可运用到训诂学之中。我们主张用比较词义来整理汉语文献。比较词义是跨语言的比较，是语义类型学视野的探索（黄树先 2012、2015a）。词义比较，不管语言有无发生学关系，也不管语言是否有文献，古老或现代，均可拿来比较。跨语言的词义比较，可供比较的语言众多，语言类型丰富，有广阔的研究空间。全世界的语言，正在使用的、业已死亡的，大约有 7 000 余种。把词义比较引进到训诂研究中，一定可以深化训诂学的研究。

人类的身体构造相同，思维没有太大的差别，又均借助语言进行交际。语言的表层尽管千差万别，但语言的背后有惊人的一致性。学者很早就意识到，需要有类型学的词义研究，房德里耶斯（2012：244）说："我们可以预见到将来会建立一门普通语义学，这门学科把各种语言里有关意义变化的资料集中在一起，将使我们不像迄今所做的那样单从逻辑观点，而是从心理观点去归纳出一些原理来。要做到这一点，我们不应该以词为出发点，而应该以词所表达的观念为出发点。"这就是语义类型学，是跨语言的比较词义。房德里耶斯（2012：249）又说："我们料想，以从各种语言里看到的形形色色的语义变化为基础，可以建立一种民族心理学。这种研究十分细致，但值得一试。研究的结果可能得不出任何确切的结论，可能会最后发现一切民族都具有几乎相同的心理倾向，这甚至就是人类精神的一般倾向，但是我们也许能够定出上限和下限，立出一些细微的差别。"

跨语言的词义比较，就是对人类自然语言的语义演变进行研究。研究语言结构有语法学，研究语音有音法学，研究语义演变模式，应该有义法学。基于此认识，把跨语言的词义比较引入汉语的研究，用义法来整理汉语文献是有学理依据的。

二、词 义 研 究

词是音义的结合体，是语言里最重要的基本单位。每一种语言都有数目惊人的词汇系统，而这个词汇系统的中心由核心词构成。核心词的数目无多，但有强大的派生能力，文献记录语言的词语，时代巨变，原本妇孺皆知的词语，变得冷僻陌生。这些难以索解的词语，其实是从核心词派生出来的。从语言学的角度来看，语言里是没有冷僻词语的。所谓的冷僻词只能出现在文献里，是被时代遗忘了的核心词。把语言里的词汇分为常用词、冷僻词，进而把词汇切分为词汇学的词汇和训诂学的词汇是不妥当的。运用汉藏比较、词义比较，结合经典的训诂学，可以把冷僻词的面纱揭开，露出其基本词的真面目。这是比较训诂要做的基本工作。“芼”本是草，跟“毛”音义同，可以发展出采摘、选择、烹制、菜肴诸义。这几个意思分处在一个语义链的几个点上，在“左右芼之”这个句子里，跟上章“左右采之”相对，选择“采摘”更准确一些。具体讨论见本书（《比较训诂探索》）第六章的有关讨论。

语言里的词原本只有数量不多的核心词，核心词不断发展裂变。训诂学的基本研究，大多跟这个命题有关。本义和引申义，是训诂学研究的重点。传统训诂学依据《说文》结合其他经典，研究词的本义，根据本义梳理假借义、引申义，王念孙说：“于许氏之说，正义借义，知其典要，观其会通。”（《说文解字注序》）本义的探求，除了传统的文献，包括早期甲骨文金文外，还可以引入汉藏语言学，运用汉藏语成果来研究词的本义和引申义。利用亲属语言来研究汉语早期语义，可参考梅祖麟先生的《汉藏比较研究和上古汉语词汇史》（《历史语言学研究》第一辑），这是一篇讲亲属语言跟上古汉语词义的重要文章。汉藏语言学对于汉语词语的研究，至少可以做以下工作。

第一，确立早期汉语词语出现的时代。每个词都有自己的历史，确立词语的历史，通常的做法是根据文献。但传世文献有其不足，且不说有些词文献失载，即便是见诸载籍的字词，也会屡经改易，也许早就不是原先的样子。历史比较可以确立汉语词语的来源。

第二，跟亲属语言进行比较，确立汉语核心词的早期意思。传统训诂学对词语的本义十分重视，本义的探讨无非也是依据《说文》等传统文献，或据出土的古文字形体来加以判定。这种研究范式仍有其不足。但是这些文献，仍然不能完全解决这个问题。我们可以举汉语“臾”字来看，亲属语言的比较，对确立汉语词语的历史、本义以及词义发展有一定的意

义。（黄树先 2015b）

跨语言的词义比较，对于词语的研究，尤其是词语的引申，有积极意义。国内最早提出语义类型学概念，并用到汉语词语研究的是伍铁平先生。他认为语义上允许参考非亲属语言，这是因为人类往往有共同的心理状态和社会生活。如汉语的“鬼”和“畏”同源，俄语 бес“鬼”、бояться“畏惧”是同源词。（伍铁平 1986、1988）借助类型学，伍铁平先生提出比较词源的研究思路，撰写了系列文章，结集出版《比较词源研究》。伍先生用词源学来命名这种研究模式，是很有深意的。词源的研究，应该包括来自亲属语言的同源词，语言内部形成的同族词，还包括借进来的外来词。伍先生的研究以汉语同族词居多。伍先生的跨语言词义研究，要早于国外的语义类型学或语义地图，这是中国学者对语言学的贡献。伍先生的灵感，也应该来自中国学人的汉语研究。伍先生在文章中透露了这个秘密。伍铁平先生引用了王国维《释理》，复引王力先生的例子：王力先生说，汉语滋生词，“因为原始词和滋生词的意义很相近，和欧洲语言的滋生词相似”，列举的例子有：拉丁语 piscis（鱼）滋生为 piscari（捕鱼），和汉语“鱼”滋生为“渔”相近似；法语 balai（笤帚）滋生为 balayer（打扫），和汉语“帚”滋生为“扫”相近似；法语 fouet（鞭子）滋生为 fouetter（鞭打），和汉语“棰”滋生为“捶”相近似。法语 commander（统率）滋生为 commandant（统帅），和汉语“率”滋生为“帅”相近似；法语 large（广阔）滋生为 élargir（扩大），和汉语“广”滋生为“扩”相近似；法语 distiguer（辨别）滋生为 distinction（分别），和汉语“辨”滋生为“别”相近似。（王力《汉语滋生词的语法分析》，《龙虫并雕斋文集（三）》）伍先生（2011：26）点评道：“从王力所进行的上述比较我们还可以看出，在进行语义比较时，可以打破共时和历时的界限，这一点又不同于词源比较时所进行的语音分析。”王力先生在《汉语史稿》讲“日月”的演变，认为：“时令的日月就是天象的日月，这是很自然的发展；因为每一次日升日落就是一天，每一次月圆就是一个月。天象的日和时令的日，在古埃及文字里也同属于一个字，但是读音不同（前者读 re，后者读 hrw），在汉语里，不但同字，而且同音。”（《汉语史稿·词汇的发展》）拿汉语跟埃及语作比较，就是跨语言的词义比较。前辈学者的这些尝试，需要我们发扬光大。

新词新义，也是语言不同时期派生出来的词语，产生的新义项。这些考察可借助比较词义来完成。词语的更替，需要借助汉藏语比较，结合词义比较来做。比如依据文献我们知道“树”替代了“木”，依据汉藏语研究，我们知道汉语早期表示树木的是“薪”，后来“木”代替了“薪”，而“木”早期是草。汉藏语言的比较，可以证明这一点。“草”和“木”在语言里转换是很常见的。草木可发展出采摘、砍削等义，“科”是枝桠，到唐宋时期出现砍削枝桠这个意思。这个词义的出现及解释，依据汉藏语言学、比较词义，就可以得到很好的理解。（黄树先 2011、2014）

三、方言的类型学价值

本书（《比较训诂探索》）的第三章对《方言》作专题研究。古代的方言指四方之言，一直沿用到晚清，张之洞创办方言学堂，方言指的是汉语之外的外国语言。扬雄的《方言》是田野调查，记录的是各地所讲的不同语言的词语。除了一部分周边民族语文外，绝大部分都是汉语方言材料。汉语的方言，是汉语在不同地域的语言变体，这种语言变体，跟现代语言学上的方言就是一致的。汉语是历史悠久的语言，使用的人数众多，通行的地域也辽阔。语言的变化，是在使用过程中发生的。使用越广，人数越多，变化越巨大。一种语言使用越久，地域扩展越广，变化也就越大。

方言就是语言。王育德（1960：33—105）在 20 世纪 60 年代，用语言年代学方法考察了基础汉语方言分化的时代。作者使用了包括 200 个词的词汇表，考察了北京、苏州、广州、厦门方言和以梅县为代表的客家话。根据 200 个词的计算结果，厦门方言分化出来的年代是公元 3 世纪，客家话是 11 世纪，广州方言是 12 世纪，苏州方言是 13 世纪。其他学者有类似的研究，他们认为汉语方言之间同源词的百分比与斯拉夫语族、罗曼语族、日耳曼语族或土耳其语族各语言间的情况大致相同（谢·叶·雅洪托夫 1986：82—83）。赵元任先生早就有类似的说法。赵元任先生说，广东话和国语的差别就像荷兰话和德语，或者法语跟西班牙语一样，是两种语言。（丁邦新 2005）

语言不单单是学术问题，还是政治敏感话题。作为中国的语言学人，我们坚持汉语是一种语言，是在长期的历史中形成的特殊语言。作为学术研究，我们主张汉语的每一个方言都是语言。语言是平等的。不同地区的方言，都是当地人民的交际工具。是语言，就是一个完整的结构，词汇系统也是完善的，不断变化的。方言的词语变化，一定会符合语言词语演变的一般规律，不太可能有什么特殊的地方。

现代汉语的各个方言，各有特色，方言的丰富材料，也是我们进行跨语言比较的绝佳材料，这些材料是其他语言不能比拟的。方言材料的收集、整理，可以有多种形式，专书研究、资料汇编是经典的做法，用词典的形式记录方言是一种很便捷而有效的方式。“五四”以后，尤其是 20 世纪 50 年代以来，各地方言词典陆续出版，数量庞大。可是以往的汉语方言词典，往往强调方言的特色，挖掘所谓的方言特色的多，而全面收集一个方言词语的词典却很少见（拙文《论汉语方言的语义类型学意义——兼谈语义类型学视野下汉语方言大型词典的编纂》）。

西汉时期扬雄的《方言》，记录当时各地方言词语，可以视作一本方言分类词典，至少是方言分类词表。《方言》记录了西汉 14 个方言区（林语堂 1933）的词语。这是祖先遗留下来的宝贵资料。根据各地方言的演变，可以在类型学视野下进行研究，理清方言词义的演变路径。反过来，西汉的这些方言词义的演变，是人类自然语言词义演变的珍贵文献。在世界各个语言里，像《方言》所呈现的数量如此庞大、地域如此广阔的词义演变实例，十分罕见，弥足珍贵。本书全面梳理了《方言》里的这些演变模式，希望能给语义类型学注入新鲜血液。

《方言》之后，出现大量续修之作，记录了不同时代、不同地域的词语。这些方言词语，也是语义类型学的宝贵资料，值得深挖。“五四”以来，汉语方言的研究，日趋成熟，成果丰硕，收集这些方言材料，再结合各地仍然使用的方言材料，会对汉语词汇的研究，乃至类型学的研究带来新的材料。

四、同音词和语源研究

本书（《比较训诂探索》）第四章是对刘熙的《释名》作专题研究。字词的训诂方式有三种，前人称之为形训、义训和声训。《释名》运用声训对汉语词语进行解释。饶宗颐先生拿刘熙的《释名》跟尼卢致论进行比较。饶先生说耶斯卡（Yaska）认为所有的字都可以追溯其语源，最重要的原则是由动词以推求名词在语源上的涵义。这跟我国东汉刘熙的《释名》所采取的解说字义的见解和方法是相似的，而两者时间先后不同，地域不同，互相辉映，在语源学上都有同样的贡献。（饶宗颐 1993a）这种相同，可能只是一种巧合。用动词推演名词，并不完全符合汉语的实际。

《释名》溯源，释词和被释词原则上应该是同音的，至少应该是相近的。正因为如此，包拟古才能根据《释名》研究当时的音韵。（N. C. Bodman 1958）同音词在语言里是一个词，文献可用一个字标记。词义不同的时候，也可用不同的汉字标记。同音词可以仅仅只是同音，语义没有联系，也可能有联系。无外乎这两种情况。

《释名》的语源，有合理的解释，也有牵强的地方。还有一种情况，可以证明释词和被释词有语义关联，但是词义演变的方向说反了。汉语语源的研究，应该包括三个大的方面：同源词、同族词、借词。同源词须借助汉藏历史语言学对汉语的词语进行溯源。同族词可以在汉藏历史语言学和类型学的视野下进行，而借词要依据文献记载，结合汉藏语言学来研究。

五、同音和假借

语言和文献尽管有密切关系，但毕竟是两个符号系统，假借是文字现象，只能见诸文献。蒋绍愚先生（1989：70）说：“假借只是文字问题，与词义无关。”所言极是。语言交际是没有假借的，只有用文字记录了语言，才有可能有假借。用文字记录语言，基本上只有两种记录方式，一种是记录语言的读音，一种标记语言里的词义，前者称之为表音文字，后者称之为表意文字。两分法是文字的基本分类，索绪尔《普通语言学教程》就是这么分的。当然，细分就复杂了，也没有必要切分过细。

假借在文献里很常见，也极其复杂，这是传统训诂学研究的重点，也是研究的难点。关于假借，前人的研究成果很多，遗留下来的问题也特别棘手。从语言学的角度来看，假借字必须同音，反映的是语言里的同音词。语言里的同音词，可以有语义的联系，也可以仅仅只是同音，语义没有关联。假借不太可能出现在表音文字的文献里，只能出现在汉字这种表意文字系统里。语言里的同音词，被不同形体的文字标记，这些不同的文字当然首先得是同音，或者读音很近。接下来要做的就是判定这些假借字有无语义联系。

本书（《比较训诂探索》）的第五章《假借说略》，借助段玉裁的《说文解字注》，选取段氏一千余条假借字材料，对其读音及其语义进行梳理。前人判定假借字有无语义联系，依据的主要是汉语内部材料，对于是否有语义联系，见仁见智，颇有分歧。我们的研究，引入汉藏比较语言学，对假借字涉及的字词进行追溯；复引入比较词义，对照人类自然语言的词义演变模式，对假借字的语义进行考索。由于篇幅过大，我们尽量选取先前关注比较少的语义演变模式，尽可能跟《比较词义探索》《比较词义再探》的语义演变模式避开。

六、文献整理和篇章解读

训诂学是从训诂实践开始的。所谓训诂实践，主要是整理、注释文献。毛氏注释《诗经》，解释字词，经师整理注释典籍，他们关注的重点是字词的解释。秦汉时期儒生蒐罗经师的解释，编纂成《尔雅》。《尔雅》

的成书，当在汉代，周祖谟先生（1966：675）说，《尔雅》为汉人所纂集，“其成书盖当在汉武以后，哀平以前”。郭璞序“夫《尔雅》者，所以通训诂之指归、叙诗人之兴咏”，邢昺疏申之曰：“《尔雅》所释，遍解六经，而独云叙诗人之兴咏者，以《尔雅》之作多为释《诗》，故毛公传《诗》，皆据《尔雅》，谓之诂训传，亦此意也。”邢疏把经师注释与《尔雅》的关系说颠倒了，应该是注释在前，《尔雅》据注释而编纂在其后。欧阳修《诗本义》说《尔雅》，“考其文理，乃是秦汉间之学诗者，纂集说诗博士解诂之言尔”。其说近之。大体上可以说，《尔雅》是孔门弟子纂集诂训，主要是《诗经》故训，条分缕析，分门别类所作的词典。大约肇始于战国末期，成书于西汉，周公盖其依托也。

《尔雅》以解释《诗经》为主，是汇集《诗经》诂训而成的一部同义词词典。邵晋涵《正义》说：“郭氏多引诗文为证，陋儒不察，遂谓《尔雅》专用释诗。”邵说可疑。《尔雅》词语，以《诗经》为基础，而《诗经》305 篇，今本有 2 830 个单字（另有 500 异文）（据向熹先生《诗经词典》修订本）。《诗经》的语言，既有来自民间的俚俗歌谣，又有士大夫创作的大小雅言，还有典雅庄重的颂乐，所以《诗经》的语言可以作为先秦汉语的代表。郭璞说《尔雅》“诚九流之津涉，六艺之钤键，学览者之潭奥，摛翰者之华苑也”，其言得之。

训诂肇始于文献的解读，传统的解读基本上是就汉语内部的材料来进行。比较训诂除了继承和发扬固有训释理念、方法外，还引进了汉藏比较、词义比较。这两种新的方法，对于文献字词的溯源，词语理据的解释都有一定的意义。相较以往，是新理念的扩展，也融入了新的材料，希望能带来新的景象。本书（《比较训诂探索》）第六章节录了《关雎》《七月》两首诗的解释，就是用比较训诂作的新注。

用比较训诂来解读文献，借鉴了包括历史语言学、汉藏语言学、语义类型学理论和方法，这种研究的模式以前尚不多见。希望今后能在这些方面有所作为。

1939 年，周祖谟先生聘为辅仁大学国文教员，主讲高本汉中国音韵学、比较训诂学、甲骨文研究等课程。周氏后来出版《方言校笺》，罗常培先生在序言里说："《方言》是中国的第一本比较方言词汇。"从这些来看，周祖谟先生的比较训诂，应该就是依据《方言》所作的词汇比较。这跟我们所说的比较训诂应该有所不同。

参考文献

陈其光　1996　《汉语源流设想》，《民族语文》第6期。

邓晓华、王士元　2003　《藏缅语族语言的数理分类及其分析》，《民族语文》第4期。

丁邦新　2005　《李方桂全集总序》，北京：清华大学出版社。

［瑞士］费尔迪南·德·索绪尔　1980　《普通语言学教程》，高名凯译，北京：商务印书馆。

黄树先　2011　《比较词义探索十例》，《语言研究》第2期。

黄树先　2012　《比较词义探索》，成都：巴蜀书社。

黄树先　2014　《汉语核心词"木"研究》，载《高山流水——郑张尚芳教授八十寿诞文集》，上海：上海教育出版社。

黄树先　2015a　《比较词义再探》，成都：巴蜀书社。

黄树先　2015b　《"臾"字形义考》，《语文研究》第1期。

蒋绍愚　1989　《古汉语词汇纲要》，北京：北京大学出版社。

李孝定　1983　《汉字的起源与演变论丛》，济南：济南出版社。

［美］列昂纳德·布龙菲尔德　1997　《语言论》，袁家骅等译，北京：商务印书馆。

林语堂　1933　《前汉方音区域考》，载林语堂《语言学论丛》，上海：开明书店。

梅祖麟　2008　《汉藏比较研究和上古汉语词汇史》，载中国社会科学院语言研究所编《历史语言学研究》（第一辑），北京：商务印书馆。

饶宗颐　1993a　《尼卢致论（Nirukta）与刘熙的〈释名〉》，《中国语言学报》第2期。

饶宗颐　1993b　《梵学集》，上海：上海古籍出版社。

饶宗颐　2000　《符号、初文与字母——汉字树》，上海：上海书店出版社。

王　力　1980　《汉语史稿》，北京：中华书局。

王　力　1981　《中国语言学史》，太原：山西人民出版社。

王育德　1960　《汉语五大方言词汇统计估算》，《语言研究》第36期。

［丹麦］威廉·汤姆森　2009　《十九世纪末以前的语言学史》，黄振华译，北京：世界图书出版公司北京公司。

伍铁平　1986　《论词源学及其意义和研究对象》，《外语学刊》第4期。

伍铁平　1988　《语言类型学研究的意义》，《学术研究》第3期。

伍铁平　2011　《比较词源研究》，上海：上海外语教育出版社。

［俄］谢·叶·雅洪托夫　1986　《语言年代学和汉藏语系》，载《汉语史论集》，北京：北京大学出版社。

邢公畹　1996　《汉藏语系研究和中国考古学》，《民族语文》第4期。

俞　敏　1980　《汉藏两族人和话同源探索》，《北京师范大学学报》第1期。

［法］约瑟夫·房德里耶斯　2012　《语言》，岑麒祥、叶蜚声译，北京：商务印书馆。

郑张尚芳　2009　《夏语探索》，《语言研究》第4期。

郑张尚芳　2003　《上古音系》，上海：上海教育出版社。

周祖谟　1966　《〈尔雅〉之作者及其成书之年代》，载《问学集》，北京：中华书局。

［美］N. C. Bodman　1954　*A Linguistic Study of Shih Ming*，耶鲁大学博士论文。

比较训诂研究

再谈词义研究与词典编纂*

陈孝玲

广西民族大学国际教育学院

［摘要］ 在词典编纂中，切断词义间的联系，将一个多义词处理为几个同音词是较为常见的现象。本文以《新印尼汉语词典》为例，分析词典中被视为同音词的八组词，通过词义比较，可以确定它们之间存在语义关联，因此主张应将它们处理为八个多义词。词典编纂者应更加谨慎、深入地探讨词义间的联系，以编纂出更高质量的词典。

［关键词］ 多义词　同音词　词典

一、引　　言

拙文（2022）曾以侗台语中几组词为例，探讨过《布依汉词典》《黎汉词典》等工具书中词目义项分合问题；认为运用比较词义的方法对词典中的一些同音词目进行研究分析，可以较好地区分多义词和同音词。

黄树先先生近年来比较关注类型学比较词义研究，2007 年黄先生在《汉藏语学报》创刊号中，提出“比较词义”的方法，认为以往研究汉语词义的引申，一般只运用汉语的材料，强调本义跟引申义的关系，在系联汉语同族词的时候，往往见仁见智，经验性很强，缺乏语言学上的证明。

* 本文为国家社科基金项目“侗台语词源研究”（22BYY180）阶段性成果。

比较词义的任务之一就是为一个语言内部词义的引申发展寻找语言学的依据。

比较词义跟语义研究的诸多问题都有密切关联，比如同族词的系联，历史比较中的择词，包括词典编纂中同音词和一词多义的甄别等。黄树先先生（2020）认为，把比较词义跟词典的编纂结合起来，将大有可为。

割断义项之间的联系，把一个有内部关联的词分成同音的几个不同词目，这类现象在词典编纂中普遍出现。本文以《新印度尼西亚汉语词典》为例，对词典中处理为同音词的一些词例进行分析。《新印度尼西亚汉语词典》对同音词的处理以Ⅰ、Ⅱ、Ⅲ等编序方式分列为多个词条，其中有些同音词是可以通过比较词义的方法，辨别出它们之间存在内在的语义关联，可以处理为一词多义的。

二、词例的分析比较①

例 1. calak Ⅰ光辉，灿烂；美丽，美观（词典 113 页）

calak Ⅱ研磨，磨（词典 113 页）

“擦”和“亮，光洁”有因果联系，擦拭器物，器物会变得光亮、干净。这两个词可以合并处理。在其他语言中，也能找到词义关联的证据。

《诗经·卫风·竹竿》有“巧笑之瑳，佩玉之傩”。何为“巧笑”？毛传曰：“瑳，巧笑貌。”读者仍然不明所以。黄树先先生（2024：10—11）认为，“瑳”是颜色鲜艳洁白，与摩擦义的“蹉”同源。先生还比较了英语：rub“摩擦”，rubbing“擦，擦净，擦亮”；shine“发亮，光亮；擦亮，擦光”；chisel“凿子；雕琢，雕刻”；chiseled“雕刻成的；轮廓鲜明的，清晰的；清秀，清丽”；chiseled features“清秀端正的容貌”，a chiseled essay“清丽的散文”。

① 为行文方便，本文引自词典的词条，仅随文标出其所在页码，词典出版信息参见文末参考文献。特此说明。

我们还可以补充其他语言中的例证：

泰语 khiːt[9]“擦”（词典 90 页），同族词 khat[7]“擦亮”（词典 90 页），还有 klau[2]“削光，刮光，磨光，磨亮；（对文章）修饰，润色；光滑，发亮”（词典 68 页）。

西班牙语 lustrar“擦亮（鞋子）”（词典 961 页），lustrososa“光亮的，有光泽的；皮肤红润的，红光满面的”（词典 962 页）。

黄先生古汉语功底深厚，有类似语义关系的词例信手拈来。琢磨和光洁的语义关系，他还提到了“莹”和“凿”：

“莹”，玉色，《说文》：“玉色也，从王，熒省声。”动词是琢磨玉石，或琢磨使之光洁，左思《招隐诗》：“前有寒泉井，聊可莹心神。”

“凿”，动词是开凿。开凿与明亮，语义也相关。《说文》：“凿，所以穿木也。”《诗经·唐风·扬之水》第一章“扬之水，白石凿凿”传曰：“凿凿然，鲜明貌。”笺云：“激扬之水，激流湍疾，洗去垢浊，使白石凿凿然。”凿凿，就是明亮、洁白的意思。作动词的“凿”在各切，洁白义则落切。

例 2. camar Ⅰ ［动］小凤头燕鸥（词典 113 页）

camar Ⅱ 贪吃；嘴馋（词典 113 页）

邢公畹先生（1993）在《汉台比较手册》中提出“深层对应”的研究方法后，丁邦新先生（2000）认为“这样的方法可能有时碰对了，但离系统的推论太远”。他举了两个例子来反驳，其中一个就是英语 swallow“燕子”和 swallow“吞咽”，分别与汉语“燕”和“嚥”对应。丁先生认为这显然是一个巧合。丁先生的这一观点代表了部分学者的看法。

伍铁平先生（2001）也批评过把英语 swallow“燕子”和 swallow“吞咽”联系在一起，认为两个词在现代英语中形式偶合，在词义上没有什么联系。任何有喉咙的动物吞咽食物时，喉头都有吞咽的动作，这绝非燕子特有的动作。

但是我们认为，不能否定俗词源的力量。比较其他语言，我们发现，“燕子”和“吞咽”可能的确存在普遍的语义联系。

黄树先先生（2012：302）也注意到“燕子”和“吞咽”的语义联系。黄先生认为，一般认为的“燕”作吃讲只是通假字，值得再考虑。《诗经·小雅·鹿鸣》：“我有旨酒，嘉宾式燕以敖。”“嚥”，《玉篇·口部》：“嚥，吞也。”《释名·释形体》“咽，咽物也”王先谦疏证补：“后世以咽为喉咙专称，故别造一字为吞物之名。”

英语 swallow 还有“咽喉，食道”的意思，这跟汉语一样，“咽”也有咽喉之义。

燕子、喉咙、吞咽三个意思同用一个词。黄先生（2012：302）还注意到，有些语言中“燕子”换成其他禽鸟，塞尔维亚-克罗地亚语 gúsak（爱称是 gúsa）“公鹅”，gȕša“咽喉，喉咙；嗓子”。

还可以比较泰语：klɯːn² “吞，咽”（词典 36 页）和 ʔɛːn⁵ “［动］燕子”（词典 36 页），在语音上的联系也很明显。

吞咽固然不是燕子特有的动作，但语义的联系有时本来就带有很强的主观性。把燕子等禽鸟跟咽喉、吞咽联系起来，也许跟雏鸟仰头张大嘴巴求食的形象有关。跟人类新生儿出生就具有吸吮反射一样，幼鸟出生就具有张嘴乞食的本能，成年鸟觅食飞回巢中，一窝雏鸟就会仰头长大嘴巴等待喂食。雏鸟的这种形象深入人心。

例 3. canggah Ⅰ有叉的木柱、竹竿等；分叉的树枝（词典 115 页）

canggah Ⅱ玄孙（词典 115 页）

人类普遍注意到子嗣苗裔的发展繁衍与植物草木的生长发育颇有相似之处。黄树先先生（2007）列举了汉语中语义跟“子孙”有关的一组词，来源都跟草木有联系，他认为“这种成系统的研究，可以更好地看出词义演变的脉络”：“子”和“籽”，“孽”和“蘖”，“支”和“枝”，还有仍然用同一个词，用不同的词位表示的“孙”“本”“苗”“末”“桀”等。

孙，除了表示“子之子”，还可以指再生的植物，《周礼·大司乐》“孙竹之管”注：“孙竹，竹枝根之末生者。”

本，本义为“木下”，即“根”。《诗经·大雅·文王》“本支百世”毛传：“本，本宗也。”

苗，“草生于田者”为苗。《楚辞·离骚》“帝高阳之苗裔兮”蒋骥注：“苗裔，远末子孙之称。”朱熹注：“苗裔，远孙也。苗者，草之茎叶，根所生也。裔者，衣裾之末，衣之余也。故以为远末子孙之称。”

末，为“木上”，即树梢，与“本”相对，还可以指子孙。《逸周书·克殷》：“殷末孙受德，迷先成汤之名，侮灭神祇不祀。”

枼，作后代讲，一般认为是“世”的假借，黄树先先生认为来自“葉”。“葉”可以指子孙。《左传·文公七年》：“公族，公室之枝葉也。若去之，则本根无所庇荫也。”蔡邕《太尉杨公碑》：“其先盖周武王之穆，晋唐叔之后也。末葉以枝子食邑于杨。”

还可以参考其他语言中的例子：

泰语 luːk^{10}“子女，儿女；（动物的）仔，崽；（植物的）果实”，luːk^{10}dok^{7}“多子女；果实累累”，luːk^{10}dɛːŋ^{2}“婴儿，赤子；红色果实”。

壮语 lɯk^{8}“孩子，子女；儿子；幼苗；（缀）用于子实、果子、瓜果等”。

黎语 ɬɯːk^{7}“儿子；孩子”，又有 ɬɯːk^{7}tshai^{1}（树）“树苗”。

印尼语这类词有几个：

zariah“种子，苗子；后裔，子孙”。benih“种，种籽；（动、植物的）幼苗；（人或动物的）胚胎；病原体，疫苗；起源，起源，苗头；后代”。anak“儿子；女儿；子女；后裔，后代，子弟；小孩，儿童，幼儿；仔，崽，雏（动物的幼儿）”，anak pisang“香蕉树的蘖枝；男家的后裔”（pisang 芭蕉属；香蕉）。还有 bibit“种儿，种籽；种畜；秧苗；疫苗；（事情的）起因；培养的对象，苗子”。

英语中，这类例子也不少：

seed“种（子）；子孙，后代”。strip“世系，血统，种”。root“根；祖先，子孙多的人（或家庭）”。fruit“水果；果实；成果，结果，产物；（人类的）子女”。fruitful“果实结得多的，多产的；收效大的，富有成效的；多子女的”。the fruit of sb.'s loins“某人生的孩子”。the fruit of the womb“子女，儿童”。

例 4. teluk Ⅰ 海湾，河湾（词典 672 页）

teluk Ⅱ，berteluk 跪（词典 672 页）

湾和跪，都来源于弯曲义。印尼语的这两个词有共同的来源，可以处理为一词多义。其他语言中可以找到很多类似词义关联的证据。

汉语“湾”由“弯”派生。《说文》：“弯，持弓关矢也。”《广韵》：“湾，水曲也。”

泰语弯曲义词，拙文（2017）有过讨论。“跪”“湾”都在弯曲义词中。

泰语 koːk^{9}“牛轭；［泰南方言］弯曲，弯”（词典 76 页），khɔːk^{10}“弯曲（专用于胳膊）”（词典 126 页），khuk^{8}“跪”（词典 138 页）。还有 khuŋ^{4}“（江河的）湾”（词典 138 页），khoːŋ^{4}“弓腰，弯腰”（词典 150 页）。

黎语 hwoːŋ^{2}“弯曲；弯（用火烤竹木使之弯）；河湾”（词典 187 页）。

印尼语“河湾”，除了上述的 teluk Ⅰ，还有 sérok“（河海的）小港湾”，这几个形式都在弯曲义词中。teluk、sérok 的同族词 peluk、memeluk“抱，搂抱”，keluk“弧，弓形，拱形，弯曲”，biluk“转弯，拐弯”，geluk“椰子壳瓢”，seluk“缠绕，弯曲”。印尼语还有 léngkong“弯曲；海湾”。

英语中 crook 既表示“钩，钩形物”，也指“弯曲，弯曲部分，（道路、河流等的）弯子”。curve“曲线，弧线；弯曲物，弯曲部分”，a sharp curve in the road“道路的急转弯”。

侗语“跪”来自“弯曲”：ţok^{7}“弯曲”，ţok^{8}“跪”（词典 111 页）。

藏缅语中，跪，在部分语言中也源自弯曲：

表 1 藏缅语 kok 类“弯曲”义词

弯（a）	藏（阿力克）	缅（书面）	阿昌	浪速	藏（书面）
	kuk kuk	kɔk^{4}	kok^{55}	ŋauk^{51}	gug po
弯（v）	藏（书面）	阿昌	藏（巴塘）	独龙	仙岛
	gug	kok^{55}	ŋgu^{ʔ55}	dɯ^{51}gɔ^{ʔ55}	ko^{ʔ55}

续　表

跪	错那门巴	嘉戎	缅（书面）	藏（书面）	浪速
	tsuk^{55}	tə mŋɑ kɐ tshok	du^{5}thɔk^{4}	pus mo ɦdzugs	kø^{ʔ31}

例 5. tahang Ⅰ木桶（词典 644 页）

tahang Ⅱ山谷，峡谷（词典 644 页）

“木桶”和“山谷”都是印尼语“中空”义词。经考察发现，印尼语中表示“中空”义的词，数量很多，有好几种语音类型。比如还有词根为 lok 的 solok“山谷”（词典 623 页）和 jelok，menjolok“捅，戳”（词典 275 页）。“桶”和“捅”联系也很密切，汉语中“桶”和“捅”是核义素为“中空”的同族词。

汉语中，“涌”可以表示两边高中间低洼的地势，“涌”和“桶”来源相同。刘熙《释名·释山》：“山旁陇间曰涌。涌犹桶，桶狭而长也。”刘熙把“桶”和“涌”放在一起比较，推求“涌”的语源。不过，张博先生（2003：251）认为，“狭长”和“中空”虽然都是山谷和桶这两种事物的特征，也都是“桶”“涌”的共同义素，但她认为“桶”“涌”得名于“中空”而不是“狭长”。张博先生的看法有道理。

在侗台语中，“中空”义词非常丰富。陆天桥先生（1990：137—149）系联过有“空洞”义的汉语同族词和侗台语族各语言的同族词并进行过历史比较。侗台语中，“桶”“山谷”“沟渠”等都在“中空”义词族中。

参考侗语“山谷”及其他“中空”义词：

loŋ^{1}“山谷”（三江侗语 词典 140 页）　loŋ^{2}“肚子”（章鲁侗语 词典 140 页）

loŋ^{3}“簸箕”（章鲁侗语 词典 140 页）　loŋ^{6}“洞”（三江侗语 词典 141 页）

loŋ^{4}“桶”（三江侗语 词典 140 页）　luŋ^{2}“虚；空”（三江侗语 词典 143 页）

lok^{9}“眍瞜”（章鲁侗语 词典 141 页）

壮语“山谷”，也在“中空”义词中：

loŋ^{4} “箱子；量词”（词典 730 页）

luːŋ^{5} “水沟，沟；缝隙；山沟”（词典 738 页）

ɤoŋ^{5} “笼子；笼，量词”（词典 998 页）

luːk^{10} “山谷”（词典 736 页）

西双版纳傣语，“沟”在“中空”义词中：

koŋ^{1} “空的，空心”（词典 26 页）

kɔŋ^{3} “瓶子，筒；瓶”（词典 26 页）

huŋ^{3} “凹，洼”（词典 328 页）

hɔŋ^{6} “沟”（词典 359 页）

泰语“沟渠”，也在“中空”义词中：

rɔːŋ^{3} “沟渠，孔隙”（词典 557 页）

loŋ^{3} “［诗］空旷，开阔”（词典 585 页）

loːŋ^{2} “棺木，棺材；灵柩”（词典 610 页）

loːŋ^{3} “开阔，空旷，空荡荡”（词典 610 页）

临高语“桶”也在“中空”义词中：

kɔŋ^{3} “筒；瓶”（词典 26 页）

hoŋ^{3} “桶”（词典 289 页）

koŋ^{2} “口杯”（词典 287 页）

xoŋ^{1} “笼子；笼”（词典 47 页）

例 6. lidah Ⅰ 舌头；话，说话的方式；口才；舌状物（词典 395 页）

lidah Ⅱ，ikan lidah 舌鳎（词典 395 页）

例 7. telinga Ⅰ 耳，耳朵；耳状物；（杯、锅等的）耳子（词典 671 页）

telinga Ⅱ 耳状植物名（词典 671 页）

这两组词在语义上属同一类型，都是用同一个词指形状相似的两种东西。鳎是生活在海洋里的一种鱼，其“体侧扁，长椭圆形”（《现代汉语词典（第 7 版）》，1260 页），外形与舌相似。耳状植物显然与耳朵形状相似。

汉语中，耳可以指形状像耳朵的东西，如木耳、银耳。木耳，因其长在木头上，样子像耳朵得名。这是由于耳朵的形状在人们头脑中引起相似联想的结果。许多语言跟汉语一样，用“耳”为木耳命名。

汉语方言的例子：黑龙江齐齐哈尔等东北官话、湖北武汉等西南官话、湖南长沙等湘语、江西高安等赣语、四川西昌等客话“耳子”，木耳。

（许宝华等 1999：1717）还有反过来称耳朵为“木耳”的：陕西晋语“木耳”，耳朵。侯精一《山西理发社群行话的研究报告》：“山西理发社群行话称‘耳朵’曰木耳。”（许宝华等 1999：582）

再参考其他语言：

泰语 hu^{1}“耳朵；（器物的）耳子”，hu^{1}hiu^{3}（提）“（器物的）耳子，提把”，hu^{1}nu^{1}“老鼠耳朵；小耳朵；小浮莲”，het^{7}（菌类）hu^{1}nu^{1}（鼠耳）“木耳”（词典 743 页）。

黎语 deţ^{7}（菌）zai^{1}（耳朵）“木耳”（词典 74 页）。

临高语 sa^{1}“耳朵；耳子（器物两旁的耳状物）”，sa^{1}nu^{1}“［鼠耳］木耳的又称”（词典 8 页）。

英语 ear“耳朵；（水壶、杯子等的）耳形捏把”。wood ear“木耳”。

耳朵，因对称分布在头两侧，而且一些动物的耳朵，还可供人提拎（比如兔子），所以人们在认识其他具有这种特征的事物时，很容易联想到耳朵，以“耳”为之命名。

汉语方言的例子：广东广州等粤语、福建厦门等闽语“耳”，提把儿，提手。（许宝华等 1999：1717）四川成都等西南官话、江西宜春等赣语“耳锅”，有两耳的铁锅。云南玉溪等西南官话“耳楼”，厢楼。（许宝华等 1999：1721）

例 8 janggut Ⅰ 髭，胡子；［雅］下巴颌（词典 260 页）

janggut Ⅱ ［植］janggut ali 藤竹草（词典 260 页）

胡子、头发，包括腿毛、腋毛、阴毛等，都是长在身体上的毛发，毛发和草、植物的根、纤维等，形状相似，用同一个词来命名在情理之中。

汉语中，“胡”本指牛颈部的垂肉。《说文》：“胡，牛颔垂也。从肉，古声。”段玉裁注：“胡，颐也。牛自颐至颈下垂肥者也。引申之，凡物皆曰胡。”后引申为“胡须”义，开始专指“下巴上的胡须”，后扩大为泛指嘴周围和连着鬓角长的胡须。

《说文·须部》：“须，面毛也。”又可指颐下毛。《周礼·秋官·冥氏》：“则献其皮革须备。”又指须根。汉语的“髮”也可指根。《说文·

髟部》："鬓，根也。从髟发声。"许慎以"根"释"鬓"，是因为二者间的相似，人的头发就如同植物的根。

汉语"鬓""茇""胈"是一组同族词。"鬓"为头发，"茇"为草。《说文·艸部》："茇，艸根也。"用草搭建的草屋也叫茇，如《诗经·召南·甘棠》"召伯所茇"毛传："茇，草舍也。"孔颖达："茇者，草也。""胈"是腿毛，《玉篇》："胈，股上小毛。"

实际上，汉语中的"毛"，既可以指人的眉毛、头发，也可以指兽毛，还可以指草木植物，甚至包括菜。《说文·毛部》："毛，眉头之属及兽毛也。"《穀梁传·定公元年》"毛泽未尽，人力未竭"范甯注："凡地之所生谓之毛。"《广雅·释草》"毛，草也"王念孙疏证："草谓之毛，因此菜茹亦谓之毛。"

现代汉语仍用"不毛之地"指贫瘠荒凉的地方，此"毛"泛指草木、谷物、庄稼等。

汉语方言中，"毛""须""穗"可以指毛发，指草、庄稼的例子也不少。河北石家庄等地冀鲁官话、陕西商县等地中原官话、河北邯郸等地晋语、浙江黄岩等地吴语、福建永定等地客话、福建建瓯等地闽语"毛"，汗毛；头发；福建厦门等地闽语"毛"，指庄稼、草木；引申为山上野草。（许宝华等 1999：831）

江苏苏州等地吴语、福建南平等地闽语"须须"，胡子；四川成都等地西南官话、湖南辰溪等地湘语"须须"，须，穗。（许宝华等 1999：4288）

青海西宁等地中原官话"穗穗儿"，（妇女的）额发。（许宝华等 1999：7347）新疆吐鲁番等地中原官话、乌鲁木齐等地兰银官话"穗穗子"，额发。（许宝华等 1999：7347）

再参考其他语言中的情况：

泰语 $phom^1$ "［生理］头发，发"（词典 434 页），$phum^3$ "灌木，灌木丛"（词典 480 页），$pho\eta^2$ "草丛，灌木丛"（词典 450 页）；$phau^3$ "发，毛发"（词典 445 页），phu^3 "穗状物，穗饰，流苏，毛缨"（词典 480 页）。还有 $s\partial\eta^2$ "蓬乱的头发；蓬茸的草丛"（词典 217 页）。

西双版纳傣语：p^hum^1 "头发"，$p^h\mathrm{ɔ}m^1$ "水藻"（词典 237 页）。

壮语 ȵaŋ⁵ “杂草丛生；（头发）蓬乱”（词典 935 页）。

临高语 mum⁴ “胡子，胡须；须子，须状物的总称，如触须，卷须等”（词典 237 页）。还有 ŋuŋ¹ “绒毛，细毛；芒”（词典 305 页）。

缅甸语 phut “头发；草”（词典 591 页）。

印尼语中毛发、根须类词比较丰富，有来源不同的五组词。

① 词根为 bu-的一组词：

bulu “毛，羽毛；（植物皮、果皮或叶子上的）茸毛，芒（须子）”（词典 102 页）。

bulir “（谷物等的）穗”（词典 102 页）。

rambu “流苏；穗状饰物；腋毛，阴毛”（词典 524 页）。

② 词根为 ma-的一组词：

malai “缨子，穗子（作冠饰、发饰、长矛的装饰品等用）”（词典 417 页）。

cemara “缨子；拂尘；假发；须子”（词典 122 页）。

mayang “穗状花”（词典 429 页）。

roma（=bulu roma）“汗毛”（词典 546 页）。

③ 词根为 buk-的一组词：

abuk “毛发”（词典 2 页）。

sambuk Ⅰ “鞭子，马鞭”（词典 562 页）。

sambuk Ⅲ “椰子（棕榈等）外壳的纤维”（词典 562 页）。

这组例词中的两个 sambuk 也属于可处理为一词多义的情况。

④ 词根为 but-的一组词：

bubut，membubut “拔（胡子、毛、草）等”（词典 98 页）。

jembut “阴毛（词典 268 页）。

rambut “头发；发状物”（词典 524 页）。

rumput “草；草本植物”（词典 550 页）。

sabut “椰子壳外的纤维”（词典 554 页）。

serabut “粗纤维，纤维，须毛”（词典 600 页）。

⑤ 词根为 k/gut 的，除上文列出讨论的一组外，还有：

dukut“草”（词典 165 页）。

jukut“草”（词典 278 页）。

jenggot“（长在下巴上的）胡子、胡须”（词典 269 页）。

sungut“触须，触角；胡子，胡须”（词典 635 页）。

以上五组词，均为跨毛发和草、植物的根、纤维等义域的词。

再补充英语和西班牙语的例子：

英语 hair“头发；毛发；汗毛；（动、植物的）毛，茸毛；毛状物”，root hairs of a plant“植物的根毛；毛状物”。bush“灌木，灌木丛；胡须，蓬松的毛发，蓬松的尾巴；（女人的）阴毛”。stubble“（庄稼收割后余留的）残梗，茬；短发，发茬，短髭，残梗状（或似茬的）的东西”。

西班牙语 barbado“有胡子的，有须的；（树根上长出的）嫩枝”，barbar“长出胡子；（植物）长根”；cebello“毛发，头发；玉米须”；mata“草，灌木；大绺头发”。

三、结　　语

蒙元耀先生（2016）针对壮语词典的编纂现状，认为编纂工具书是语言建设的基础，要编写一部实用且质量上乘的词典，需要对词义进行深入透彻的研究，对词目的用法了然于心，才能做好义项的分合和设例。这个观点同样适用于其他语言工具书的编纂。

《新印度尼西亚语汉语词典》是一部中型语文工具书，是目前国内印度尼西亚语言工作和学习者重要的参考工具书。该词典收入印度尼西亚语基词条目、合成词条目近 5 万条，收词相当丰富。如果在词条释义方面，特别是对同音词和多义词的甄别上更深入、准确一些，将会使该词典的编纂质量更上一层楼。

把比较词义研究与词典编纂结合起来，对提高词典质量大有裨益，词典编纂者应在甄别、钻研词的义项方面下更多功夫，编出质量更高的词典。

参考文献

北京大学东方语言文学系缅甸语教研室　1990　《缅汉词典》，北京：商务印书馆。

北京大学东方语言文学系印度尼西亚语言文学教研室《新印度尼西亚语汉语词典》编写组　1989　《新印度尼西亚语汉语词典》，北京：商务印书馆。

孙义桢　2012　《新西汉词典》，上海：上海译文出版社。

陈孝玲　2017　《泰语弯曲义词研究》，《民族语文》第 2 期。

陈孝玲　2022　《词汇语义比较与少数民族语言词典的编纂——以侗台语的几组词为例》，《民族语文》第 3 期。

丁邦新　2000　《汉藏系语言研究法的检讨》，《中国语文》第 6 期。

广西壮族自治区少数民族语言文字工作委员会《壮汉英词典》编委会　2005　《壮汉英词典》，北京：民族出版社。

广州外国语学院　1990　《泰汉词典》，北京：商务印书馆。

黄树先　2007　《比较词义的几个问题》，《汉藏语学报》创刊号。

黄树先　2012　《比较词义探索》，成都：巴蜀书社。

黄树先　2020　第五届核心词研讨会（线上）会议讲话，武汉，8 月 22 日。

黄树先　2024　《比较训诂探索》，成都：四川大学出版社。

陆天桥　1990　《汉语“窟窿”和壮侗语族的远古关系》，《汉语与少数民族语关系研究》，中央民族学院学报增刊。

蒙元耀　2016　《壮语词义研究与词典编纂》，《辞书研究》第 4 期。

伍铁平　2001　《违背历史事实的例证——初评〈汉字哲学初探〉》，侯占虎《汉语词源研究》（第一辑），长春：吉林教育出版社。

《新英汉词典》编写组　1985　《新英汉词典（增补本）》，上海：上海译文出版社。

邢公畹　1993　《汉台语比较研究中的深层对应》，《民族语文》第 5 期。

许宝华、宫田一郎　1999　《汉语方言大词典》，北京：中华书局。

张博　2003　《汉语同族词的系统性与验证方法》，北京：商务印书馆。

郑贻青、欧阳觉亚　1993　《黎汉词典》，成都：四川民族出版社。

刘剑三　2000　《临高汉词典》，成都：四川民族出版社。

中国社会科学院语言研究所词典编辑室　2016　《现代汉语词典（第 7 版）》，北京：商务印书馆。

《汉语大字典》疑义补证二则*

邓春琴　阎怡航

西华师范大学文学院

[摘要]《汉语大字典》是一部大型语文辞书，它作为一部权威字典，释义应该追求“引证齐全”，而字典中存有很多引证不全的疑义。针对疑义设立是否合理，前贤多运用训诂学、音韵学等方面的知识验证。本文在此基础上，结合词义类型学的方法，对《汉语大字典》中“刉”“徽”二字的疑义进行探讨，尝试从新的视角补证其义项是否成立。

[关键词] 词义比较　疑义　义项　补证

历时性语文辞书精准释义既要求义项正确、引证齐全，又要求引证与义项对应准确，即释义是否正确既要考虑义项归纳、概括是否正确，也要考虑引证是否支持义项。前贤释义研究主要关注义项归纳是否正确，对后者关注不多。引证是义项成立的证据，它分为书证和例证。书证是指古代各种辞书和各家注疏，如《说文》《玉篇》《广雅》《集韵》等。例证是字（词）目的具体用例，由书面文献用例和口头用例组成。书证是义项成立的辅助证据，具有一定的主观性，例证是义项成立的直接证据、是义项成立的铁证。两种引证虽然作用不同，但互为补充。辞书理想的释义最好

* 本文系国家社科基金后期资助项目“许慎版《说文解字》研究”（24FTQB015）和四川省哲学社会科学项目“语义类型学视野下汉语辞书释义研究”（25YY114）的阶段性研究成果。

是“引证齐全”，即书证和例证都有。若无书证，应退而求其次，释义一定要有例证；若仅有书证而无例证，容易让读者对其产生怀疑，因为缺少例证的义项不一定正确，属于疑义。所以，一个义项是否成立，关键得看例证。

《汉语大字典》以“全”为己责，收录了不少的疑义，包括只有书证没有例证的义项，也包括既无书证又无例证的义项。面对这些缺乏例证的疑义，大部分学者采用传统语言学研究方法对其进行研究，然因无法为义项提供例证，很多证明都空白无力。

义项是语义范畴的概况，而语义的发展与演变在人类语言中具有类型学特征。语义类型学是在人类语言视野下，通过比较不同语言语义演变的途径，寻找语义演变的共性与个性。我们认为，在汉语内部无法找到例证的情况下，要证明《汉语大字典》疑义的成立，可以在利用传统语言学方法的同时，充分利用语义类型学方法为其成立提供补充证据。

下面以《汉语大字典》（第二版）收录的两个字目为例，为《大字典》（第二版）收录的疑义提供补充证据。

一、刂：❶ 铚，短镰。《广雅·释器》：“铚谓之刂。”王念孙疏证：“《说文》：‘铚，获禾短鎌也。’”❷ 收割。《广韵·东韵》：“刂，铚获也。”❸ 削。《龙龛手鉴·刀部》：“刂，削也。”

案：《汉语大字典》“刂”设立的三个义项都只有书证，没有例证，属于疑义。我们认为“刂”用指“割、削”义，当为“攻”的同源字。

“攻”用指“割”历史悠久。《广雅·释兽》：“攻，犗也。”《周礼·夏官·校人》：“夏祭先牧，颁马攻特。”郑玄注引郑司农云：“攻特，谓騬之。”孙诒让正义：“《说文·马部》云：‘騬，犗马也。’《广雅·释兽》云：‘騬，犗，攻，犗也。’谓割去马势，犹今之扇马。”《廋人》：“教以皁马佚特、教、攻驹。”郑玄注：“攻驹，制其蹄啮者。”阮元校勘记：“制作騬。”“刂”也可以用指“割、削”义。《龙龛手鉴·刀部》：“刂，音功，削也。”刂、攻皆为见母东韵平声合口一等字。《广雅疏证》：“刂者，断割之名。……攻与刂声义同。”两者音义相同，当为同源字。

“刉”用指“短镰”不见例证，书证最早见于三国《广雅》。“刉”用指“割、削”，为何用指“短镰”？《广雅疏证》：“铚铚，断禾穗声也。……获谓之铚。……故获器谓之铚。《太平御览》引纂文云‘江湘以铚为刉。’”“刉”用指“短镰”义设立是否正确，除了《广雅疏证》，再也找不到其他证据。也就是说，依据现有材料无法确证该义项是否成立。但是我们可以根据语义演变的规律为其提供旁证。人类语言中，“镰刀”与“收割”的关系很紧密，在语言中随处可见。我们先来看看汉语中其他例子。

（1）刈，可以用指“割草用的工具”之义。《国语・齐语》：“时雨既至，挟其枪、刈、耨、镈，以旦暮从事于田野。”韦昭注：“刈，鎌也。”按韦昭的解释，“刈”即割草用的镰刀。也可以用指“除草；割”之义。《说文・丿部》：“乂（刈），芟艹也。”《玉篇・刀部》：“刈，获也；取也。”《诗经・周南・葛覃》：“维叶莫莫，是刈是濩。”陆德明释文：“《韩诗》曰：‘刈，取也。’”《楚辞・离骚》：“冀枝叶之峻茂兮，愿竢时乎吾将刈。”王逸注：“刈，获也。草曰刈，谷曰获。”元杜仁杰《要孩儿套・喻情》：“大虫窝里蒿草无人刈。”清魏源《吴农备荒议上》：“乃苏、淞之稻，皆刈立冬以后。”

（2）鉊，可以用指“镰刀”义，它是一种轻便农具，多用于收割庄稼。《说文・金部》：“鉊，大铁也。从金，召声。镰谓之鉊，张彻说。”王筠句读：“此固不可通，然小徐及汲古本作大鎌也，则与张彻说复，姑仍之。”《释名》：‘铚，获禾铁也。’则铚亦谓之銕。今鉊、铚二篆相次，或鉊为铚之别名乎，然铚仍是镰也。五代徐锴《说文系传・金部》：“鉊，大镰也。……镰或谓之鉊，张彻说。”《方言》卷五：“刈钩，江、进、陈、楚之间谓之鉊。”《广韵・宵韵》：“鉊，淮南呼镰。”《管子・轻重己》：“耜耒耨怀，鉊鉊叉橿，权渠緉緤，所以御春夏之事也。”刘绩注：“鉊，镰也。”明陈继《先妣吴孺人墓版文》：“操鉊荷镈，与奴共力畦圃。”也可以用指“用镰刀割”之义。《万象名义・金部》：“鉊，刈。”“刈”有“除草；割”之义，即用镰刀去割谷。

（3）铚，可以用指“短镰”之义。《释名·释用器》：“铚，获禾铁也。”《说文·金部》：“铚，获禾短镰也。”《管子·轻重乙》：“一农之事，必有一耜、一铫、一镰、一鎒、一椎、一铚，然后成为农。”《汉书·王莽传中》：“予之西巡，必躬载铚，每县则获，以劝西成。”明宋应星《野议·民财议》：“铚镰筐箔未藏，室中业已悬罄。”清周亮工《拿口父老褎米见贻感其意赋此》：“共冀弓刀齐化犊，长犁短铚满西畴。”也可以用指“用镰刀割（谷物）”之义。《小尔雅·广物》：“截颖谓之铚。”《广韵·质韵》：“铚，刈也。”《诗经·周颂·臣工》：“命我众人，庤乃钱镈，奄观铚艾。”毛传：“铚，获也。”元戴良《种德堂铭》：“毋谓黍稌，必艾必铚。”明刘基《早行衢州道中》：“农家喜铚艾，行歌向东阡。”

（4）鐥，可以用指“一种长把大镰刀”之义，同“钐”。如：鐥子；鐥刀。也可以用指“抡开镰刀或钐镰大片地割”之义。如：鐥草；鐥麦。

（5）钹，可以用指“镰刀”之义，它是一种两边有刃、装有长木柄的镰刀。《说文·金部》：“钹，两刃，木柄，可以刈艹。”徐灏注笺：“钹盖如镰而有两刃双钩。”《广雅·释器》：“钹，镰也。”元王祯《农书》卷十四：“钹……其刃长余二尺，阔可三寸，横插长木柄内，牢以逆楔。农人两手执之，遇草莱或麦禾等稼，折腰展臂，匝地芟之。”《农政全书·农器·图谱一》：“今农器镰、斧、锲、钹之类，非砺不可。”也可以用指“芟除”之义。《释名·释用器》：“钹，杀也，言杀草也。”《字汇·金部》：“钹，刈也。”《六韬·龙韬》：“春钹草棘。”清陈寿祺《福建布政使李君祠记》：“禾钹而肉躏。”

（6）艾，通“刈”。清朱骏声《说文通训定声·泰部》：“艾，叚借为刈。”可以用指“镰刀”之义。《墨子·备城门》：“城上九尺，一弩、一戟、一椎、一斧、一艾。”孙诒让间诂：“艾，刈之借字。《国语·齐语》云：‘挟其枪、刈、耨、镈。’韦注云：‘刈，镰也。’”元王祯《农书》卷十一：“艾，获器，今之钐镰也……古艾从草，今刈从刀，字宜通用。”也可以用指“割（草或谷类）”之义。《诗经·周颂·臣工》：“痔乃钱镈，奄观銍艾。”朱熹注：“艾，获也。”《穀梁传·庄公二十八年》：“虽累凶年，民弗病也。一年不艾而百姓饥。”《礼记·月令》：“（仲夏之月）令民毋艾蓝以染。”后引申为砍除。《左传·襄公三十年》：“绝民之主，去身之偏，艾王之体，以祸其国。”《汉书·项籍传》：“今日固决死，愿为诸君快战，必三胜，斩将，艾旗，乃后死。”

（7）芟，可以特指“大镰刀”。《国语·齐语》：“耒、耜、枷、芟。”韦昭注：“芟，大镰，所以芟草也。”唐柳宗元《宥蝮蛇文》：“彼樵竖持芟，农夫执耒，不幸而遇，将除其害。”也可以用指“除草；割”之义。《说文·艹部》：“芟，刈艹也。”《诗经·周颂·载芟》：“载芟载柞，其耕泽泽。”毛传：“除草曰芟，除木曰柞。”《周礼·秋官·薙氏》：“夏日至而夷之，秋绳而芟之，冬日至而耜之。”《左传·隐公六年》：“如农夫之务去草焉，芟夷蕴崇之。”杜预注：“芟，刈也。”明马中锡《中山狼传》：“伐我条枚，芟我枝叶。”

（8）钐，可以用指“镰刀”之义，它是长柄大镰，又叫钐刀，钐镰。《玉篇·金部》：“钐，大镰也。”《抱朴子·外篇·逸民》：“推黄钺以适钐镰之持 。”唐韩愈《凤翔陇州节度使李公墓志铭》：“铸镈、钐、鉏、斸，以给农之不能自具者。”廖莹中注：“钐，大镰也。”元王祯《农书》卷十九：“麦钐，芟麦刃也。《集韵》曰：‘钐，长镰也。’然如镰长而颇直，比钹薄而稍轻，所用斫而剗劁之 。”还可以用指“割；砍”之义。《篇海类编·珍宝类·金部》：“钐，刈也。”《抱朴子·外篇·博喻》：“犹钐禾以讨蝗虫，伐木以杀蠹蝎。”唐刘恂《岭表录异》卷中：“其种者，钐其竿，每截二尺许。”金王喆《迎仙客》：“秆儿钐，穗儿摘。”元王实甫《西厢记》第二本楔子：“远的破开步将铁棒飐，近的顺着手把戒刀钐。”

由此可见，两者如此紧密关系，这种共性不仅仅见于汉语，在其他语言中，两者也存在此类情况。如：

在少数民族语言中，撒拉语“or-”一系列词中体现出两者的紧密关系，“or-”指“割、收割”，boʁʤi or-.（割小麦。）“orɔʃ”一词指“割的方法”。“orəχ”一词指“镰刀”，orəχ bili.（磨镰刀。）orəχ-morəχ 一词指“镰刀之类的”。布努语“ku$^{1'}$（gub）”可以用指“镰刀”，

tɬo^{5} ku$^{1'}$（gub）ku^{1}ŋ̊ɯ^{3}.（用镰刀割草。）还可以用指“割”，ku^{1}ŋ̊ɯ^{3}.（割草。）瑶语用“lim^{2}(limh）”指“镰刀”，用“lip^{3}(lipc）”指“割”，可见“镰刀”与“收割”的亲密关系。

英语中，“cradle”可以用指“附有配禾架的镰刀”，还可以用指“装有配禾架的镰刀刈割”。“hook”可以用指“镰刀”，还可以指“用镰刀割”。Hook down weeds.（用镰刀割野草。）此时的“hook”的用意是用镰刀割。“scythe”一词，可以用指“长柄大镰刀，大衫刀”，也可以指“用长柄大镰刀割”。“sickle”可以指“镰刀”，也可以指“用镰刀割”。

法语中，“étraper”一词可以指“小镰刀”，还可以指“用小镰刀割”。“faucarder”一词，可以指“用长柄大镰刀”，还可以指“（用长柄大镰刀）割（水草）”，faucarder les herbes d’une rivière.（割一条河里的水草。）可见“faucarder”表示的是“割”义。“faucillage”一词，可以指“镰刀”，la faucillage et le marteau.（镰刀斧头标记。），还可以用指“（用镰刀）收割”。“faucher”一词，可以指“长柄镰刀”，还可以指“（用长柄镰刀、割草机）割；收割”，Il y avait des inconnus venus de lointains villages pour faucher les foins.（有从远方村子来收割草料的陌生人。）此时，“faucher”指收割之义。

德语中，“’Sen・se”一词，可以指“长柄镰刀”，wei die ’Sen・se，so der Schnitt.（什么样的镰刀，出什么样的活。）还可以指“用长把大镰刀割”。“’Si・chel”一词，可以指“镰刀”，还可以指“（用镰刀）割、刈”。

泰语中，“เคียว”一系列词也说明了“镰刀”与“割”的紧密关系，“เคียว”一词指镰刀，“ตัดเกี่ยว”一词指“割”，“ตัดหญ้า”一词指“割草”，“ตัดทิ้ง”一词指“割除”，“เกี่ยวข้าวสาลี”一词指“割麦”，“เก็บเกี่ยว”一词指“收割”。

综上所述，在世界语言中，“镰刀”义和“割、削”义有十分紧密的关系，所以，在没有任何证据能证明“刂”的三个义项设立不准确的情况下，根据以上例证，我们认为“刂”的三个义项设立是正确的。

二、徾：❶ 标志；符号。《说文·巾部》："徾，帜也，以绛徾帛箸于背。"朱骏声《通训定声》："将帅以下衣皆有题识，平时则城门仆射及亭长所着。又凡救火人衣用绛帛箸于背，皆徽属也。"❷ 旗帜。《玉篇·巾部》："徾，幡也。"

案："徾"的两个义项皆无例证，属于疑义。我们认为"徽""徾"当为通假关系。

"徾"最早用到见于《说文》，《说文·巾部》："徾，识也。以绛帛箸于背，从巾，微省声。《春秋传》曰：'扬徾者公徒。'"杜注曰："徾，徾识也。"大传曰："殊徾号。"郑曰："徾号，旗之名也。"《觐礼》曰："公侯伯子男皆就其旗而立。"贾公彦云："此旗，郑虽不解。"郑注《夏官》："仲夏辨号名。此表朝位之旗，与铭旌及在军徾识同，皆以尺易切小而为之也。"

后代"扬徾者公徒"皆写作"扬徽者公徒"。《墨子·号令》"日暮出之，为微职"。清孙诒让间诂："毕云：'即徽织。'……诒让案：正字当作'徾识'。"段玉裁曰："按古朝觐军礼皆有徾识。而徾各书作徽，容是叚借。"我们认为"徾""徽"当为通假字。"徽""徾"音相同，中古皆为平声微韵晓母，上古为微部。"徽"，《说文·糸部》："徽，三纠绳也。"段玉裁注："三纠，谓三合而纠之夜。"《玉篇·糸部》："徽，大索也。"两者在意义上没有任何关系，只是在字形上非常相似，语音上相同，而且"徽"在使用频率上远远高于"徾"，于是人民就用常见的"徽"来代替"徾"，两者自然地产生了通假。我们还认为"徽"用指"旗帜"的义项与其本义相隔甚远，"旗帜"义项应该是来自"徾"。

"徾"用指"旗帜"的义项也找不到文献用例，属于疑义，但"徾"与"旗帜"关系密切，在上古时期，"徾"是"旗帜"的一个部分。《周礼·司常》："掌九旗之物名，各有属以待国事。"郑注："属谓徾识也。大传谓之徾号。今城门仆射所被及亭长箸绛衣，皆其旧象。司常又曰：及国之大阅，赞司马颁旗物。王建大常，诸侯建旗，孤卿建旜，大夫士建物，帅都建旗，州里建旟，县鄙建旐。道车载旞，斿车载旌，皆画其象焉。官府各象其事，州里各象其名，家各象其号。”词义通过部分代整体的方法产生了“旗帜”义，这是很自然的引申，而且这种引申不仅仅局限于该字，在汉语其他汉字字义引申中也存在。如：

（1）帜，可以用指“标志”之义。《后汉书·虞诩传》：“又潜遣贫人能缝者，佣作贼衣，以采綖缝其裾为帜。有出市里者，吏辄禽之。”李贤注：“帜，记也。”按李贤的解释，“帜”即标记、标志。也可以用指“旗帜”之义。《说文新附·巾部》：“帜，旌旗之属。”《广韵·志韵》：“帜，旗帜。”《墨子·旗帜》：“亭尉各为帜，竿长二丈五，帛长丈五，广半幅者大。”《史记·淮阴侯列传》：“拔赵帜，立汉赤帜。”《汉书·高帝纪上》：“祠黄帝，祭蚩尤于沛廷，而衅鼓旗。帜皆赤。”颜师古注：“帜，幖也，旗旗之属。”

（2）表，可以用指“加以标记”之义。《周礼·春官·肆师》：“祭之日，表齍盛。”郑玄注：“故书表为剽，剽、表皆谓徽识也。”《荀子·大略》：“水行者表深，使人无陷；治民者表乱，使人无失。”杨倞注：“表，标志也。”《文选·潘岳〈藉田赋〉》：“表朱玄于离坎，飞青缟于震兑。”李善注：“表，犹标也。”还可以用指“旗帜”之义。《国语·晋语五》：“车无退表，鼓无退声。”韦昭注：“表，旌旗也。”明张岱《陶庵梦忆·定海水操》：“舳舻相隔，呼吸难通，以表语目，以鼓语耳。”

（3）标，可以指“标志；记号”之义。五代徐锴《说文系传·木部》：“标之言表也。《春秋左传》谓路旁树为道表，谓远望其标以知其道也。”清李富孙《说文辨字正俗·木部》：“凡物之幖识亦曰徽识，今字多作标牓，标行而幖废矣。”《文选·郭璞〈江赋〉》：“标之以翠翳，泛之以游菰。”李善注：“标，犹表识也。”《南史·梁宗室传·萧宏》：“（萧）宏性爱钱，百万一聚，黄牓标之，千万一库，悬一紫标，如此三十余间。”鲁迅《彷徨·伤逝》：“倘使插了草标到庙市去出卖，也许能得几文钱罢。”还可以用指“旗帜”之义。宋陶穀《清异录·武器》：“梁祖自初起，每令左右持大赤旗，缓急之际，用以挥军，祖自目为火龙标。”《徐霞客游记·滇游日记六》：“云幙霞标，屏拥天际。”

（4）旗，可以用指“标志”之义。《左传·闵公二年》：“佩，衷之旗也。”杜预注：“旗，表也。所以表明其中心。”《公羊传·庄公三十一年》：“旗获而过我也。”俞樾疑义举例：“谓表示其所获之物而过我也。”还可以用指“旗帜的总称”之义。古代又专指上面有熊虎图像的一种军旗。《释名·释兵》：“熊虎为旗。军将所建，象其猛如虎与众期其下也。”《周礼·春官·司常》：“司常掌九旗之物名，各有属，以待国事……熊虎为旗。”汉贾谊《过秦论》：“斩木为兵，揭竿为旗，天下云合响应。”《封神演义》第二回：“只杀的摇旗小校手连颠，擂鼓儿郎槌乱匝。”

（5）识，可以用指“旗帜”之义，后作‘帜’。”《说文·言部》：“识，常也。”王筠句读：“常亦用为旗常之常。……《说文韵谱》徽、幖下皆作识也。此古本之仅存者矣。徽、幖皆旗常之属，故曰识也。此与‘识，常也’正合。”钱坫斠诠：“此云‘常’者，即《春官》‘司常’之常也。日月为常，凡旍旐之属皆属司常。厘曰司常，汉曰职识欤!”《释名·释言语》：“识，帜也，有章识可按视也。”《左传·宣公十二年》“前茅虑无”晋杜预注：“时楚以茅为旌识。”又《昭公二十一年》“扬徽者，公徒也”晋杜预注：“徽，识也。”陆德明释文：“识，本又作帜。”《汉书·王莽传下》：“说无文号旌旗表识，咸怪异之。”颜师古注：“识读与帜同。”还可以用指“加上标记”之义，后作“志”。《集韵·志韵》：“志，或作识。”《礼记·檀弓上》：“（孔）子曰：‘吾闻之，古也墓而不坟，今丘也，东西南北之人也，不可以弗识也。’于是封之，崇四尺。”孔颖达疏：“不可以不作，封坟记识其处。”《金史·阿邻传》：“阿邻得生口，知可涉处，识以柳枝，命本部涉济。”《徐霞客游记·粤西游日记一》：“一路采笋盈握，则置路隅，以识来径。”又标记。三国魏曹植《宝刀赋序》：“建安中，魏王命有司造宝刀五枚，以龙熊乌雀为识。”清夏燮《中西纪事·四国合从》：“又其国中海舶皆以星旗为识。”

（6）志，可以用指“标志；标记”之义，通识（志）。《广雅·释诂二》：“志，识也。”王念孙疏证：“郑注云：志，古文识。识，记也。”《集韵·志韵》：“识，记也。或作志。”《字汇·心部》：“志，记也，与志同。”《礼记·檀弓上》：“孔子之丧，公西赤为志焉。”郑玄注：“志谓章识。”孙希旦集解：“葬之有饰，所以表识人之爵行，故谓之志。”又作出标记。唐柳宗元《零陵郡复乳穴记》：“束火以知其物，縻绳以志其返。”还可以用指“旗帜”之义，通“帜”。《集韵·志韵》：“帜，旗也。亦作志。”《史记·刘敬叔孙通列传》：“设兵张旗志。”裴骃集解引徐广曰：“一作帜。”《华阳国志·大同志》：“不用麾志，举矛为行伍。”

由此可见，两个的关系如此紧密，利用语言演变与发展的共性，发现其他语言也有这样的意义关系存在，如：

在少数民族语言中，塔吉克语“bal”一词指“丧旗”，具有旗帜义，balgū 一词指“记号，标记”，balgū la qeig.（做记号。）balgū wezzd.（打记号。）布努语 kji^{2}（gyix）指“旗，旗子”，kji$^{2'}$ ɦau$^{2'}$（gylx haox）指“记号”。瑶语 tɕei^{2} 一系列词中，也能体现“旗帜”与“标记”的紧密关系，tɕei^{2}（jeih）一词指“旗”，tɕhi^{2}tsi^{6}（qih zic）一词指“旗帜”，tɕei^{2}hu^{6}（jeih huc）指“记号”。

英语中，“flag”一词，既能指“旗、旗帜、国旗”，The national flag of Great Britain.（英国国旗。）也能指“标志、标记”。“ensign”一词，可以指“旗、军旗、舰旗、商船旗”，The ensign of the United States is the Stars and Stripes.（美国的国旗是星条旗。）还可以指“（表示职位、等级、权力等的）标志、徽章、符号、象征”。“standard”一词，可以指“旗（如军旗、舰旗、队旗、王旗等）”，Two man carried the standard in the royal parade.（在盛大游行队伍中，两个男子打着旗子。）还可以指“标准、象征性事物”。除此之外，还有“backsight”“burgee”“Oriflamme”“Waft”“waif”等词都将“旗帜”义与“标志、符号”义归为一个义项，可见，两个义项的紧密关系。

法语中，“drapeau”一词，既能指“旗、旗帜、国旗、军旗、号旗”，drapeau rouge de chef de gare.（火车站站长的红色信号旗。）其中“drapeau”取旗帜义。也能指“作象征，标志”。“enseigne’”一词，既能指“标志、标记”之义，也能指“旗标、旗号、旗帜、旌旗、麾”，L'armee avanca，tambour battant et enseignes déployees.（军队在鼓声中和飘扬的旗帜下前进。）其中“enseignes”取旗帜之义。“fanion”一词，将标志与旗帜合为同一义项，les fanions de la ligne de but.（终点线上的信号旗、标志小旗。）“fanion”意为标志小旗，可见两个意义联系之密切。“marque'”一词，既能指“记号、符号、标记”，coudre une marque' sur un mouchoir.（在手绢上缝上一条符号。）marque' 取“符号”之义，也能指“旗舰旗、司令旗”。

德语中，“'Fah・ne”一词，既能指“旗帜”，也能指“标识”，Die 'Fah・ne n wehen auf Halbmast.（下半旗），其中“'Fah・ne”取旗帜义。“'Fah・be”一词，将“旗帜”与“标志”归为同一义项，即“国旗、旗帜、徽章、标志、象征”。Die 'Fah・be n eines Landes.（一个国家的国旗。），此时，“'Fah・be”取旗帜义。Die 'Fah・ben einer Studentenverbindung（eines Vereins）tragen.（戴着有大学生联合会标志的证章或帽子。）其中，“'Fah・be”取标志义。由此可见，两个意义联系紧密。

拉丁语中，signum 既能指军旗，signum relinquere.（丢掉军旗——溃逃。）也能指“记号，标记”，signum imprinere pecori.（给畜牲打上记号。）

综上所述，“旗帜”与“标志、符号”有紧密联系，这种词义关系存在在众多语言中，所以，在没有任何证据能证明“徽”的两个义项设立不准确的情况下，根据以上例证，我们认为“徽”的两个义项设立是合理的。

语言的发展具有共性与个性，汉语也不例外。本文选取了《汉语大字典》中例证缺失的“玔”“徽”两字，对于其疑义的设立是否合理，从汉语内部无法找到例证时，可利用语言演变的共性，不仅在汉语材料中进行分析，还在外语材料中找到共性。本文将传统方法与词义类型学结合起来，运用到疑义考释当中，尝试从新的视角对词义进行比较，以佐证该义项是否成立，为辞书义项的确定提供一种新的思路。

参考文献

《汉语大字典》编辑委员会编纂　1990　《汉语大字典》，成都：四川辞书出版社；武汉：湖北辞书出版社。

程　瑛　2015　《关中方言词典》，西安：陕西人民出版社。

傅永和、李玲璞、向光忠　2012　《汉字演变文化源流》，广州：广东教育出版社。

谷衍奎　2003　《汉字源流字典》，北京：华夏出版社。

何金松　2004　《汉字文化解读》，武汉：湖北人民出版社。

何九盈、胡双宝、张猛　2009　《汉字文化大观》，北京：北京大学出版社。

洪成玉　2008　《汉语词义散论》，北京：商务印书馆。

胡继明　2003　《〈广雅疏证〉同源词研究》，成都：巴蜀书社。

胡培俊　2012　《常用字字源字典·常用字源流探析》，武汉：崇文书局。

黄金贵　1995　《古代文化词义集类辨考》，上海：上海教育出版社。

李国祥　2017　《古汉语常用字字典》（修订版），武汉：崇文书局。

梁家勉　1989　《中国农业科学技术史稿》，北京：农业出版社。

罗竹风　2008　《汉语大词典》，上海：上海辞书出版社。

沈　瀚、秦　贵　2009　《收获机械》，北京：中国大地出版社。

沈锡荣　1992　《古汉语常用词类释》，上海：学林出版社。

王　琪　2018　《汉字文化教程》，北京：商务印书馆。

许威汉、金甲注　2012　《俞樾〈古书疑义举例〉评注》，北京：商务印书馆。

杨　宽　2019　《战国史》，上海：上海人民出版社。

叶　萌　1993　《古代汉语貌词通释》，济南：山东文艺出版社。

叶新民　2007　《辽夏金元史徵·元朝卷》，呼和浩特：内蒙古大学出版社。

殷寄明　2018　《汉语同源词大典》，上海：复旦大学出版社。

张　森、王思萍、陈新岗　2017　《精耕细作：中国传统农耕文化》，济南：山东大学出版社。

郑振铎　2018　《中国俗文学史》，北京：商务印书馆。

周　骅　2022　《国学元典十讲》，湘潭：湘潭大学出版社。

周　昕　2010　《中国农具通史》，济南：山东科学技术出版社。

甲骨文中的“手”类词[*]

郑春兰

四川大学文学与新闻学院、中国俗文化研究所

［**摘要**］本文以斯瓦迪士《百词表》和郑张尚芳《华澳语言比较三百核心词表（征求意见稿）》为依据，对甲骨文中的“手”类词进行了考察分析，并对词间关系进行了探讨，这些词涉及手掌含手指、手肘、手臂，以及手所关联的动作词。

［**关键词**］甲骨文　核心词　手　语义　关系

“手”类词在甲骨文①中是常见词，位于《百词表》第48位，在郑张尚芳先生的《华澳语言比较三百核心词表（征求意见稿）》中，“手”同时包括臂、肘，是个最核心的词。

《说文·又部》收录的“叉”被释作：“手足甲也。从又，叉象形。”在甲骨文中记作，形如手指有指甲。有别于甲骨文的，以及金文的，形如手指弯曲状，其意在表明指端之甲，与“叉”的表意相类，通

---

* 本文系国家社科基金项目“清末至民国时期甲骨文字研究资料的整理与研究”（18BYY144）、国家社科基金重大项目“草创时期甲骨文考释文献的整理与研究”（20&ZD307）、四川大学中华文化传承与全球传播数字融合实验室专项“《甲骨文合集》数据库的建立与甲骨残片缀合”（2022自研-文新08）阶段性研究成果。

① 文中甲骨刻辞后编号未注明出处的均取自《甲骨文合集》，参照《殷墟甲骨刻辞类纂》《殷墟甲骨刻辞摹释总集》。编号前罗马数字表示刻辞分期。刻辞中“…”表示残缺多字。

观甲骨卜辞，往往被借用作十天干的“丑”，《说文·又部》所谓：“丑，纽也。十二月，万物动，用事，象手之形，时加丑，举手时也。”此外，甲骨文中还可见，隶作叉，金文记作，形如手指叉取物品之状，造字本义应该与手有关，《说文·又部》解释为：“叉，手指相错也。从又，象叉之形。”甲骨卜辞还未见到其本义之用例，卜辞中常常用作人名、地名。

1. 辛子卜，才叉，贞：王步于白亡災。（Ⅴ36901）

又/右，甲骨文记作，其形如人的右手，本义当作右手，《说文·又部》所谓：“又，手也。象形。三指者，手𠠧之多略不过三也。”许慎的说解是造字本义，然而，他把“右”解释为“右，手口相助也，从又从口”，则非其本义。𠂇，左之初文，甲骨文记作，其形如人的左手，本义当为左手，《说文·左部》所谓：“左，手相左助也。从𠂇、工。”是其本义的引申，并非本义。于省吾先生指出了诸字之关系：“刻辞有无之有、福祐之祐，侑祭之侑，左右之右，再又之又，均作又。实则‘有’‘祐’‘侑’‘右’均由‘又’字孳乳演化而来，义俱相因。”

2. 丁酉卜，王乍三自中。（Ⅳ33006）

卜辞中的“”“”即“右”“左”，是殷商时期的军队编制，即为左中右三军。

“肘”在甲骨文中记作，是肘的象形，后被借作数词“九”，当为寸、肘的初文，马叙伦先生认为：“九为肘之初文，盂鼎作，甲文作，从又象臂节形，指事。寸从又，一在手之上，以指肘也，亦指事。篆当作，石鼓‘寺’字‘导’字所从之寸皆作，是也。寸为尺寸之义所专，遂造肘字矣。”其说是也。《说文·肉部》云：“肘，臂节也。从肉从寸。寸，手寸口也。”卜辞中“肘”用作本义“臂肘”。

3. 贞：疒肘。（Ⅰ13676）

4. 王肘隹㞢蚩。（Ⅰ11018 正）

第3条卜辞中贞问肘部疾病，卜辞4贞问王肘部有无祸害。

甲骨文的[illegible]，与[illegible]相类，但以小半圆指事手臂之肱部所在，隶作厷，即肱之初文，《说文·又部》云："厷[illegible]，臂上也。从又，从古文。[illegible]，古文厷，象形。肱[illegible]，厷或从肉。"在卜辞中作臂膊讲，本义即《说文》所说上臂。

5. 贞：㞢疒厷，㠯小[illegible]钔于…（Ⅰ13679）

6. …疒厷。（Ⅰ13678）

卜辞中的"疾肱"即肱部有疾患，遂进行御祭。

此外，甲骨文的[illegible]，是作双手相交状，与《说文》小篆[illegible]形近，《说文·又部》释为："同志为友。从二又。相交友也。"隶作"友"，也有学者疑其作一对、两个讲，故隶作"双"，可备一说。

甲骨文中记录有关手的各个部位的词已经相当完备：手-肘-肱，一应俱全。反映出殷商先民对于自身已经有了相当深刻的认识，这也正是核心词特质的体现。

在汉语中，"手"可以看作"爪""肘""肱"等手类词的上位词，只是"手"这个写法在甲骨文中尚未出现，至西周中期的金文中才出现。但甲骨文中的"[illegible]叉"的内涵外延相当于后来的"手"这个词。段玉裁在"叉"下解释道："叉爪古今字，古作叉，今用爪。《礼经》假借作蚤，《士丧礼》：蚤揃如他日；《士虞礼》：浴沐栉搔揃。搔或为蚤，《曲礼》：大夫士去国不蚤鬋。蚤皆即叉字也。郑注皆云：蚤读为爪。读为者，易其字也。不易为叉而易为爪，于此可见汉人固以爪为手足甲之字矣。"因此"叉"与"爪"本同，只是古今之别而已。而"叉""叉"表示手指、手指甲，实即与"爪"所属范畴相同，"丑"字所本也出于"叉"，应当为"又"的同源孳乳字，其意义当相近。裘锡圭先生认为"蚤"应为"搔"字的初文，蚤字本来大概是从"又"从"虫"的一个会意字，可能就是"搔"的初文，字形象征用手搔抓身上有虫或为虫所咬之处。郑张尚芳先生将"蚤、搔、瘙"上古音拟作 *ʔsuuʔ、* suu、* suus，还认为"手、丑"

是一对同源异形词，“手”与泰文的“手指”niw' 同源，还可同缅文“指”hnjouɯh，基诺语“指”n̥u，勉瑶语“爪”niu³比较。黄树先先生也认为汉语的“手”可以和缅文的“手指”hn̥ɯ²对比，具体可见黄树先先生《说“手”》一文，文中从语音上分析了手、丑为同族词关系。

统观甲骨卜辞，当中还有相当一部分从礻、阝的甲骨文，它们当中大多与手部动作相关，其中包括祭祀类词、生活类词和生产劳作类词，以下略举一二。

甲骨文中的[illegible]即“舂”，即手持器捣物状，《说文·臼部》云：“舂，捣粟也。从廾持杵临臼上。”许慎的说解即其本义，它在卜辞中被借作他用。

甲骨文的[illegible]、[illegible]即“對”，程邦雄先生指出：“以手持‘[illegible]’或‘工’积绕丝纱。”又认为：“‘對’之‘收丝绕纱’，从广义上讲，实亦是‘治纱’……故《广雅·释诂三》把‘乱’与‘對（对）’并列于一起，释为‘治也’。”学者多释其为“疆界”，与“封”同，从“治理”角度也可讲通。

7. 于夫西對。大吉。（Ⅲ30600）

辛卯王…小臣[illegible]…其亡围…于东對，王囚曰吉。（Ⅴ36419）

8. 于[illegible]北對。（《屯南》4529）

卜辞中“于西/东/北对”可理解为在西面、东面、北面进行治理，是对边疆少数民族及其所在地的治理。

“芻”的甲骨文记作[illegible]、[illegible]，从又从艸或从木，手持草（古“草”“木”可通）之形，本义作割草讲，即《说文·艸部》所谓“刈艸也”。卜辞中也用其本义，引申作牲畜，而后又引申作放牧讲。

9. 贞：于敦大芻。（Ⅰ11406）

10. [illegible]芻于申。二告（Ⅰ249 正）

第9条卜辞中的“芻”即作割草讲，卜辞10的“芻”引申作放牧讲。

甲骨文，从双手舒展状，唐兰先生指出："余谓若实寻之古文。由字形言，八尺曰寻，《大戴·王言》云：'舒肘知寻。'《小尔雅》云：'寻舒两肱也。'按度广曰寻，古尺短，伸两臂为度，约得八尺。……字前人亦未释，余谓即之变体。"认为即寻的本字。曹定云先生也认为："'寻'之本义为广度，但又可转为'用'义。朱骏声《说文通训定声》：'寻所以度物，故揣度以求物谓之寻。'《小尔雅·广诂》：'寻，用也。'"

参考文献

［美］白保罗　1984　《汉藏语言概论》，乐赛月、罗美珍译，瞿霭堂、吴妙发校，北京：中国社会科学院民族研究所语言室。

曹定云　1982　《殷代的"卢方"——从殷墟"妇好"墓玉戈铭文论及灵台白草坡"潶白"墓》，《社会科学战线》第2期。

程邦雄　2001　《释"對"》，《语言研究》第4期。

（清）段玉裁　1988　《说文解字注》，上海：上海古籍出版社。

郭沫若主编　1982　《甲骨文合集》，北京：中华书局。

黄树先　2004　《说"手"》，《语言研究》第3期。

马叙伦　1985　《说文解字六书疏证》，上海：上海书店出版社。

裘锡圭　1990　《殷墟甲骨文字考释（七篇）》，《湖北大学学报》（哲学社会科学版）第1期。

唐　兰　1939　《天壤阁甲骨文存》，北京：辅仁大学出版社。

徐通锵　1991　《历史语言学》，北京：商务印书馆。

姚孝遂主编　1988　《殷墟甲骨刻辞摹释总集》，北京：中华书局。

姚孝遂主编　1989　《殷墟甲骨刻辞类纂》，北京：中华书局。

于省吾　1979　《甲骨文字释林》，北京：中华书局。

郑张尚芳　2003　《上古音系》，上海：上海教育出版社。

中国社会科学院考古研究所　1984　《殷周金文集成》，北京：中华书局。

释 “衣”

武晓丽　曾小鹏
贵州财经大学文学院

[摘要] 前贤把甲骨文的[illegible]字隶定作服饰“衣”字，卜辞中假借为“卒”。我们认为其字源应该是“胞衣”，由本义引申出的词义含有一个表“接续”的核心义素。验之卜辞，文义畅通。

[关键词] 甲骨文　胞衣　衣

《说文》：“衣，依也。上曰衣，下曰裳，象覆二人之形。”许慎所依据的小篆字作[illegible]（汉简），下部象二人并排。其实，甲骨文作[illegible]、[illegible]，显然小篆讹误。罗振玉谓：盖襟衽左右掩覆之形。但是，限于文体内容，卜辞中的“衣”字未见用作“服饰”的用例。陈梦家认为“衣”在卜辞中有两种用法，一作祭名，一作地名，两用后世文献均作“殷”，说明当时衣殷音近通用。

衣字的字源是服饰的衣，学界基本没有疑义。

一、有关“衣（服）”字的几个疑惑

甲骨文中有一个字[illegible]，从衣、刀，此字出现较少，且辞多残缺，用义不明。在金文中，被释作“初”的[illegible]字，在结构、字形上均与[illegible]一致，可以判作一字。说文：初，始也。从刀、衣。裁衣之始也。吴其昌《金文铭象疏证》：“初民无衣，大氐皆兽皮以刀割裁而成，衣之新出于刀，是初义也，故初确系从刀。”

“初”字的造字理据有两点疑惑：

第一，甲骨文字创造之时，华夏文明已经发展到相当的程度，绝不可能还是茹毛饮血的原始社会阶段。据考古材料，距今 6 900 年的浙江余姚河姆渡遗址出土了一段三股麻绳和一段两股麻线，同时还出土了最原始的纺纱工具纺轮。植物纤维制作的布匹不易保存，人类织布的时代比考古发现的更久远。

第二，用“裁衣之始”以喻“初始”，颇多牵强。古人制衣，先从种桑、纺纱、织布开始，然后才裁剪布匹、缝制成衣。要说制衣，那至少也得从纺纱织布开始算起，怎么独取裁衣这一环节，而忽略原材料的准备步骤？

这两点疑惑都指向一个问题： 字中所从的 可能不是服饰的“衣”。我们把甲骨文中被释作衣（卒）的独体字搜集起来，依照字形特征归纳如下四类，按所出卜辞的时期①，从早到晚排列：

A： （一期）、 （一期）、 （一期）

B： （一期）、 （一期）、 （一期）、 （一期）

C： （一期）、 （一期）、 （三、四期）、 （三、四期）

D： （五期）、 （五期）、 （五期）、 （五期）

A 组字象兽皮毛外露之形，各家释作“裘”。剩下三组一般学者都释作“衣”。卜辞中的 字与其他三组的用例类似；

B 组最大的特点是字里面增添了几笔，成交叉或横格纹。孙海波认为：“衣字，从爻，即后世卒子所从出。……卒当从衣象形，此正象衣有题识之形。”又认为衣、卒古音很近。

C、D 两组，自王国维以来释作“衣”。祭祀卜辞中，学者多读为“殷祭”之“殷”，田猎卜辞中读为地名“殷”。

① 采用杨郁彦编《甲骨文合集分组分类总表》的分类。该总表依据李学勤、黄天树等前贤的分类断代观点。

李学勤先生不同意“衣”作地名的说法，认为从卜辞“衣逐”来看，当训“同、合”，即合逐之意。后来他又否定了这一看法，同意唐兰就金文一篇铭文中“衣”作“卒”的意见，指出甲骨卜辞中的“衣逐”也应释为“卒逐”。

裘锡圭先生（1990）继续沿着李学勤的观点，将“衣”从字形上分为“衣 a”“衣 b”两类，写法一般的属“衣 a”，字形下边有末端上勾“尾巴”的归为“衣 b”。裘文的“衣 a”对应上述 D 组，而 C 组基本涵盖“衣 b”。裘文分别从古音、辞例上论证认为，“衣 b”通过把“尾巴”拖得特别长来跟“衣 a”字相区别，在卜辞中用作训“终、遂”义的“卒”。而且“衣 a”基本上也都应该释读为“卒”。“古人为什么时常以‘衣’表‘卒’有待研究。”裘先生后以“补记”的形式写道：

> 关于“卒”字字形所表示的意义，我们有一个猜测，写在这里供参考。“初”字从“衣”从“刀”会意，因为在缝制衣服的过程中，剪裁是初始的工序。“卒”字也从衣，其本义似应与“初”相对。这就是说，士卒并非它的本义，终卒才是它的本义。甲骨文中在“衣”形上加交叉线的“卒”，大概是通过加交叉线来表示衣服已经缝制完毕的，交叉线象征所缝的线。下部有上勾“尾巴”的“卒”，如果本来不是“衣”字异体的话，其字形可能表示衣服已经缝制完毕可以折叠起来的意思。

可以看出，裘先生自己也并不十分满意这个意见。针对这个意见，我们有如下几个疑问：

第一，如果“衣”形上加交叉线表示缝制衣服的线，那么字密密麻麻的纵横线就不好理解了。

第二，为了与“终卒”义联系上，字的“上勾‘尾巴’”表示成衣可以折叠，那的下垂的尾巴显然与折叠无关。退一步说，即便上勾或者下垂的尾巴可以表示折叠，可是，没有尾巴的也用为“卒”，那么，

C 组带尾巴岂不多余?

第三，裘文里说:“何组的‘衣 b’往往把‘尾巴’拖得特别长，这种写法即使在殷墟甲骨文的从‘衣’之字里也是完全看不到的。这样写显然是为了跟‘衣’(指不带‘尾巴’的字形。武、曾按。)字相区别。其为‘卒’字实无可疑。”裘文可能没有注意到:不带尾巴的单字主要在五期，带尾巴的主要在一期，总之，“衣 b”基本上都早于“衣 a”，两组字实际上没有同时共存，需要从字形上区别彼此吗?

所以，关于卜辞中用作“卒”的字形的表词理据，我们认为裘先生并没能给出一个有说服力的解释。

前面的这些疑问同时指向一个疑点，那就是被认作“衣服”的这几组字形，可能并非其本义。

二、“衣”字的字源是“胞衣”

我们曾讨论过纳西东巴文一个疑难字，考证得出了哺乳类动物的“胞衣”的结论。因此，对这个概念印象十分深刻，甲骨文中的“衣”组字的字源极可能就是人或动物的“胞衣”。

“胞衣”，指胎盘，是由胚膜和子宫内膜联合长成的用于准妈妈和胎儿之间进行物质交换的器官，胎儿在母体内发育过程中，需要通过胎盘从准妈妈那获得营养。胎盘主要包括羊膜、叶状绒毛膜和底蜕膜。胎盘呈圆盘状，嵌在子宫壁中。胎盘呈暗红色，中央厚而边缘薄，向着羊膜腔的一面是光滑的，称为子面。脐带位于其中央，脐带中有血管，由其分支连接各绒毛子叶。另一面粗糙，称为母面，即剥离的脱膜组织撕裂的断面。胎儿发育成熟才分娩，首先膜内羊水破裂，胎儿连同胞衣一起从母体出来，接生婆用剪刀剪断脐带（下图左）。牛、羊等动物的胎盘的子面常布满奶泡；而母面，往往粗糙如毛肚（下图右）。

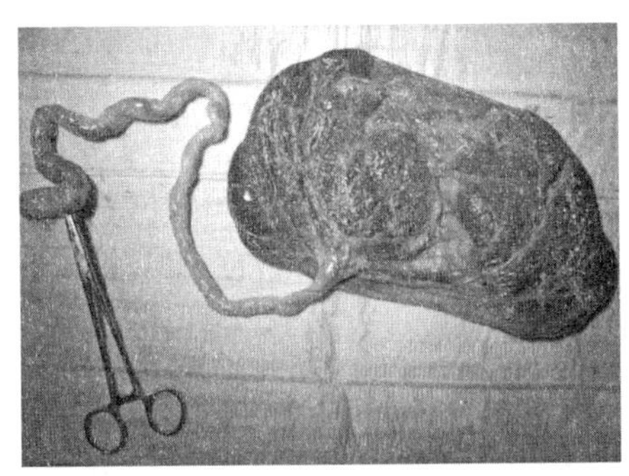

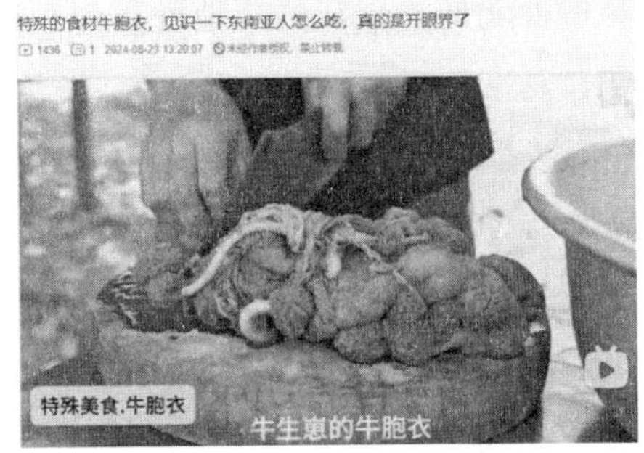

A 组字形、、，画胞衣，尤其牛胞衣如毛肚般粗糙的表面。卜辞中均只作地名。

B 组字形、、、，画胞衣表面满布奶泡、血管之形。字填多点示意。

C 组字形、、、，画胞衣连着长脐带的整体之形。合集 29411 片的字还画出脐带如索之形，可以加强该字乃胞衣象形字的证据。以上三组字在卜辞中均不用为记录本义，而是作“终卒”义，下文我们将解释“胞衣”会发展出“接续、终”等新义。

D 组字形、、、出现较晚，属第五期，卜辞中继续用作“终卒”义。字形符号化程度较前三组进一步增强。

我们认为这四组字的字源是“胞衣、胎盘”，李时珍《本草纲目》：“人胞，包人如衣，故曰胞衣。”古人认为胎盘与穿的衣服有诸多相似之处，因此，当时语言中服饰的“衣”与“胞衣”两个词可能共用一个词形，至少读音上也是较近的。

把字源确定为“胞衣”，卜辞中的“终卒”义就可以给出一个合理的解释。

胎儿出生，也就是胞衣功能的“结止”。

生完孩子，胞衣如何处理，古人一般有两种办法。一种是当补品。胞衣又名胎衣、紫河车、仙人衣，传统中医认为可入药，主治气血不足，妇女劳损，五劳七伤，吐血虚瘦。《隋书》云，琉球国妇人产乳，必食子衣。

另一种就是找个僻静之地埋了。崔行功《小儿方》云：凡胎衣宜藏于天德、月空吉方。深埋紧筑，令男长寿。若为猪狗食，令儿颠狂；虫蚁食，令儿疮癣；鸟鹊食，令儿恶死；弃于火中，令儿疮烂；近于社庙污水井灶街巷，皆有所禁。

卜辞中“衣”用作“卒”，即是本义的引申。

纳西东巴文有个表“世代”义（曾小鹏、武晓丽 2021：228—238）的字“tʂhʅ^{t33}”，是tʂhʅ^{t33}的简体，字形象天地交会，表达“血脉交融、繁衍、接续”的意思。与它同源的［谱 0284］tɕhy^{33}（同胞）、①［泸］tʂhu^{33}语音相通，都表示“一个蛋繁衍的后代”，语义上引申出“世代 tʂhʅ^{t33}”以及“时间 tʂhʅ^{21}（dʐʅ^{21}）”。这些概念中都有“连续、接续不断”的核心义素。

纳西语表“秽”义的字作 tʂhə^{55}，我们从各地经书中找到多个音近、形似的字，通过词义对比，系联出一组各地繁简转化的异体字：//———。

字与字是画胎盘的异体字，后者从字形上更像原型。这一组异体字在传播中逐渐丢失了本义，字甚至被认作“屎”而写成。

可以看出，纳西族对待胎盘的态度是第二种，认为此物不洁净。“胎盘”与“世代”“同胞”音近义通，是同源词，都有共同的义素“接续”。

裘先生（1990）在释读一条卜辞时说，“卒”似可训“终”。又“卒”“遂”古音相近，此“卒”字似也有可能应读为“遂”。这是很敏锐的一个意见。我们试着将裘文中几例作“卒”讲的卜辞，换成“遂、接着、继续”后，文意似乎更加通顺。

丙寅卜，□贞：衣 b 今月虎其𠧴，不𠧴执？旬六日壬午𠧴。《合》

裘：此辞卜问从丙寅日起直到这一月终了，“虎”是否会“𠧴”。据验

① 字从蛋长出尾巴，喻指“由同一个蛋繁衍出一代一代的同胞”；字象“硝水洞”流泉之状。

辞，到十六天后的壬午日发生了虎㕛之事。

按：“卒今月”换作“接着（下来）这个月（以内）”。

> 辛酉卜，在䆝，贞：王田，衣a逐，亡灾。
>
> 丙午卜，在目，贞：王其田柳，衣a逐，亡灾，禽。

裘：“卒逐，亡灾”的意思是“完成逐兽之事，没有灾害”。

按：我们换作“继续追逐，不会遇到灾害”。把“卒逐”当“继续（接下去）追逐”，都十分恰当。

“终止、接续、一直”等词义都不是“衣服”字可以承担、解释的。

我们没有逐一核对全部有“衣（卒）”字的卜辞，有的地方可能只作“终卒”讲更好些。“胎盘”引申出“终止”义也是可以理解的。① 胎盘是代表妊娠的结束，同时又是新生命的开始、接续。这就回到了前面提到的“初”字。

甲骨文中从衣、刀的字很少见，因为字迹不好辨认，能够确定是此字形的就更少，而且是残辞，字的意义无法确认。金文中习见，我们注意到，刀字的刃口部分都是对准“衣”字的脐带位置，象用刀切断（新生儿）脐带之状。

古语常说“人之初”，“初”是表时间的范畴。时间纯粹是人为的概念，目的是为了标记或者衡量事物发展的过程。换句话说，离开了人的意识，就不存在所谓的时间。因此，与时间相关的概念，多是从人的感受出发来设定的。“昔”字象洪水盖日之状，可以说成“很久以前发大水那个时候”，这是用人记忆中的具体事件来标注时间。时间的“快、慢”也引申自人的内心活动，等等。对古人来说，人类起源于何时，这是个无穷无尽的问题，但是，对每个个体而言，他来到这个世界的起点，就是剪

---

① 事实上，传世文献中训作“尽、都”的“卒”，可能也是“接续、一直”词义的引申。《左传·襄公二十一年》所引逸诗“聊以卒岁”，“卒岁”的意思是“终寿”，就是能“一直延续到寿命的最后”。口语说“终于等到你来了!”，意思就是“一直等你来等了好久（现在不用继续等了）”。

刀剪断与母体的联系那一刻。很多材料可以证明，古人并不把尚未出生的胎儿看成真正的人。

字所从的“衣”字只能作“胞衣”来讲。

纳西东巴文的“衣”字作，从衣、针线。是“穿（衣）”，从人穿衣。字形上，甲骨文中“衣”字没有作“衣服”的直接证据。唯一有个，前人有作“依”，姚萱（2006）认为当读作“庇（佑）”。显然，从庇护角度而言，相比起衣服，母亲肚子里的胎儿更安全。

三、几个与“衣”有关的字词的讨论

还有一些与“胞衣”的意见相矛盾的例子，需要我们继续加以澄清。

（一）毓

甲骨文“毓”字一般作，画母亲产子之状，数小点示有血水。“毓”字又有异体作，胡厚宣（2002）看作“右旁从两手持衣，象女人产子接生者持襁褓以待之”。裘锡圭（1982）论证该字右边，为上下两只手持“衣”之形。我们知道，甲骨文象形程度还是比较高的，尤其表现在手部的置向与现实场景一致性上。如弃字，画双手端盆；寻字，画双手平伸张开；争，画两手扯夺某物，等。，另作，一点也看不出两手捧着襁褓之状。如果此处部件“衣”不是给新生儿准备的衣物，而是随胎儿一起产下的胞衣，正象两手扯掉粘连在胎儿身体上的胞衣之状。按常理来说，接生婆应该首先把脐带剪断，然后用襁褓裹住新生儿才是合理的步骤。

（二）裘

金文有，罗振玉认为这就是甲骨文的“裘”，从省，从。罗同意王国维释为裘，卜辞中借作“求”。“盖为已制为裘时之形。则尚为兽皮而未制时之形。字形略屈曲，象其柔委之状”。字有的学者也释作“祟”“希”等。另有、等字形，学者多作字的异体。铭文中有皮裘、人名两种用法。

裘锡圭（1986）不同意罗、王等的意见，认为是“蛷”的初文，它应该是一种多足昆虫。卜辞中假借作“求取”义。

我们不同意罗振玉的金文字从省的意见。甲骨文只见于一期，后来卜辞中不再出现。尽管造字时是取象于“胞衣”，但是限于卜辞的特殊文体，没有本义的用例，久而久之，用字者可能已经逐渐不知道、、的字源，所以五期中只出现字，甚至符号化作，就更无从联系到“胞衣”这一物象了，但是，这个字的读音还是会让人将它与“衣服”联系起来。

我们认为，字的结构是从衣（服），声。更换声符作“又”，是的异体。字的形符与甲骨文很像，很可能是当时西周时还能见到字，把它认作“毛在外”的裘皮衣了。

在考察词义演变的问题上，词的本义是源点，在词的历时与共时发展中，“核心义贯穿和统摄多义词的大多数义项”，“既是推动词义引申变化的内在动力，又是决定词义演变方向的制约因素”。（王云路、王诚 2014）我们认为，在同族词的研究中，尤其是系联其语义场时，要善于运用抽象思维以归纳其核心义来。

汉语、纳西语都有丰富、独特的古文字文献材料，其中的象形、会意等表意类字形，直观地表达出了用字时代的词义，是确定词的本义，以及核心义的重要依据。

参考文献

胡厚宣　2002　《殷代婚姻家族宗法生育制度考》，载《甲骨学商史论丛初集》，石家庄：河北教育出版社。

裘锡圭　1982　《释殷虚甲骨文的“远”“”及有关诸字》，载中国古文字研究会、中华书局编辑部主编《古文字研究》第 12 辑，北京：中华书局。

裘锡圭　1986　《释求》，载中国古文字研究会、中华书局编辑部主编《古文字研究》第 15 辑，北京：中华书局。

裘锡圭　1990　《释殷墟卜辞中的“卒”和“褘”》，《中原文物》第3期。

王云路、王　诚　2014　《汉语词汇核心义研究》，北京：北京大学出版社。

杨郁彦编　2005　《甲骨文合集分组分类总表》，台北：艺文印书馆。

姚　萱　2006　《殷虚花园庄东地甲骨卜辞的初步研究》，北京：线装书局。

曾小鹏、武晓丽　2021　《纳西语表“世代”义词族》，《民俗典籍文字研究》第27辑。

上古汉语羽毛类词语研究

邓思雨[1]　吴宝安[2]

1. 华中师范大学文学院；2. 湖北大学文学院

[摘要]“羽”是语言中最重要的词语之一。首先，本文通过对上古汉语表示“羽毛”概念的“羽”“翮”“翎”“毛”四个词进行深入细致描写，呈现它们在上古汉语中的使用频率和使用状况；其次运用词汇类型学的理论和方法来探索上古汉语“羽”“翮”“毛”词义引申的共性及殊性，并用认知语言学的隐喻和转喻理论来解释它们产生的机制。上古汉语中表示“羽毛”概念的词主要是“羽”，“毛”在上古汉语中期开始也能表示单独的“羽毛”义；羽毛类词语的语义切割在现代汉语、上古汉语和方言中有较大差别；“羽”和“毛”在上古汉语中期连用，但直至上古汉语后期尚未完全词汇化；“羽”“毛”“翮”的词义演变既有共性也有殊性，且词义演变的共性数量多于殊性。

[关键词] 上古汉语　羽毛　词义共性　词义殊性

一、绪　　论

核心词又称常用词，汪维辉教授（2018）认为“核心词”和“常用词”的叫法不同主要来源于研究者理解的差异。汉语核心词的研究不仅能揭示语言变化发展的全貌，还有助于推动汉语词汇史和现代汉语词汇的研究，同时也有利于推进语文辞书的编撰和修订。

“羽 feather”是语言中最重要的词之一，一些常见的核心词表都收录了这个词，在斯瓦迪士《百词表》中，“羽 feather”居 36 位。在黄布凡《藏缅语 300 核心词词表》（1997：10—16）中，“毛/羽毛”为一级词。在郑张尚芳《华澳语言比较三百核心词表（征求意见稿）》中，收了“翅”和“＊毛＊（羽）”，其中“翅”居 75 位，“＊毛＊（羽）”居 80 位，且前加了“＊”，为最核心的词①。（郑张尚芳 1995）

从这些核心词表所收“毛发”类词语来看，用于人和用于鸟兽的词大多是分立的，汉语中也是如此，但语义交叉的情况也比较多，如汉语中的“毛”，可以用于人、鸟、兽、还可以指植物，英语中的“hair”，主要用于人，也可用于动植物。为了研究的方便，本文中只研究用于鸟的羽毛类词语，用于人和用于兽以及用于植物或事物等不予考虑。

在上古汉语中，用于鸟的羽毛类词有“羽、翮、翎、毛”4 个，其中，“羽、翮、翎”只用于鸟，“毛”鸟人兽兼用。

有关羽毛类词语的研究，已有的成果较为丰硕的，总体而言有以下三类。

第一类是关于“毛发”类词语的辨析。王凤阳先生在《古辞辨》（1993）中辨析了“羽、翎、翰、翘、翮”和“毛、毫、毳”两组词，黄金贵先生在《古代文化词义集类辨考》（1995）中辨析了“翼·翅（翄、𦐛）·羽·翮·翎”“发·毛·鬓·鬈·髾·髮（被）·髭○鬄（鬀、剃、剔、锡）”“毛·毳·毫（豪）·氂（旄、牦、犛）”三组词。

第二类是羽毛类词语的断代及其主导词的更替研究。羽毛类词语断代研究以专著和博士论文为主，成果主要集中在魏晋以前，比较重要的有郑春兰《甲骨文核心词研究》（2007）中的“羽 feather”和“髮 hair”，吴宝安《西汉核心词研究》（2011）中的“‘羽’的语义场研究”，刘晓静

① 郑张尚芳《华澳语言比较三百核心词表（征求意见稿）》的第 81 位是“髮”、88 位为“须”。

《东汉核心词研究》（2011）中的“‘毛发’语义场研究”和“‘羽毛’语义场研究”，龙丹《魏晋核心词研究》（2011）中的“发（羽毛）”，邓春琴《南北朝核心词研究》中的“羽毛”（2016）。羽毛类词语及其主导词的更替研究以论文为主，比较重要的有龙丹《魏晋“羽毛”语义场探微》（2008：34—37）和施真珍的《〈后汉书〉“羽”语义场及“羽、毛”的历时演变》（2009：78—80）。

第三类是羽毛类词语的来源、历史和现状研究。比较重要的成果有黄树先先生《汉语身体词探索》（2012）中的“13－36 feather 羽”和“14－37 hair 髮”，黄树先先生采用“语义场-词族-词”三级比较法，对汉语中所有表示“feather 羽”和“hair 髮”的词的音义关系进行了研究，根据它们的来源，整理成了一个一个的系列，全面展示了汉语表示“feather 羽”和“hair 髮”的词的整体面貌及其早期形式。除了研究“毛发”类词语的整体面貌和早期形式外，汪维辉先生对“毛发”类词语的历史和现状进行了探索，在《汉语核心词的历史与现状研究》（2018）一书中，汪维辉先生精细入微地讨论了“头发—发/毛（hair）”和“羽毛/毛—羽/毛（feather）”的音、形、义、词性、组合关系、聚合关系、历史演变、方言差异等七个方面的情况。

这些研究成果为我们的研究提供了坚实的基础，但我们也可以看出，上古汉语中羽毛类词语还没有进行系统的研究，上古汉语羽毛类词语的词义引申的共性和殊性也还没有进行深入的探讨。

本文旨在对上古汉语（先秦—西汉）中羽毛类词语进行研究，主要任务有两个：一是分期对上古时期羽毛类词语“羽、翮、翎、毛”进行深入地描写，细致地呈现这四个词在上古时期的使用情况；二是运用词义类型学的理论和方法来探索上古汉语羽毛类词语的词义演变的共性和殊性，并用认知语言学的隐喻转喻理论来解释它们产生的机制。

关于上古汉语的下限，学术界有不同的观点，我们参考汪维辉（2000）、王云路（2010）和方一新（2004）等先生的观点，将上古汉语的下限定于西汉。

关于上古汉语内部的分期，我们参考徐朝华在《上古汉语词汇史》（2003）中的观点，将上古汉语分为上古前期、上古中期、上古后期。各个时期参考的文献如下：

上古前期：殷商时期到春秋中期，约公元前14世纪到公元前6世纪。这一时期代表性的语料有《周易》《尚书》《诗经》。

上古中期：春秋后期到战国末期，约公元前5世纪到公元前3世纪末。这一时期代表性的语料有《左传》《国语》《墨子》《孟子》《荀子》《韩非子》。

上古后期：秦汉时期（汉指西汉），公元前2世纪初到公元1世纪。这一时期主要调研的文献有《史记》《淮南子》《盐铁论》《说苑》。

对上述文献，我们将逐本逐一进行调研，穷尽性地考察“羽、翮、翎、毛”的所有用例。

二、上古汉语羽毛类词语的分期研究

上古汉语中，表示“羽毛 feather”这一概念的词主要是“羽”，“毛”在上古中期和后期也有表示“羽毛”概念的用例，不过主要还是表示“草木毛”“兽类毛”和“人体毛”等。“翎”和“翮”在上古汉语中表示“羽毛”义的用例要少于“羽”和“毛”，其中“翎”只见于《韩非子》中，而“翮”的“羽茎”义和“羽毛”义容易含混不清，需要仔细辨别。本部分我们主要分期对这四个词在上古汉语中的使用情况进行细致的研究。

（一）上古前期的“羽、毛”

《说文·羽部》：“羽，鸟长毛也，象形。”甲骨文作“（合集3266）”或“（合集32916）”，像鸟羽之形，且有茎有毛。从甲骨文字形及《说文》的释义来看，“羽”的本义指鸟身上有茎的长毛，不过在上古时期的文献中，“羽”也可统指鸟毛，包括长毛和绒毛。

《说文·羽部》：“翮，羽茎也。”《尔雅·释器》：“羽本谓之翮。”“翮”的本义是鸟羽的管状的茎，不过在上古时期的文献中，“翮”也可指“羽”。

《说文新附·羽部》：“翎，羽也。”“翎”多指鸟翅或尾上长而硬的毛。

《说文·毛部》：“毛，眉发之属及兽毛也。”按《说文》的解释，“毛”主要用于人和兽，但在文献的实际使用中，“毛”是整个“毛发”义的上位词，可以用于人和兽，也可以用于鸟，还可以用于植物。“毛”用于鸟的用例在上古文献中不少，所以我们也把它作为羽毛类词语的重要词目进行研究。

上古前期，“翎”和“翮”不见于我们调研的文献中，“羽”和“毛”在上古前期文献中的使用情况见表1：

表1　上古前期文献“羽”“毛”用于“鸟”的使用频率表①

	羽	占　比	毛	占　比
《尚书》	2（6）	33.3%	2（6）	33.3%
《诗经》②	4（16）	25%	0（4）	0%
《周易》	2（2）	100%	0（0）	0%
合　计③	8（24）	33.3%	2（8）④	25%

---

① 表格中出现的数字，括号外为属于“羽毛”义名词语义场出现的次数，括号内为在文献中出现的总次数。

② 数据统计不包括篇名。

③ “人名”在总数中占比较多，影响数据的科学性，在计算占比时我们将其排除在外。

④ 排除“人名”2例。

从上表中我们得知：

“羽”在《尚书》中有6例，其中2例表示羽毛，占比33.3%，如：

（1）厥贡惟金三品，瑶、琨、篠簜，齿、革、羽、毛惟木。（《尚书·禹贡》）

另有3例为地名“羽山”；1例和羽毛制品有关，表示“羽毛制成的舞具”，即“舞干羽于两阶”（《尚书·大禹谟》）。

“羽”在《诗经》中有16例，其中4例表示羽毛，占比25%，如：

（2）予羽谯谯，予尾翛翛，予室翘翘，风雨所漂摇。（《诗经·国风·豳风》）

另有9例表示“翅膀”，如“螽斯羽”（《诗经·国风·周南》）；2例表示“鸟类”，如“凤凰于飞”（《诗经·大雅·生民之什》）；1例表示“羽毛制成的舞具”，即“值其鹭羽”（《诗经·国风·陈风》）。

“羽”在《周易》中有2例，其中2例表示羽毛，占比100%，这2例是：

（3）上九，鸿渐于陆，其羽可用为仪，吉。（《易·渐卦》）

（4）《象》曰：“其羽可用为仪，吉”，不可乱也。（《易·渐卦》）

“毛”在《尚书》中有6例，2例表示“鸟兽毛”，其中“鸟兽毛”为统称，“兽毛”与“鸟毛”不做区分，也可表示“鸟毛”，我们将其归为有效语料，这2例为：

（5）厥民夷，鸟兽毛毨。（《尚书·尧典》）

（6）厥民隩，鸟兽氄毛。（《尚书·尧典》）

另有2例表示“兽毛”，如“厥贡羽、毛、齿、革”（《尚书·禹贡》）；还有2例表示“人名”（南宫毛，见《尚书·顾命》）。

“毛”在《诗经》中有4例，其中3例表示“兽毛”，如“毛炰胾羹”（《诗经·小雅·楚茨》）；1例表示“人体毛”，即“不属于毛”（《诗经·小雅·小弁》）。

“毛”在《周易》中没有用例。

上古汉语前期表示“羽毛”概念的词主要为“羽”，“毛”虽然在《尚书》中有2处用例，但是表示的是具有统称意义的鸟兽毛，并不表示单独的羽毛。上古前期，“毛”表示“羽毛”义的占比为25%，而上古中期，“毛”表示“羽毛”义的占比为13.9%，实际上，如果将统称的鸟兽毛排除在外，上古前期“毛”表示“羽毛”义的占比应该为0%。此外，“翮”和“翎”在我们所调研的上古前期文献中没有用例。

（二）上古中期的“羽、翮、翎、毛”

上古中期的文献较多，我们选择了具有代表性的6种，并对“羽”“翮”“翎”“毛”在这些文献中的用例逐一进行了统计，其中“翮”和“翎”的用例较少，我们不将其罗列在表格中。

上古中期的6种文献中，只有《荀子》中有“翮”的用例。

《荀子》中“翮”有1例，其中1例表示“羽毛”，占比100%，这1例为：

（7）南海则有羽翮、齿革、曾青、丹干焉，然而中国得而财之。（《荀子·王制》）

在语料调查中我们发现，“翮”的语义判定具有一定的困难，主要表现为“羽茎”和“羽毛”义含混不清。原因主要是二者有着“打断骨头连着筋”的关系，因为“羽毛”长在“羽茎”上，想要将“羽毛”和“羽茎”彻底分开存在一定的困难。

上古中期的6种文献中，只有《韩非子》中有“翎”的用例，《韩非子》中“翎”有2例，其中2例都表示“羽毛”，占比100%，如：

（8）夫驯乌者断其下翎焉，断其下翎，则必恃人而食，焉得不驯乎？（《韩非子·外储说右上》）

“羽”和“毛”在上古中期文献中的使用频率见表2：

表 2 上古中期文献“羽”“毛”用于“鸟”的使用频率表

	羽	占 比	毛①	占 比
《左传》	5（44）	11.4%	1（34）	2.9%
《国语》	3（15）	20%	0（9）	0%
《墨子》	4（10）	40%	1（4）	25%
《孟子》	5（8）	62.5%	0（1）	0%
《荀子》	4（5）	80%	2（7）	28.6%
《韩非子》	3（9）	33.3%	1（13）	7.7%
合 计	24（56）②	42.9%	5（36）③	13.9%

从上表中我们可以得知：

《左传》中“羽”有44例，其中5例表示“羽毛”，占比11.4%，如：

(9) 鸲鹆之羽，公在外野，往馈之马。(《左传·昭公二十五年》)

另有32例表示“人名”，如“羽父”“子羽”“羽颉”等；2例表示“山名”，即“羽山”“羽渊”；2例表示“地名”，如“白羽”；另有“羽毛制品④”2例，如“六羽”（《隐公五年》）；“执羽之人”1例，如“羽数”（《隐公五年》）。

《国语》中“羽”有15例，其中3例表示“羽毛”，占比20%，如：

(10) 龟、珠、角、齿、皮、革、羽、毛，所以备赋，以戒不虞者也。(《国语·王孙圉论国之宝》)

---

① 上古中期“毛”的“羽毛”用例中包括统称的“鸟兽毛”。

② 除去“人名”35例。

③ 除去“人名”32例。

④ “羽毛制品”包括“舞具”“羽盖”“羽衣”等。

另有3例表示“山名”，如“羽山”；1例表示“子羽”；5例表示“羽音”，如“钟尚羽”（《单穆公谏景王铸大钟》）；3例表示“羽毛制品”，如“朱羽之赠”（《吴欲与晋战得为盟主》）。

《墨子》中“羽”有10例，其中4例表示“羽毛”，占比40%，如：

（11）若石羽，循也。（《墨子·经说下》）

另有1例表示“羽山”；“羽翼”（《尚同下》）1例；“羽毛制品”2例，如“竹箭羽旄幄幕”（《节葬下》）；“羽檄”2例，如“羽在三所差”（《号令》）。

《孟子》中“羽”有8例，其中5例表示“羽毛”，占比62.5%，如：

（12）然则一羽之不举，为不用力焉。（《孟子·梁惠王章句上》）

另有“羽山”1例；“羽毛制品”2例，如“见羽旄之美”（《梁惠王章句下》）。

《荀子》中“羽”有5例，其中4例表示“羽毛”，占比80%，如：

（13）以羽为巢，而编之以发，系之苇苕，风至苕折，卵破子死。（《荀子·劝学》）

另有1例表示“羽毛制品”，即“饰以羽旄”（《乐论》）。

《韩非子》中“羽”有9例，其中3例表示“羽毛”，占比33.3%，如：

（14）鸟有翢翢者，重首而屈尾，将欲饮于河，则必颠，乃衔其羽而饮之。（《韩非子·说林下》）

另有2例表示“人名”，如“子羽”；1例表示“羽山”；“伙伴”2例，如“不可不索其羽也”（《解老》）；“翅膀”1例，即“将以长羽翼”（《喻老》）。其中，“翅膀”为“羽”的“羽毛”义的转喻引申，“伙伴”为“羽”的“翅膀”义的隐喻引申。

现在我们来探究上古汉语中期6种文献中“毛”的使用情况。

《左传》中“毛”有34例，其中1例表示“羽毛”，占比2.9%，这1

例是：

（15）鸟兽之肉不登于俎，皮革、齿牙、骨角、毛羽不登于器，则公不射，古之制也。（《左传·隐公五年》）

另外有“人名”24例，如“狐毛”“毛得”等；“人体毛”1例，即“赤而毛”（《襄公二十六年》）；“草木毛”2例，如“食土之毛”（《桓公八年》）；“兽类毛”3例，如“假羽毛于齐”（《襄公十四年》）；“老人”3例，如：

（16）公曰：“君子不重伤，不禽二毛。”（《左传·僖公二十二年》）

“毛”的“老人”义是由“人体毛”转喻引申而来的，老人的头发有白色和黑色两种颜色，故称为“二毛”，后来“二毛”在使用中被固定下来，用来专指“老人”。

《国语》中“毛”有9例，其中没有“羽毛”的用例，另有“人名”4例，都表示“狐毛”；“人体毛”3例，如“班序颠毛”（《管仲对桓公以霸术》）；“兽类毛”2例，如“毛以示物”（《观射父论祀牲》）。

《墨子》中“毛”有4例，其中1例表示“羽毛”，占比25%，这1例是：

（17）今之禽兽、麋鹿、蜚鸟、贞虫，因其羽毛以为衣裘。（《墨子·非乐上》）

另有“兽类毛”3例，如“牛之毛黄”（《小取》）。

《孟子》中“毛”有1例，其中没有“羽毛”的用例，全部表示“人体毛”，即“拔一毛而利天下”（《尽心章句上》）。《荀子》中“毛”有7例，其中表示“羽毛”的用例有2处，占比28.6%，如：

（18）“山渊平”，“天地比”，“齐秦袭”，“入乎耳，出乎口”，“钩有须”，“卵有毛”，是说之难持者也，而惠施、邓析能之。（《荀子·不苟》）

另有“兽类毛”4例，如“二足而无毛也”（《非相》）；“微小、细微”1处，即“精微乎毫毛”（《赋》）。

《韩非子》中“毛”有13例，其中表示“羽毛”的用例有1处，占比7.7%，即：

(19) 人无毛羽，不衣则不犯寒。(《韩非子·解老》)

另有“人名”4例，如“毛伯”等；“人体毛”6例，如“见蠋则毛起”（《说林下》）；“细微、细小”1例，如“而终不动其胫毛”（《五蠹》）；“老人”1例，如“不擒二毛”（《外储说左上》）。

以上是“羽”“翮”“翎”“毛”在上古中期文献中的表达情况。总体而言，上古中期文献中表达“羽毛”这一概念的词主要还是“羽”，共出现了56次（已除去人名35次），其中有24次表示“羽毛”，占比42.9%，其他用例则多指“羽毛制品”“羽音”“鸟类”等。“翮”“翎”虽然也表示“羽毛”概念，但是其使用频率远远低于“羽”，上古中期的文献中，“翮”有1例，“翎”有2例，都表示“羽毛”概念。“毛”在上古中期文献中也能表示单独的“羽毛”概念，但用例很少，“毛”在上古中期的文献中出现了36次（已除去人名32次），其中5例表示“羽毛”，占比13.9%，其他用例则多指“草木毛”“人体毛”“兽类毛”“细微、细小”等。

（三）上古后期的“羽、翮、毛”

上古后期我们主要考察《史记》《淮南子》《盐铁论》《说苑》4种文献，这4种文献中，“翎”没有用例，“翮”的用例较少，所以我们不将其罗列在表格中。

《淮南子》中“翮”有2例，其中1例表示“羽毛”，占比50%，即：

(20) 使之若虎豹之有爪牙，飞鸟之有六翮。(《淮南子·兵略》)

另有“翅膀”1例，即“而羽翮之既成也”（《兵略》）。

《史记》中“翮”有5例，其中没有“羽毛”的用例，4例表示“翅膀”，如“羽翮已就”（《留侯世家》）；1例为通假字“鬲”，即“吞三翮六翼”（《楚世家》）。

《盐铁论》中没有“翮”的用例。

《说苑》中“翮”有2例，2例全部表示“羽毛”，占比100%，如：

（21）不知门下左右客千人者，有六翮之用乎？将尽毛毳也。（《说苑·尊贤》）

上古后期的“翮”比上古中期的“翮”多了“翅膀”这一义项，“翮”的“翅膀”义是由“羽毛”义转喻引申而来的。

“羽”和“毛”在上古后期文献中的使用频率见表3：

表3 上古后期文献“羽”“毛”用于“鸟”的使用频率表

	羽	占比	毛	占比
《淮南子》	7（56）	12.5%	0（32）	0%
《史记》	7（296）	2%	6（45）	13.3%
《盐铁论》	1（4）	25%	0（11）	0%
《说苑》	4（11）	36.4%	3（8）	37.5%
合计	19（116）①	16.4%	9（66）②	13.6%

《淮南子》中“羽”有56例，其中表示“羽毛”的有7例，占比12.5%，如：

（22）若然者，视天下之间，犹飞羽浮芥也，孰肯分分然以物为事也？（《淮南子·俶真》）

另有5例表示“山名”，如“羽山”；6例表示“翅膀”，如“羽翼奋也”（《原道》）；10例表示“鸟类”，如“凡羽者生于庶鸟”（《地

① 除去“人名”251例。

② 除去“人名”30例。

形》）；“羽人国”3例，如“朝羽民”（《原道》）；“舞蹈”2例，如“掉羽武象”（《本经》）；“羽音”18例，如“夫以徵为羽”（《修务》）；“羽毛制品”5例，如“羽盖垂緌”（《齐俗》）。其中，“舞蹈”为“羽”的“羽毛制品”义的转喻引申。

《史记》中“羽”有296例，其中7例表示羽毛，占比2.4%，如：

（23）枉矢，类大流星，蛇行而仓黑，望之有如毛羽然。（《史记·天官书》）

另有“人名”251例，如“项羽”“子羽”等；“羽山”4例；“羽音”11例；“羽毛制品”13例，如“使使衣羽衣”（《孝武本纪》）；“鸟类”2例，如“羽者妪伏”（《乐书》）；“翅膀”5例，如“翼者，言万物皆有羽翼也”（《律书》）；“星官名”1例，即“羽林天军”（《天官书》）；“羽檄”2例，如“持羽檄”（《淮南衡山列传》），其中“羽檄”为“羽”的“羽毛”义的转喻引申。

《盐铁论》中“羽”有4例，其中表示“羽毛”的有1例，占比25%，即：

（24）陇、蜀之丹漆旄羽，荆、扬之皮革骨象，江南之楠梓竹箭，燕、齐之鱼盐旃裘。（《盐铁论·本议》）

另有“羽音”1例；“羽人”1例，即“不在少司羽鸠也”（《通有》）；“仪仗”1例，即“故列羽旄”（《崇礼》），其中“仪仗”为“羽”的“羽毛制品”义的转喻引申。

《说苑》中“羽”有11例，其中4例表示“羽毛”，占比36.4%，如：

（25）夫君子爱口，孔雀爱羽，虎豹爱爪，此皆所以治身法也。（《说苑·杂言》）

另有动词“装上羽毛”1例，即“括而羽之”（《建本》）；“翅膀”2例，如“犹鸿鹄之无羽翼也”（《尊贤》）；“羽毛制品”3例，如“载羽旗”（《善说》）；“鸟类”1例，即“哕哕其羽”（《奉使》）。

《淮南子》中“毛”有32例，其中没有“羽毛”的用例，另有“毛嫱”5 例；5 例表示“人体毛”，如“而不拔毛发”（《俶真》）；9 例表示“兽类毛”，如“羊脱毛”（《天文》）；“兽类”11 例，如“毛犊生应龙”（《时则》）；“老人”1 例，即“二毛”（《汜论》）；“细小、细微”1 例，即“画者谨毛而失貌”（《说林》）。

《史记》中“毛”有 45 例，其中 6 例表示“羽毛”，占比 13. 3%，如：

（26）夫以鸿毛燎于炉炭之上，必无事矣。（《史记·刺客列传》）

另有人名 23 例，如“毛遂”；“人体毛”6 例，如“胫毋毛”（《秦始皇本纪》）；“草木毛”2 例，如“视地之生毛”（《赵世家》）；“兽类毛”4 例，如“群公不毛”（《三王世家》）；“兽类”3 例，如“毛者孕育”（《乐书》）；“细小、细微”1 例，即“豪毛不敢有所近”（《项羽本纪》）。

《盐铁论》中“毛”有 11 例，其中没有“羽毛”的用例，另有“毛嫱”1 例；“草木毛”1 例，即“多斥不毛寒苦之地”（《刺复》）；“兽类”2 例，如“毛果虫貉”（《散不足》）；“兽类毛”7 例，如：

（27）力耕不便种籴，无桑麻之利，仰中国丝絮而后衣之，皮裘蒙毛，曾不足盖形，夏不失复，冬不离窟。（《盐铁论·轻重》）

（28）衣皮蒙毛，食肉饮血。（《盐铁论·疾贪》）

《说苑》中“毛”有 8 例，其中 3 例表示“羽毛”，占比 37. 5%，如：

（29）鸿鹄高飞远翔，其所恃者六翮也。背上之毛，腹下之毳，无尺寸之数，去之满把，飞不能为之益卑。（《说苑·尊贤》）

另有“毛伯”1 例；“人体毛”1 例，即“有神人面白毛虎爪”（《辨物》）；“细小、细微”1 例，即“采毫毛之善”（《至公》）；还有 2 例同“覒”，表示“选择”，如“故苗者毛取之”（《修文》）。

以上是“羽”“翮”“毛”在上古后期的情况。总体而言，上古后期表示“羽毛”这一概念的词主要是“羽”和“毛”。“羽”出现了 116 次（已除去人名 251 次），其中 19 例表示“羽毛”，占比 16. 4%，其他用例多指“翅膀”“羽毛制品”“羽音”“鸟类”“舞蹈”“仪仗”等，其中

“舞蹈”和“仪仗”是新产生的义项。“毛”出现了66处（已除去人名30次），其中9例表示“羽毛”，占比13.6%，其他用例多指“草木毛”“兽类毛”“兽类”和“细微、细小”等。“翮”在上古后期有9例，其中3例表示“羽毛”，占比33.3%，除去通假字“鬲”外，其他5例全部表示“翅膀”，其中“翅膀”为“翮”新产生的义项。

综合上古前期、中期、后期的“羽”“翮”“翎”“毛”的使用情况，我们发现，上古前期表达“羽毛”这一概念的词主要是“羽”；从上古中期开始，“毛”才逐渐拥有了单独的“羽毛”的意义。

我们推测，“毛”之所以能够拥有单独的“羽毛”义，主要有以下两个原因：首先，“羽”在实际使用过程中具有一定的局限性，起初“羽”和“毛”各自有其明确的分工，“羽”表示“鸟羽”，“毛”表示“草木毛”“人体毛”等。但是实际情况是“鸟”身上除了“鸟羽”之外，还有一些细小的绒毛，这就为表示“草木毛”“人体毛”的“毛”进入“羽”的语义场提供了现实需要。第二，“羽”和“毛”连用构成“羽毛（毛羽）”一词也为“毛”获取“羽毛”义提供了帮助，上古前期，“羽”和“毛”各自表示的对象并不重合，但是当“羽”和“毛”连用之后，“毛”就通过语义沾染获得了“羽”的“羽毛”义。

二、上古汉语“羽”“翮”“毛”词义演变的共性与殊性

本部分我们探讨上古汉语“羽”“翮”“毛”词义演变的共性与殊性。

吴福祥《汉语语义演变研究的回顾与前瞻》（2015：2—13）指出：“‘语义演变的共性’是指人类语言普遍可见的语义演变的模式或路径，体现的是一种历时共性（diachronic universal）。‘语义演变的殊性’是某种语言独有或某些语言特有的语义演变模式或路径，体现的是一种历时变异类型。”

上古汉语中，“羽”“翮”“毛”已经是多义词，而多义词是语义演变

的结果：新义脱胎于旧义，新义已经产生、旧义未尝放弃，于是新旧义共存，遂在共时层面形成多义词。

多义词是共词化（colexification）现象的最重要表现形式①，不同的语言具有相同的共词形式在语言中普遍存在，所以，多义词也就成为了以揭示人类语言共性为己任的词汇类型学的研究对象。

但任何一种语言都有其独特性，多义词呈现的词义演变既有体现语言共性的一面，同时也体现语言个性的一面。体现词义演变共性的一面我们可以称之为词义演变的共性，而体现语言个性的一面我们称之为词义演变的殊性。

本部分就是利用上古汉语“羽”“翮”“毛”多义词的义项，结合跨语言的材料，来考察上古汉语“羽”“翮”“毛”的共性和殊性，并用认知语言学的隐喻转喻理论来解释共性和殊性产生的机制。

我们拟用的材料有德国马普人类史科学研究所（The Max Planck Institute for the Science of Human History）研发的“跨语言共词化数据库”（Database of Cross-Linguistic Colexifications，简称“CLICS”，网址：https://clics.clld.org），这个数据库能实现电脑自动绘制同词化图（colexification graph），目前已经升级到第三代。该数据库的语系数量有200 个，语言点数量有 3 156 个，数据库数量有 30 个，查询的概念则达2 919 个。可以说，这个数据库是我们进行核心词共词化研究的宝库。（胡平、吴福祥 2023：562—576）

从这个数据库的情况来看，我们发现，$CLICS^3$收录的汉语及汉语方言的材料不太丰富，境内的少数民族语言收录得也并不太多，所以我们补充汉语及汉语方言、境内少数民族语言的资料，和 $CLICS^3$一起，来考查上古汉语“羽”“翮”“毛”的共性与殊性。

我们先来看 $CLICS^3$中的“feather 羽毛”的情况。

通过查询 $CLICS^3$中的“feather 羽毛”可以获知，在 3 156 个语言点

① 共词化现象还有一个表现形式是同音词，由于它源于偶然的巧合，缺乏系统性和规律性，语言学家们也鲜少关注，词汇类型学主要关注的是多义词。

中，共有 1 706 个语言点有概念“feather 羽毛”，与“feather 羽毛”共词的概念有 10 个，它们是“hair（body）毛发（身体）”（111 种）；“wing 翅膀”（72 种）；“hair 毛发”（68 种）；“hair（head）毛发（头）”（37 种）；“fur（动物的）软毛”（30 种）；“leaf 树叶；叶子”（29 种）；“pen 笔；钢笔”（23 种）；“pubic hair 阴毛”（17 种）；“wool（羊等的）毛；毛线”（17 种）；“fin 鱼鳍；翼”（8 种），具体见下图：

Concepts

Showing 1 to 2 of 2 entries (filtered from 2,919 total entries)　← Previous　1　Next →

Details	Name	# varieties	# colexifications	Infomap	Subgraph
	feather	Search	Search		
more	FEATHER	1706	10	FEATHER	Subgraph FEATHER

Colexifications:

Concept	Links
HAIR (BODY)	111
WING	72
HAIR	68
HAIR (HEAD)	37
FUR	30
LEAF	29
PEN	23
PUBIC HAIR	17
WOOL	17
FIN	8

这 10 个同词化模式通过 CLICS[3] 的同词化图（graph）表现出来，这个同词化图能直观反映“feather 羽毛”的同词化模式，“feather 羽毛”的同词化图如下：

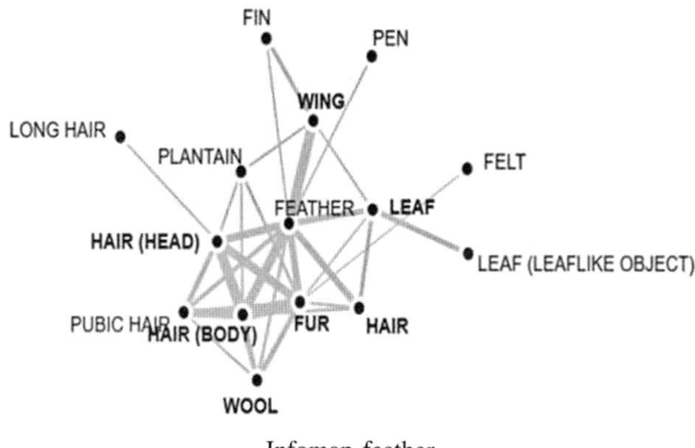

Infomap feather

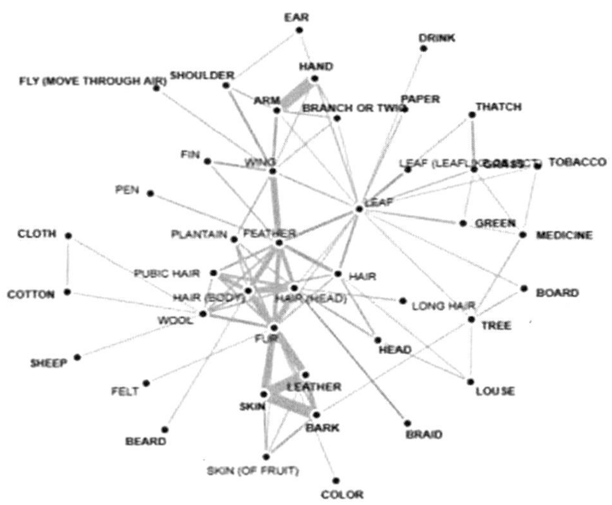

Subgraph feather

可以看出，和“feather 羽毛”同词的主要有以下几个概念：

第一类是和“feather 羽毛”性质和形状相似而产生的概念，如“hair（body）毛发（身体）”“hair 毛发”“hair（head）毛发（头）”“leaf 树叶”“fur（动物的）软毛”“pubic hair 阴毛”“wool（羊等的）毛；毛线”。

第二类是和“feather 羽毛”位置相关而产生的概念，如“wing 翅膀”“fin 鱼鳍；翼”。

第三类是和“feather 羽毛”制品相关而产生的概念，如“pen 笔；钢笔”。

这些与“feather 羽毛”同词的概念中，第一类是基于相似的隐喻产生的，第二类和第三类都是基于相关的转喻产生的，但是我们认为第二类中的“fin 鱼鳍；翼”应该先是由“feather 羽毛”转喻为“wing 翅膀”，再由“wing 翅膀”隐喻产生的。

北京大学中国语言文学系语言学教研室所编《汉语方言词汇》没有收

录“羽”这个词，所以，CLICS³也就没有汉语的数据。

在我们所查阅的上古汉语文献中，“翎”没有引申义，“翮”的引申义为“翅膀”，“羽”有“羽毛制品”“翅膀”“鸟类”“羽音”“伙伴”“羽檄”“羽人”“舞蹈”“仪仗”9种引申义，“毛”有“兽类”“细小”2种引申义。可以说，上古汉语中的“羽”“毛”“翮”与这些概念共词。这些与“羽”“毛”“翮”共词的概念中，有些具有普遍性，有些似乎为汉语所特有，暂时没有在其他语言中找到。下面我们就它们产生机制的不同来对它们进行分析。

（一）上古汉语“羽”“毛”“翮”词义演变的共性

我们在整理上古汉语“羽”“毛”“翮”的引申义时，发现其引申义产生的机制主要是隐喻化和转喻化，没有因语言接触而复制产生的义项。

上古汉语中“翮”的“翅膀”义、“羽”的“翅膀”“羽毛制品”“鸟类”“羽音”“伙伴”义、“毛”的“兽类”“细小”和“老人”义与其他语言中的语言共词，它们是：

1. 基于相关的转喻而产生

（1）羽、翮与翅膀

羽毛需要附着翅膀生长，翅膀在位置上和羽毛具有一定的相关性，所以“羽毛”也就具有了“翅膀”的意思，这是在转喻机制影响下产生的词义引申。

上古汉语中，表“羽毛”的“羽”和“翮”可以表示“翅膀”，如：

（30）及至筋骨之已就，而羽翮之既成也。（《淮南子·兵略》）

日语中，“う - もう 羽毛”有“鳥の羽と獣の毛 鸟的翅膀和兽的毛”的意思。（《广辞苑》P1968）

在CLICS³中，“feather 羽毛”表示“wing 翅膀”的语言多达72种，其地理分布见下图：

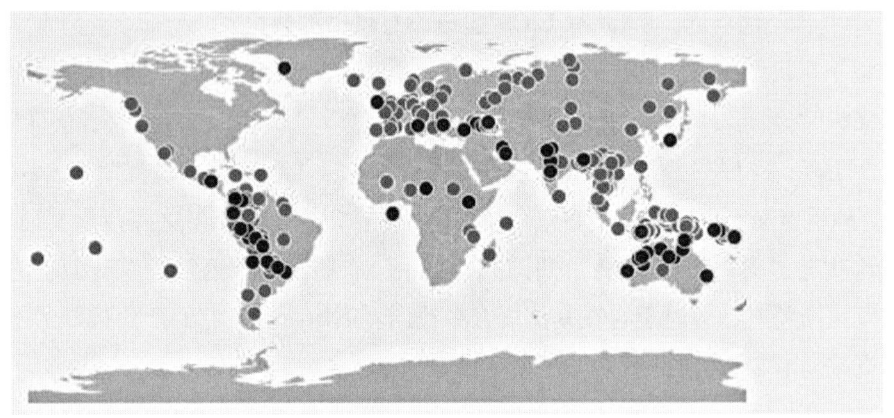

从 CLICS[3]的地理分布来看，“feather 羽毛”与“wing 翅膀”同词的分布还是比较广的，不过主要还是集中于南美洲、大洋洲和欧洲的西部。

（2）羽与羽毛制品

羽毛的一个重要用途是制作成羽毛制品，因此“羽毛”就具有了“羽毛制品”的意思，上古前期中的羽毛制品主要包括舞具、羽盖、羽衣等。

上古汉语中，表“羽毛”的“羽”可以表示“羽毛制品”，如：

（31）譬之若钓者，鱼有小大，饵有宜适，羽有动静。（《吕氏春秋·离俗》）

藏语中“ཁྱུང་སྒྲོ一类鸟顶突出较长的羽毛”有“插于帽上作装饰的鸟翎”的意思。（《藏汉大词典》P2193）

西班牙语中“péndola 羽毛”有“羽毛笔”的意思。（《新西汉词典》）

日语中“は 羽”有“箭翼”的意思。（《广辞苑》P15484）

CLICS[3]中的“羽毛制品”指“pen 笔；钢笔”，未见于上古前期的“羽毛制品”义项中。这是因为各民族文化习俗、生活习惯具有差异性，所以“羽毛制品”中所包含的内容总是不尽相同，但是其语义引申的机制都是相同的。

在 CLICS^{3}中，“feather 羽毛”表示“pen 笔；钢笔”的语言有 23 种，其语言种类、语言系属、语言形式以及地理分布见下图：

Language	Family	Form
Basque	Basque	luma
Aguaruna	Chicham	uhi
Breton	Indo-European	pluenn
Bulgarian	Indo-European	pero
Czech	Indo-European	pero
French	Indo-European	plume
German	Indo-European	feder
Latin	Indo-European	penna
Lithuanian	Indo-European	plunksna
Middle High German	Indo-European	vedere
Old English	Indo-European	fether
Old High German	Indo-European	fedara
Polish	Indo-European	pioro
Romani	Indo-European	por
Romanian	Indo-European	pana
Romanian	Indo-European	pana
Serbo-Croatian	Indo-European	pero
Spanish	Indo-European	pluma
Yiddish	Indo-European	feder
Mandarin Chinese	Sino-Tibetan	yu3mao2
Erzya Mordvin	Uralic	tolga
Estonian	Uralic	sulg
Mari	Uralic	p@st@l

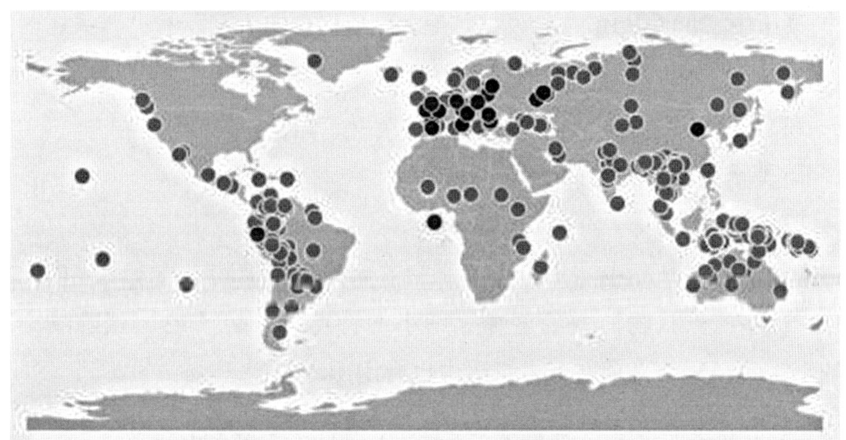

从 CLICS^{3}的地理分布来看，“feather 羽毛”与“pen 笔；钢笔”同词的分布主要集中于西欧。

（3）羽、毛与鸟兽类

羽和毛是鸟兽的一部分，所以“feather 羽毛”也就有了“鸟类”和“兽类”的意思，这属于词义相关的转喻引申。这个义项在上古汉语中也有用例，如：

（32）凤皇于飞，翙翙其羽，亦集爰止。（《诗经·大雅之什·生民》）
（33）其虫毛，其音商，律中夷则，其数九。（《淮南子·时则》）

俄语中的“перо 羽、翎”有“野鸟、飞禽”义。

在 CLICS³中，“feather 羽毛”与“鸟类”和“兽类”不共词。

（4）毛与老人

毛发是人身体的一部分，老人的头发有白色和黑色两种颜色，故称为“二毛”，后来“二毛”在使用中被固定下来，用来专指“老人”，“毛”在转喻机制的影响下具有了“老人”义，属于词义的转喻引申。这个义项在上古汉语中也有用例，如：

（34）公曰：“君子不重伤，不禽二毛。”（《左传·僖公二十二年》）

俄语中“борода 胡子；胡须”就有“年高而有生活经验的人”义。

泰语中“hua¹dɛːŋ²”红发，红毛；晒成褐色的头发”有“洋人；西方人；白种人”义。（《泰汉词典》P736）

在 CLICS³中，“feather 羽毛”与“老人”不共词。

2. 基于相似的隐喻而产生

（1）毛与细小

《汉语大字典》中“毛”的定义为“人体和动植物表皮上所生的丝状物”，这些“丝状物”具有轻微、细小的特点，于是“毛”就隐喻出了“细小”义。这个义项在上古汉语中也有用例，如：

（35）精微乎毫毛，而充盈乎大宇。（《荀子·赋》）

广东广州方言中的“毛”有“细小”义。（《现代汉语方言大词典》P641）

日语中，“け 毛”也有“细小”义。（《广辞苑》P6005）

在 CLICS³中，“feather 羽毛”与“细小”不共词。

（2）羽与羽音

“羽音”是五音之一，声音轻柔，柔和温婉，这就和“feather 羽毛”

轻盈的特点具有相似性，因此，“feather 羽毛” 由 “羽毛” 义引申为 “羽音”。“羽” 表示 “羽音” 的例证如下：

(36) 皆文之以五声：宫、商、角、徵、羽。(《周礼·大司乐》)

日语中，“う 羽” 有 “羽音” 的意思。(《广辞苑》P1606)

在 CLICS³中，“feather 羽毛” 与 “羽音” 不共词。

(3) 羽与伙伴

羽毛长在翅膀之上，翅膀能够帮助鸟类进行飞翔，这就和 “伙伴” 的功能是一样的，属于功能相似的隐喻引申。“羽” 表示 “伙伴” 的例证如下：

(37) 人之所有饮不足者，不可不索其羽也。(《韩非子·说林下》)

在日语中，“は - ね 羽根 羽翅 羽” 有 “伙伴” 的意思。(《广辞苑》P16006)

在 CLICS³中，“feather 羽毛” 与 “伙伴” 不共词。

(二) 上古汉语 “羽” 词义引申的殊性

上古汉语中，“羽” 的 “舞蹈” “羽檄” “羽人” “仪仗” 义暂时没有在其他语言中找到共同的演变。他们都是基于相关的转喻产生。

(1) 羽与舞蹈

羽毛可以用来制作舞具，这属于 “feather 羽毛” 词义的转喻引申。而 “feather 羽毛” 词义进一步引申发展，从舞具发展到了舞蹈，这也属于词义的转喻引申，所以 “feather 羽毛” 从 “羽毛” 义发展到 “舞蹈” 义，都是词义引申的转喻机制在起作用。“羽” 表示 “舞具” 和 “舞蹈” 例证如下：

(38) 调竽篪，饰钟磬，执干戚戈羽。(《淮南子·时则》)

(39) 掉羽武象，不知乐也；淫泆无别，不得生焉。(《淮南子·本经》)

(2) 羽与仪仗

羽毛可以用来制作羽盖，羽盖是古代贵族出行车辆上用羽毛做的用来遮挡太阳光的盖子。从“羽毛”到“羽盖”，属于原材料和加工品之间相关的转喻引申，而从“羽盖”到“仪仗”，也属于词义相关的转喻引申。因此，从“羽毛”到“仪仗”属于词义的转喻引申。“羽”表示“羽盖”和“仪仗”的例证如下：

(40) 故有大路龙旂，羽盖垂緌，结驷连骑。(《淮南子·齐俗》)

(41) 故列羽旄，陈戎马，所以示威武。(《盐铁论·崇礼》)

(3) 羽与羽檄

“羽檄”指“古代插有鸟羽的紧急军事文书”，因为这类“紧急军事文书”上插有“鸟羽”，所以称其为“羽檄”。从“羽毛”到“羽檄”，这属于词义的转喻引申。“羽”表示“羽檄”的例证如下：

(42) 计未决，又欲令人衣求盗衣，持羽檄，从东方来，呼曰“南越兵入界”，欲因以发兵。(《史记·淮南衡山列传》)

(4) 羽与羽人

羽毛在古时候是一种贡品，而负责征收这种贡品的官就成为“羽人”，因此，“feather 羽毛”的词义就从“羽毛”发展到“羽人”，属于词义的转喻引申。“羽”表示“羽人”的例证如下：

(43) 羽人掌以时征羽翮之政于山泽之农，以当邦赋之政令。(《周礼·羽人》)

四、结　　语

本文对上古（先秦—西汉）表示“羽毛”义的四个主导词“羽”“翮”“翎”和“毛”进行了细致深入地研究，统计和分析了这四个词在上古前期、上古中期、上古后期文献中的使用频率和使用状况，并根据“羽”“翮”“毛”的词义发展，结合其他自然语言，探讨了上古汉语“羽”“翮”“毛”三词词义演变的共性和殊性。研究发现：

1. 上古汉语中表示“羽毛”义的词语主要是“羽”，而“毛”在上古汉语中期也拥有了单独的“羽毛”义。

上古汉语中表示“羽毛”义的词语主要是“羽”，我们在调研的上古前期文献中并没有发现“毛”表示单独的“羽毛”义，而到了上古中期“毛”才能够表示单独的“羽毛”义，例如“卵有毛”（《庄子·天下》）。上古前期、中期、后期的文献中，“羽”表示“羽毛”义的占比分别为 33.3%、42.9%、16.4%，“毛”表示“羽毛”义的占比分别为 25%、13.9%、13.6%，在表示“羽毛”义的用例中，“羽”的占比始终多于“毛”。而“翮”和“翎”表示“羽毛”义的用例较少，上古文献中，“翮”表示“羽毛”义的用例有 4 处，“翎”表示“羽毛”义的用例有 2 处，远远少于“羽”的用例。

施真珍（2009：78—80）指出，先秦时期，“羽”“毛”二者有非常明确的界限，南北朝以后，“毛”才拥有了“鸟羽”义。我们在查阅上古前期的文献之后，的确发现“羽”和“毛”有其各自的分工，但是到了上古中期，“毛”出现了表示“羽毛”的用例，例如“卵有毛”（《庄子·天下》）。因此，我们认为应当将“毛”表示“鸟羽”的时间提前至上古中期。我们推测“毛”之所以能获得“羽毛”义主要有两个方面的原因，一是因为“羽”在表示“羽毛”义时具有一定的局限性，不能应对实际情况的需要，另一方面是“毛”和“羽”在连用的过程中，“毛”通过语义沾染获得了“羽”的“羽毛”义。

2.“羽毛（毛羽）”一词在上古汉语中期连用，但直至上古汉语后期尚未完全词汇化。

上古中期出现了“羽”和“毛”连用，表示“羽毛（毛羽）”的用例，如（15）（17）（19）等。不过根据句义，例（15）（17）中的“羽毛（毛羽）”应当解释为“鸟兽毛”，例（19）中的“毛羽”既可理解为“鸟兽毛”，也可以理解为“鸟类身体表面所长的毛”。总之，以上三例中的“羽毛（毛羽）”既不为“羽”和“毛”原始语义的简单叠加，也不为现代汉语所指代的“羽毛”。“羽”和“毛”连用组成“羽毛（毛羽）”一词，而“羽毛（毛羽）”一词的透明度逐渐消失，词序不固定，同时也出现了两解的情况，如例（19），这说明“羽毛”一词正处于成词初期。

上古后期，“羽毛（毛羽）”一词仍在继续使用，例（23）“望之有如毛羽然”中的“毛羽”仍然有两种解释，一种可以理解为“鸟兽毛”，也可以理解为“鸟类身体表面所长的毛”。这说明“羽毛（毛羽）”在上古后期尚未完全词汇化。

3. 羽毛类词语的语义切割在现代汉语、上古汉语和方言中有较大差别。

《汉语大词典》中收录了“羽毛”一词，其中的一个义项为“鸟兽的毛”，“羽毛”是一个类义词组，“羽”指鸟的毛，“毛”指兽的毛。在现代汉语普通话的实际表达过程中，“羽毛”更多用来指鸟的毛。普通话中的“毛”虽然是上位词，但是“羽毛”可以专指鸟毛，这就说明在现代汉语的实际使用过程中，“羽毛”已经成词用来表示鸟类毛。上古汉语中，“羽”和“毛”也有比较明确的分工，特别是上古汉语前期，“羽”指鸟类毛，“毛”指人体毛、兽类毛、草木毛等，二者所涵盖的范围绝对独立。这就说明在现代汉语和上古汉语中，鸟类毛和其他毛的语义切割是比较明确的。但是，《汉语方言大词典》和《现代汉语方言大词典》中都没有收录“羽毛”这一词，同时，在方言的实际使用中，我们也很少会说“羽毛”，而一般会用“鸟毛”来指称“羽毛”，方言中并没有表示鸟类毛的专有词汇，而是直接在“毛”前加上名词“鸟”用来指称羽毛。这就说明在方言中，并没有对鸟类毛进行单独的语义切割。

汪维辉先生（2018）指出，“毛”和“羽”古代析言有别：“羽”指鸟类的毛，特指鸟的长毛，“毛”则是指（人的）眉发之属及兽毛，但是笼统地说，鸟类的羽毛也可称为“毛”，因为鸟类身上的细毛实际上和兽类的毛并无明显区别，在语言表达经济性的作用下，“毛”的义域大于“羽”，并获得了“羽”的义项。因此，我们推测，方言中没有对鸟类毛进行语义切割和语言表达的经济性有一定的联系。

4. 上古汉语“羽”“毛”“翮”的词义演变，既有共性，也有殊性，且共性数量多于殊性数量。

在CLICS[3]中，“feather 羽毛”有10个共词形式，但由于CLICS[3]所收《汉语方言词汇》没有收“feather 羽毛”这个词，所以，CLICS[3]也就没有汉语的数据。通过研究，我们发现，上古汉语中，“羽”“毛”“翮”的“翅膀”“羽毛制品”“鸟兽类”“细小”“羽音”“伙伴”“老人”义在语言中普遍存在，我们可以视为“羽”“毛”“翮”词义演变的共性。而“羽”的“仪仗”“舞蹈”“羽檄”“羽人”义则是在汉语中独有的，这是上古汉语“羽”和“毛”词义演变的殊性。在“羽”“毛”“翮”的词义引申中，词义引申的共性数量要多于殊性数量。

5. 研究还发现了字典和译注本中存在一些不合理的地方。

“毛”的“老人”义是由“人体毛”转喻引申而来的，老人的头发有白色和黑色两种颜色，故称为“二毛”，后来“二毛”在使用中被固定下来，用来专指“老人”。《汉语大字典》中仍将“二毛”解释为“特指人的须发”，但我们认为“二毛”已经成词，失去了词义的透明性，并认为《汉语大词典》特别指出“二毛”“常用以指老年人”这一解释更加全面。

在调查上古汉语的文献后，我们发现，“羽”的舞蹈义、仪仗义并不为《汉语大字典》所收纳，而《汉语大词典》则收录了“羽”的羽舞（舞蹈）义。因此，我们认为《汉语大词典》对“羽”的归纳和解释更加合理和科学。

此外，王贞珉译注、王利器审订的《盐铁论译注·备胡》第342页中将“衣皮蒙毛”中的“毛”解释为“兽毛”，而《盐铁论译注·轻重》第129页中将“皮裘蒙毛”意译为“乱糟糟的”，我们认为二者的注释应该保持一致，都应该表示“兽毛”，而不能将后者意译为“乱糟糟的”。

参考文献

邓春琴　2016　《南北朝核心词研究》，北京：中国社会科学出版社。

丁喜霞　2013　《关于“常用词演变研究”命题的思考》，《语言研究》第3期。

方一新　2004 《从中古词汇的特点看汉语史的分期》，《汉语史学报》第4期。

汉语大词典编辑委员会编撰　1986 《汉语大词典》，上海：汉语大词典出版社。

汉语大字典编辑委员会编撰　2010 《汉语大字典》，成都：四川辞书出版社；武汉：崇文书局。

汉语方言大词典编辑委员会编撰　1999 《汉语方言大词典》，北京：中华书局。

胡　平、吴福祥　2023 《跨语言同词化数据库与词汇类型学研究》，《当代语言学》第4期。

郇国庆　2023 《“毛发”义词的词义比较及语义图构建》，《燕京语言学》第9期。

黄布凡　1997 《同源词比较词表的选词范围和标准——以藏缅语同源词比较词表的制订为例》，《民族语文》第4期。

黄金贵　1995 《古代文化词义集类辨考》，上海：上海教育出版社。

黄树先　2012 《汉语身体词探索》，武汉：华中科技大学出版社。

蒋绍愚　2014 《词义和概念化、词化》，《语言学论丛》第2期。

蒋绍愚　2015 《汉语历史词汇学概要》，北京：商务印书馆。

李盼盼　2020 《常用词“厨”对“庖”的历时替换》，《河南广播电视大学学报》第4期。

刘晓静　2011 《东汉核心词研究》，华中科技大学博士论文。

龙　丹　2008 《魏晋“羽毛”语义场探微》，《郧阳师范高等专科学校学报》第1期。

龙　丹　2011 《魏晋核心词研究》，成都：巴蜀书社。

施真珍　2009 《〈后汉书〉“羽”语义场及“羽、毛”的历时演变》，《语言研究》第2期。

陶英英　2019 《基于词义类型学的人体名词研究》，华侨大学博士论文。

汪维辉　2000 《东汉—隋常用词演变研究》，南京：南京大学出版社。

汪维辉　2018 《汉语核心词的历史与现状研究》，北京：商务印书馆。

王凤阳　1993 《古辞辨》，长春：吉林文史出版社。

王云路　2010 《中古汉语词汇史》，北京：商务印书馆。

吴宝安　2011 《西汉核心词研究》，成都：巴蜀书社。

吴卜权　2023 《上古传世文献“愧耻”语义场常用词演变研究》，东北师范大学博士论文。

吴福祥　2015 《汉语语义演变研究的回顾与前瞻》,《古汉语研究》第 4 期。

吴福祥　2019 《语义演变与词汇演变》,《古汉语研究》第 4 期。

吴汉江　2018 《直接性与间接性：汉语物象词语的词义类型学特征》,《苏州科技大学学报》第 6 期。

现代汉语方言大词典编辑委员会编撰　2002 《现代汉语方言大词典》，南京：江苏教育出版社。

徐朝华　2003 《上古汉语词汇史》，北京：商务印书馆。

张　莉　2013 《词义类型学研究》,《语言研究》第 3 期。

张　莉　2016 《类型学角度的“孩”研究》,《外语学刊》第 5 期。

张永言、汪维辉　1995 《关于汉语词汇史研究的一点思考》,《中国语文》第 6 期。

郑春兰　2007 《甲骨文核心词研究》，华中科技大学博士论文。

郑张尚芳　1995 《汉语与亲属语同源根词及附缀成分比较上的择对问题》,《中国语言学》第 2 期。

朱向荣　2023 《“月”词群的隐喻认知分析》，南昌大学博士论文。

宋玉赋“美好”概念场词语研究*

金佳敏　龙　丹

中南大学人文学院

[**摘要**] 宋玉赋“美好”概念场词语共33个。搜集整理宋玉赋中“美好”概念场词语，发现其由泛指以及专指两部分组成，泛指即“美”“好”；专指分为人和事物两大类，再按照形容内在和外在层层划分，即指人容貌姣好、品性善良；事物形貌精美、品质优良。分析宋玉赋“美好”概念场成员，发现各有特点；宋玉赋中“美好”概念场词语用词精准，刻画传神，使得笔下的女性形象生动，既承载着浪漫主义精神，又体现了美学意蕴。

[**关键词**] 宋玉　辞赋　“美好”概念场　词语运用特点

核心词是指人们日常生活中经常使用的词汇，是“基本词汇”最核心的部分，① 具有稳定性和常用性。核心词是词汇学研究的中心，依据斯瓦迪士《百词表》，研究宋玉赋中的“美好”概念场词语，不仅能了解其在宋玉赋中的分布、使用情况，还能深化对宋玉赋内容的认识与理解，进一步感受宋玉赋的魅力所在。

---

* 本文系教育部人文社科一般项目“类型学视阈下汉语动植物类核心词研究”（21YJA740021）阶段性成果。2022年湖南省研究生教育教学改革研究类项目，研究生精品课程“应用语言学”。

① “基本词汇”是整个词汇系统中最核心、最稳定的部分，一般习惯将“基本词”“基本字”“常用词”称作“基本词汇”。（龙丹 2015：1）

宋玉赋是战国时期楚国作家宋玉所创作的辞赋。刘勰《文心雕龙》云：“屈宋逸步，莫之能追”，“屈平联藻于日月，宋玉交彩于风云”。可见，宋玉在赋的发展上具有十分重要的地位。不同于《诗经》的现实主义风格，宋玉赋是浪漫主义文学的代表，其作品情感丰富，在文学史上具有深远影响。“传世的19篇宋玉作品，《报友人书》《对友人问》《对或人问》三篇为伪作，《高唐对》《郢中对》两篇为《高唐赋》和《对楚王问》的异文，《舞赋》疑为东汉傅毅《舞赋》的摘录。而《楚辞章句》所收的《九辩》《招魂》两篇，《文选》所收的《风赋》《高唐赋》《神女赋》《登徒子好色赋》《对楚王问》5篇，《古文苑》所收的《笛赋》《大言赋》《小言赋》《讽赋》《钓赋》5篇，《文选补遗》所收的《微咏赋》，加上银雀山出土的《御赋》，共14篇作品，则都确是宋玉所作。”① 本文即根据这14篇宋玉赋对其美好概念场词语进行研究。

一、“美好”及“美好”概念场词语概况

（一）概念场相关理论

早在20世纪30年代，德国语言学家特里尔针对语义词汇系统的研究，从物理学中引来“场”的概念，并提出了“概念场”的理论。（甘小明2012）“概念场”相关理论的提出，对研究汉语词汇语义系统具有重要价值和意义。他指出：处于同一个时代的一个词汇场（lexical field），之所以能和这个时代的另一个词汇场作对比，是因为它们覆盖着同一个概念场（conceptual field）。（吴广平、李霖2019）以一个时代的概念场为单位，分析这个时代的词汇语义系统，由一个独立的概念场，整理出该时代完整的语义系统，是一种有效可行的方案，也是研究汉语词汇的重要途径。

---

① 对于宋玉赋的具体篇目仍存在争议，本文同意吴广平先生的观点。关于宋玉作品真伪的考证，可参吴广平（2003；2004：86—111；2005）。

本文采用概念场这一理论，对宋玉赋“美好”义词语进行研究。首先，确定总的概念场“美好”；接着，将“美好”概念场分为泛指和专指：泛指的“美好”即“美”“好”；专指的“美好”根据不同的特点分为指“人”和“事物”的美好两个部分，再按照形容“内在”或“外在”层层划分，由此建构宋玉赋“美好”概念场词语的轮廓。

（二）宋玉赋“美好”概念场界定

《说文》：“好，美也。从女子。”《陌上桑》：“秦氏有好女，自名为罗敷。”这里的“好女”意为美丽的女子。《楚辞·九章·惜诵》“晋申生之孝子兮，父信谗而不好”，《忆江南》“江南好”，这里的“好”与坏相对，还有常见的友好、和睦之意。段玉裁《说文解字注》：“好，媄也。各本作美也。今正。与上文‘媄’为转注也。好本谓女子，引申为凡美之称。凡物之好恶引申为人情之好恶。”综上所述，“好”的本义是指女子外貌美丽，后来进一步扩大指一切美好事物。“美好”既包括人的容貌、品格“美好”，也包括事物的外表特征“美好”。本文选取“好”这一形容词作为研究对象，研究“美好”概念场词语在宋玉赋中的使用情况及运用特点。

宋玉赋中有着丰富的“美好”概念场词语，且出现的次数较多。本文将“美好”概念场分为泛指和专指两类。泛指的“美好”包括“美”和“好”两个词语，泛指美好；专指的“美好”根据对象的不同，分为形容人和事物的“美好”。形容人的“美好”可分为两类：一类是形容人的内在美，如“修、臧”2个词；一类是形容人容貌姣好，有“丽、曼、修、苞、佳、华、冶、姱、嫣、媔、婉、妖、姝、姣、玉、玮、瑰”共17个词。形容事物的“美好”同样可分为两类：一方面是形容事物的品质优良，如“嘉、良、妙、嫷”共4个词；另一方面是形容事物形貌精美，如“华、玉、琼、绣、锦、都、猗狔、夭夭”共8个词。这些小的概念场成员共同组成“美好”义词语，类聚了“美好”概念场词汇系统。

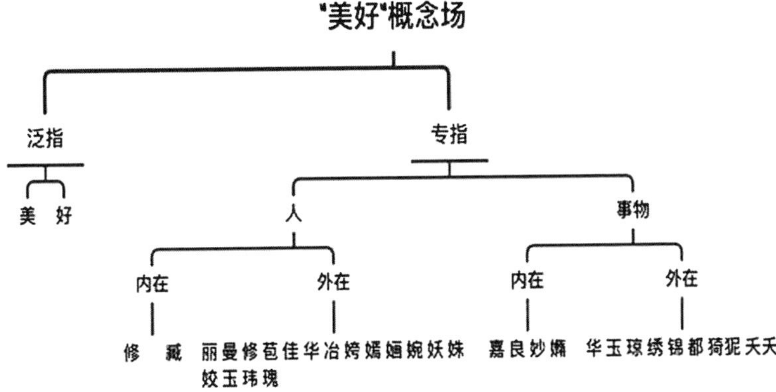

（三）宋玉赋“美好”概念场词语的构成

统计宋玉赋“美好”概念场词语，并进行归纳分析，详见下表：

表 1　宋玉赋“美好”概念场词语概览表

<table>
<tr><th colspan="3">划分层次</th><th>概念场成员</th><th>释　义</th><th>词频</th><th>例句及出处</th></tr>
<tr><td colspan="3" rowspan="2">泛指</td><td>美</td><td>美丽、漂亮</td><td>12</td><td>须臾之间，美貌横生。(《神女赋》)</td></tr>
<tr><td>好</td><td>美、好</td><td>3</td><td>茂矣美矣，诸好备矣。(《神女赋》)</td></tr>
<tr><td rowspan="7">专指</td><td rowspan="7">人</td><td rowspan="2">品性善良</td><td>修</td><td>美德</td><td>1</td><td>憎愠惀之修美兮，好夫人之慷慨。(《九辩》)</td></tr>
<tr><td>臧</td><td>善，好</td><td>1</td><td>计专专之不可化兮，愿遂推而为臧。(《九辩》)</td></tr>
<tr><td rowspan="5">容貌姣好</td><td>丽</td><td>艳丽</td><td>8</td><td>体貌闲丽，所受于天也。(《登徒子好色赋》)</td></tr>
<tr><td>曼</td><td>柔美</td><td>1</td><td>蛾眉曼睩，目腾光些。(《招魂》)</td></tr>
<tr><td>修</td><td>容颜美好</td><td>1</td><td>姱容修态，絙洞房些。(《招魂》)</td></tr>
<tr><td>苞</td><td>美盛</td><td>1</td><td>貌丰盈以庄姝兮，苞温润之玉颜。(《神女赋》)</td></tr>
<tr><td>佳</td><td>美丽</td><td>1</td><td>天下之佳人莫若楚国，楚国之丽者莫若臣里，臣里之美者莫若臣东家之子。(《登徒子好色赋》)</td></tr>
</table>

续 表

划分层次			概念场成员	释 义	词频	例句及出处
专指	人	容貌姣好	华	容貌华美	2	此郊之姝，华色含光，体美容冶，不待饰装。（《登徒子好色赋》）
			冶	艳丽	3	此郊之姝，华色含光，体美容冶，不待饰装。（《登徒子好色赋》）
			姱	美好	1	姱容修态，絙洞房些。（《招魂》）
			嫣	美好	1	嫣然一笑，惑阳城，迷下蔡。（《登徒子好色赋》）
			婳	美好	1	既姽婳于幽静兮，又婆娑乎人间。（《神女赋》）
			婉	柔美	1	忽兮改容，婉若游龙乘云翔。（《神女赋》）
			妖	艳丽	1	近之既妖，远之有望。（《神女赋》）
			姝	美好		貌丰盈以庄姝兮，苞温润之云颜。（《神女赋》）
			姣	容貌美丽	2	其少进也，皙兮若姣姬。（《高唐赋》）
			玉	容貌美丽	1	頩颜臻，玉貌起。（《笛赋》）
			玮	美好姿态	1	瑰姿玮态，不可胜赞。（《神女赋》）
			瑰	艳丽姿容	1	瑰姿玮态，不可胜赞。（《神女赋》）
	事物	品质优良	嘉	美好	2	陈嘉辞而云对兮，吐芬芳其若兰。（《神女赋》）
			良	优良、好	1	幹枝洞长，桀出有良。（《笛赋》）
			妙	美妙	1	赠以芳华辞甚妙。（《登徒子好色赋》）
			嫷	美好	1	嫷被服，侻薄装；沐兰泽，含若芳。（《神女赋》）
		形貌精美	华	事物华美	1	兰膏明烛，华镫错些。（《招魂》）
			玉	东西精美	2	然后倘佯中庭，北上玉堂。（《风赋》）

续 表

划分层次			概念场成员	释 义	词频	例句及出处
专指	事物	形貌精美	琼	泛指精美的东西	1	华酌既陈，有琼浆些。（《招魂》）
			绣	华丽，精美	1	振绣衣，被袿裳。（《神女赋》）
			锦	精美	1	锦绣黼黻，所以御暴也。（《笛赋》）
			都	优美	1	窃悲夫蕙华之曾敷兮，纷旖旎乎都房。《九辩》
			猗狔	柔美	2	东西施翼，猗狔丰沛。（《高唐赋》）
			夭夭	艳丽	1	薄草靡靡，联延夭夭。（《高唐赋》）

从表 1 可以看出，宋玉赋中“美好”概念场词语的使用十分丰富，不仅数量多，且运用频率较高，在用词上也具有特色。经上表统计，宋玉赋使用“美好”概念场词语共 33 个。从使用频率上看，使用次数为 61 次，其中“美”的使用次数达 12 次，占总数的 20%；从分布上来看，在宋玉赋的 14 篇作品中，《神女赋》《登徒子好色赋》《招魂》三篇中使用“美好”概念场词语频率较高。综上所述，“美好”概念场词语在宋玉赋中十分重要。

二、宋玉赋中的“美好”概念场词语来源

“美好”概念场词语在宋玉赋中，不仅种类多样、数量丰富，究其来源，也各有其特点。本文对宋玉赋中“美好”概念场词的来源进行分类讨论，下面结合具体例句进行说明。

（一）多用女部字表示女子容貌美

在 14 篇宋玉赋中，“美好”概念场词语共 33 个。其中，女部词语有 10 个，包括：好、姱、嫣、嫿、婉、妖、姣、姝、嫷、妙。根据上文分

析，除泛指的“好”和表示事物品质优良的“嫷、妙”外，其余8个字皆是形容女子容貌姣好。汉字的义符与词义相关，这8个“美好”概念场词语皆从女，这也可以证明女部的“美好”概念场词语以描写女性美貌为主。其中姝、姣二字使用频率最高，具体分析如下：

1. 姝

《说文》：“姝，好也。从女朱声。”“姝”字从女，形容女子容貌美好。

段注：“《邶风》传曰：‘姝，美色也。’《卫风》传曰：‘姝，顺皃。’《齐风》传曰：‘姝，初昏之皃。’各随文为训也。”《诗经》：“静女其姝，俟我于城隅。”意思是娴静的女子真漂亮，在城角楼上等我；塑造了一对如痴如醉的情人形象，其中的“姝”就是形容女子的面容美好。

在词义的发展过程中，“姝”的词义一直用来形容女子外貌美丽，几乎一直没有发生变化。宋玉《神女赋》“貌丰盈以庄姝兮，苞温润之玉颜”中的“姝”便是美女的意思。由此，“姝”由女子容貌美丽，姿态美好引申出“美女”义。在现代具体使用中，“姝”大多用于书面语，延续“女子容貌美好、美女”义，词义未发生变化。

2. 姣

《说文》：“姣，好也。从女交声。”“姣”是“女”部，因“交”得声；“交”是象形字，想象一个人两条腿交错站立，由此看出，“姣”是用来形容人的姿态。又因“姣”的意思是“好”，所以“姣”是用来形容女子面容美丽。宋玉《高唐赋》“其少进也，晢兮若姣姬”中的“姣”便指女子容貌艳丽。

段注：“姣谓容体壮大之好也。《史记》：‘长姣美人。’按古多借‘佼’为‘姣’。如《月令》‘养壮佼’、《陈风·泽陂》笺‘佼大’，皆‘姣’字也。《小雅·白华》笺云：‘姣大之人。’《陈风》‘佼人’，字又作姣。”段氏认为：“姣”除女子容貌美好外，还有形态之美。如《荀子·非相》“古者桀纣长巨姣美，天下之杰也”一句，“姣”与“长”连用，“长”有“高；体长”的意思，两者连用，表示形态之美。到了近代，“姣”的词义多用来形容女子容貌美丽，书面语中较为常见。

综上所述，“美好”概念场女部词，多用来形容女子容貌美丽，也有一些可以用来形容女性形态之美，且词义到现代几乎没有发展变化，多用于书面语中；此外，这些词均是通过视觉感受到的美好，形容外表美丽，这类字反映了我国古代早期对女子的一种赞美，表达了传统的审美意识。

（二）以玉部字表示容貌美、品德美

“玉”是一个独体象形字，《说文》：“玉，石之美，有五德：润泽以温，仁之方也；䚡理自外，可以知中，义之方也；其声舒扬，专以远闻，智之方也；不挠而折，勇之方也；锐廉而不忮，洁之方也。”由此可以看出，许慎将“玉”的本性与审美价值相融合。

玉晶莹剔透，稀少所以名贵。在古代，女子喜爱佩戴各种玉的饰品，以有玉为荣。而女子与玉也有一些相通之处：玉的光泽与女子的光亮容貌相似；玉的品性与女子的贞洁美德相通，故很多描写美的词语由“玉”引申出来。古代用玉来比喻美的词语有很多，如形容外在的容颜的“玉容、玉颜”、身材的“玉度、玉姿”以及内在的品格品性的“冰清玉洁、守身如玉”等。宋玉《笛赋》：“頩颜臻，玉貌起。”“玉貌”就是指女子容貌美丽。由此可以看出人们的审美标准，表达人们的赞美之情。

《礼记·聘义》云：“夫昔者，君子比德于玉焉。温润而泽，仁也；缜密以栗，知也；廉而不刿，义也；垂之如队，礼也；叩之其声清越以长，其终诎然，乐也；瑕不掩瑜，瑜不掩瑕，忠也；孚尹旁达，信也；气如白虹，天也；精神见于山川，地也；圭璋特达，德也。”孔子将君子与玉作比较，由此可知，“玉”被赋予了“修德”的特征，同君子一样具有仁、义、礼、信等品德。《诗经·卫风·淇澳》：“有匪君子，如切如磋，如琢如磨。”说明君子的道德品格，同样需要磨合，才能像玉一样发光发亮。由于玉的性质以及古代的“玉德说”可知，可以借“玉”比喻人“仁、义、礼、忠、信”等美好品格、高尚品德，以玉比德。

综上所述，“玉”逐渐演变成了一切美好事物的代名词，从以玉作为

祭祀的礼器、华美的饰物到形容女子容貌美丽，再上升到精神层面成为君子道德品质、美好品德的象征。

（三）“臧”引申为品性之善

《说文》：“臧，善也，从臣戕声。”从字形上来看，“臧”从“臣”，《说文》：“臣，牵也，事君也，象屈服之形。”郭沫若对“臣”的甲骨文做了如下解释：“以一目代表一人，人首下俯时则横目形为竖目形，故以竖目形像屈服之臣仆奴隶。”（徐中玉 1989：321）由此可知“臣”意为奴隶。《说文》中“臧”从臣，所以“臧”的本义应与奴隶有关。《荀子·王霸》：“如是，则虽臧获不肯与天子易势业。”“臧”即指奴隶。

段注：“凡物善者必隐于内也。以从艹之藏为藏匿字始于汉末。改易经典，不可从也。又赃私字。古亦用臧。”《尔雅·释诂》：“臧，善也。”由此，“臧”后为“善、好”之意。宋玉《九辩》：“计专专之不可化兮，愿遂推而为臧。”是说推行良策行善建功，其中的“臧”便是“善、好”的意思。

综上所述，“臧”由本义“奴隶”，因奴隶顺从之态引申出“善、好”之意，在现代汉语的书面语中保存“善、好”义使用。

三、宋玉赋美好概念场词语的运用效果

宋玉的创作呈现出与楚地文学相一致的奇丽特色（丁雪 2012），在面对明丽之物时善用丽语，全书充满了丰富的“美好”词语表达方式。文本语言是其思想意识的外核，这些“美好”概念场词语丰富多样，用词准确，使得人物形象刻画传神，能够体现宋玉赋的情感基调和思想内蕴，对于宋玉赋浪漫主义色彩的呈现以及审美意蕴的展现起到重要的作用，具有独特的艺术效果。

（一）用词准确，刻画传神

由上文的分析可知，在宋玉赋中，“美好”概念场词语用词丰富，且

形式富于变化。宋玉赋“美好”概念场词语的使用，生动形象地刻画了文章的人与事物内在和外表不同方面的“美”。不同的“美好”概念场词语或是在一句话一段话中出现，或是单独使用、句中连用。这些词的运用，不仅一定程度上避免了文章语言的单调乏味，其用词十分准确，还使得人物形象刻画的生动传神。

宋玉赋中，形容人容貌姣好的词尤为丰富，有“丽、曼、修、苞、佳、华、冶、姱、嫣、婳、婉、妖、姝、姣、玉、玮、瑰”共17个。虽然都是形容人的容貌，但这些词却各有侧重。如《招魂》“蛾眉曼睩，目腾光些”王逸注：“蛾眉玉白，好目曼泽，时睩睩然视，精光腾驰，惊惑人心也”，其中的“曼”即柔美、细美的意思，是说女子的眉毛纤秀，明眸转动，顾盼之间双目秋波流光；同篇中的“姱容修态，絚洞房些”，“姱”用来描写人的面容柔美，“修”用来描写人的姿态优美；作者将这两个字的连用，使得女子俏丽的容颜以及美妙的体态活灵活现地呈现在我们眼前。

对于简单地描写一个人的容貌美，宋玉在作品中使用了多个不同的词加以区分，足以见得宋玉观察之细致，作品用词之精准，刻画之传神。

（二）宋玉赋浪漫主义呈现的重要载体

宋玉赋中有着丰富的“美好”概念场词语，这些“美好”字眼，使得作者笔下的女性形象生动，熠熠生辉。此外，由于受楚地文化影响，在宋玉的作品中，夸张、想象手法被大量运用，展现出浪漫主义风格。作品中的一些人物形象并不是现实世界中存在的，而是作者通过想象创造出来的。作者将想象和怪诞的夸张结合，创造奇特的人物形象，形成了独特的浪漫主义文风，营造虚幻奇特境界，从而创造了不朽的文学形象，是呈现宋玉赋浪漫主义精神的重要载体。

在宋玉以前，就出现了很多描写女性美的作品。例如我国第一部诗歌总集——《诗经》中就有恋爱中的少女，有初为人妻的幸福新娘，当然也有哀声怨气的妇女，这些女性形象的塑造展现了周代的女性风貌。宋玉则是第一位全方位、多角度、立体地描写女性美的作家。（吴广平 2008）女性形象塑造的成功，离不开“美好”概念场词语的大量运用。在宋玉作品中，作者不仅用传统的描写手法塑造女性，还运用夸张、虚实结合等刻画女性，使得人物十分鲜明丰满，同时也强化了美感效果。宋玉将变幻不定的自然现象和神话传说相结合，把三峡云雨气象变化与民间故事联系起来，创造了神女形象。《高唐赋》讲述了梦中楚怀王与巫山高唐神女相遇的故事；《神女赋》中，作者虚构了梦中的美人形象。宋玉在描写神女时写道：其体貌“貌丰盈以庄姝兮，苞湿润之玉颜。眸子炯其精朗兮，瞭多美而可观。眉联娟以蛾扬兮，朱唇的其若丹。素质干之醲实兮，志解泰而体闲”；其仪态“既姽婳于幽静兮，又婆娑乎人间。宜高殿以广意兮，翼放纵而绰宽”。“姝”“美”“玉”“苞”“婳”等“美好”概念场词语的运用，从颜、眸、眉、唇、齿、腰等不同部位来细致刻画神女，使得一位旷世美神的形象跃然纸上，对展现宋玉赋浪漫主义的艺术风格起到重要作用。

宋玉赋中，作者用多种“美好”概念场词语的表达呈现女性“美”，不同语词间有细微的差异，被运用在不同句子中，构建出更加生动的人物形象。《登徒子好色赋》中，同样有很多“美好”概念场词语的运用，对女性进行描写。如：“天下之佳人莫若楚国，楚国之丽者莫若臣里，臣里之美者莫若臣东家之子。东家之子，增之一分则太长，减之一分则太短。著粉则太白，施朱则太赤；眉如翠羽，肌如白雪；腰如束素，齿如含贝；嫣然一笑，惑阳城，迷下蔡。”“佳”“丽”“美”等丰富的“美好”概念场词语的并用，使得“如翠鸟之羽毛的眉毛、如雪般的肌肤、如裹上素帛腰身纤细”的美女形象活灵活现呈现在我们眼前；作者并没有说清东家之子的身高、肤色，只说论身材，若增加一分则太高，减掉一分则太短；论其肤色，若涂上脂粉则嫌太白，施加朱红又嫌太赤。读者根据自己的审美标准来判断，所以在读者的想象中的东家之子都是完美的。虚写和夸张的手法，将这样一位姿色绝伦的美女形象淋漓尽致的塑造出来，彰显了浪漫主义色彩。

（三）宋玉赋美学意蕴的体现

宋玉在创造女性形象时，进行了全面细致的刻画描写。他笔下的美女分为两类：一类是高贵神女，一类是民间凡人，栩栩如生的描写让人印象深刻；宋玉辞赋不是死气沉沉的文字，而是有活力、有温度的审美载体，作品中运用“美好”概念场词语，出现了大量“美”的描写，从容貌、仪态、服饰等各个方面多角度描写刻画女性。以下选取部分举例说明：

表 2　宋玉赋“美好”概念场词语中“美”的描写

分　类	“美好”概念场词语	例　　句
容貌美	华、美、冶	华色含光，体美容冶，不待饰装。（《登徒子好色赋》）
仪态美	修	姱容修态，絚洞房些。（《招魂》）
服饰美	绣	振绣衣，被袿裳。（《神女赋》）

笠原仲二（1987）指出，美的意识是不断从声、色、嗅、味这些肉体生理的嗜好和欲求方面，向人类的精神生活和物质经济生活中能带来美的效果的一切方面推移、扩展。也就是说，“美”不是单纯指外表的美丽，而是容貌形体美与精神内在美的统一。深入美的本质，探究精神、理性的美，进一步从伦理道德层面理解、感受“美”。宋玉对“美”的描写，并没有只停留在原始的视觉描写上，而是融入伦理道德的“美”，也就是我们所说的精神美，从外表美上升到追求内在美，即美的内涵。儒家思想中，认为女性最高的道德标准是顺从。宋玉推崇儒家礼制规范，因此，宋玉笔下的女性较好地呈现出内在美，即符合礼制规范、注重修养道德。如《神女赋》中的神女，不仅拥有绝世容颜，“貌丰盈以庄姝兮，苞温润之玉颜”；且十分注重礼制，“陈嘉辞而云对兮，吐芬芳其若兰”。神女不仅貌美，最重要的是她不为情欲而乱礼法，时刻恪守本分。这也呈现出宋玉赋一种独特的审美意蕴与审美境界。

四、结　语

综上所述，宋玉赋中有着多样的“美好”概念场词语，由泛指以及专指两部分组成。其中泛指即“美”“好”，专指的又分为指人和事物两大类，又可进一步细分为形容外在和内在。从宋玉赋“美好”概念场词语的分布频率来看，形容人容貌姣好的词出现频繁；从运用特点上来看，其形式多样，位置灵活；从运用效果上来看，其用词准确，刻画传神；承载浪漫主义精神；体现美学意蕴。

参考文献

丁　雪　2012 《宋玉辞赋艺术论》，湖北大学硕士论文。

（清）段玉裁　1981 《说文解字注》，上海：上海古籍出版社。

甘小明　2012 《概念场词汇系统及其演变研究——以〈朱子语类〉为中心》，上海师范大学博士论文。

郝懿行　1982 《尔雅义疏》，北京：中国书店。

［日］笠原仲二　1987 《古代中国人的美意识》，魏常海译，北京：北京大学出版社。

刘勰著、范文澜注　1962 《文心雕龙注》，北京：人民文学出版社。

龙　丹　2015 《魏晋核心词研究》，成都：巴蜀书社。

王天海　2005 《荀子校释》，上海：上海古籍出版社。

吴广平　2001 《宋玉集》，长沙：岳麓书社。

吴广平　2003 《宋玉著述辨》，《文献》第3期。

吴广平　2004 《宋玉研究》，长沙：岳麓书社。

吴广平　2005 《宋玉著述真伪续辨》，《长江大学学报》第5期。

吴广平　2007 《楚辞全解》，长沙：岳麓书社。

吴广平　2008 《宋玉的文学成就与历史地位》，《湖南科技学院学报》第6期。

吴广平、李霖　2019 《宋玉赋“看视”概念场词语的运用艺术》，《中国韵文学刊》第1期。

徐中舒　1989 《甲骨文字典》，成都：四川辞书出版社。

说“尿（溺）”*

张　芳[1]　曹平舒[2]

1. 江汉大学人文学院；2. 湖南省冷水江市第二中学

［**摘要**］一般认为，由于“尿”过于鄙俗，古人多假“溺”为“尿”。从比较词义学视角看，“尿”“溺”其实同源，尿与撒尿存在密切联系。此外，出于委婉，尿也可通过水来泛指。在语义演变中，尿与屎、腹部有重要关系，与幼小、细小有关，同滴漏、下雨、弄湿等也都有一定关系。

［**关键词**］核心词　尿（溺）　比较词义

“尿（溺）（urine）”作为人体最重要的排泄手段和排泄物之一，在人类生活和生存中占据重要地位。在郑张尚芳先生《华澳语言比较三百核心词表（征求意见稿）》中居113位，加 *，为最核心的词；在江荻先生《论汉藏语言历史比较词表的确定》中也为核心词[1]。

根据张芳（2017：161），“尿”语义场大致有“尿（溺）、溲、便（溲）、私、旋”等词语。黄树先（2012：270，368）曾探讨过“水与小便”以及“尿/屎与腹部”的关系，本文拟从比较词义的角度对“尿”语义场中词语的词义发展进行全面探讨。所谓比较词义，就是从类型学的角度比较词义的发展，探寻共同的语义演变规律，为词语比较提供参照，为择对比较提供参考。（黄树先 2007）

---

* 本文是江汉大学2021年校级研究项目“‘一带一路’背景下汉缅语核心词的跨文化交际研究”的研究成果。

一、尿 与 水

《说文》：“尿，人小便也。从尾，从水。”甲骨文“尿”：𡲴正象人遗溺形。“尿”作为水的一种，有时可以用所指范围宽的“水”代指尿。“放水”是“撒尿”的委婉说法，“水”即是“尿”。汉语还用“泽”通指“津液、唾液和汗液”等。《素问·疏五过论》：“尝富大伤，斩筋绝脉，身体复行，令泽不息。”王冰注：“身体虽已复旧而行，且令津液不为滋息也。何者？精气耗减也。泽者，液也。”

白保罗曾比较汉语与藏缅语中的“小便”。藏语 gtsid-pa～gtsi-ba“解小便”，gtsin“小便”，克钦语 dzit tsyi～dzit dzi“解小便”，dzit“小便”，怒语 tsi“小便”，tsitsi“解小便”，缅语 tshi“小便”（雅词），拉祜语 jɨ，迪马萨语 si-di“小便，解小便”（di“水”），来自藏–缅语 *ts(y)i；在缅–倮倮语中也有同源异形词 *ziy“小便”，由缅语 se，倮倮语 rzi，阿细语 zö，尼语 zə 来表示（白保罗 1984：47）。藏语 gtsi-ba“小便”来自藏–缅语 *ts(y)i（白保罗 1984：55）。克钦语 dzit dzi～dsit tsyi“小便”<藏–缅语 *ts(y)i。（白保罗 1984：105）普沃语和斯戈语 shi“尿”；藏–缅语 *ts(y)i。（白保罗 1984：144，157）比较汉语“私”*sil//*sĭl<*ts(y)il。藏–缅语 *ts(y)i 早期可能是“水”，参考迪马萨语 si-di“小便，解小便”（di“水”）。

用“水”泛指“尿”的语言比比皆是。如缅语 ရေပြန် ［yei byan］①蒸馏水；②重煮的凉开水；③尿。（《缅汉词典》：782）ဆီး［hsiː］①霜，露；②尿。（《缅汉词典》：262）泰语：$kra^{5}tsha\eta^{2}$［生理］羊水；［古］童尿；檐篷，门篷。（《泰汉词典》：12）西班牙语 agua 水；液，露；雨；眼泪；［海］海潮；Per.（秘鲁）［口］钱；（复数）小便；（复数）（衣物、宝石、木材等）色泽，光泽，纹路；（复数）矿泉；（复数）河，溪，海，海域。（《新西汉词典》：32—33）葡萄牙语 águs 水；雨，雨水；海水，河水，湖水；唾液；汗水；泪水；（复数）尿液；

（钻石、宝石等）光泽；果汁；稀汤。（《葡汉词典》：46）详情请看表 1：

表 1 尿与水

	尿	水	湖/河/海/雨
汉语	+	+	−
缅语	+	+	−
泰语	+	+	−
日语	+	+	−
葡萄牙语	+	+	+
西班牙语	+	+	+

二、尿与撒尿

名动转换是语义发展中一条重要的演变规律。“尿”既为名词，也为动词。比如“尿尿”，前者为动词，后者为名词。藏语 gtsin “小便” < gtsi-ba “撒尿”。（白保罗 1984：107）汉语“尿”语义场中，“尿（溺）”“溲”“便”等也都既为名词，也为动词。

“溲”，《后汉书·张湛传》：“湛至朝堂，遗失溲便，因自陈疾笃，不能复任朝事，遂罢之。”李贤注：“溲，小便也。”其中“溲”为名词。再如《国语·晋语四》：“臣闻昔者大任娠文王不变，少溲于豕牢，而得文王，不加疾焉。”韦昭注：“溲，便也。”其中“溲”为动词。“溲”还能泛化为吐血或溺精等。《庄子·则阳》：“并溃漏发，不择所出，漂疽疥痈，内热溲膏是也。”成玄英疏：“溲膏，溺精也。”《史记·扁鹊仓公列传》：“后二十余日，溲血死。”

《集韵·啸韵》："尿（尿），亦作溺。"《庄子·人间世》："夫爱马者，以筐盛矢，以蜄盛溺。"此例"矢、溺"对举，概为名词。《韩非子·内储说下》："及夷射去，刖跪因捐水郎门溜下，类溺者之状。明日，王出而诃之曰：'谁溺于是？'""类溺者之状"是像撒尿者的样子，"谁溺于是"是谁在这里撒尿的意思。现代汉语中"溺"一般用作动词。中原官话、兰银官话、闽语"溺尿"，〈动〉小便；尿床。(《汉语方言大词典》：6709）闽语"溺屎""溺屙"，〈动〉大便。(《汉语方言大词典》：6709）中原官话"㞙"，〈动〉小便；撒尿。(《汉语方言大词典》：5845）

"便"是日常生活中除"尿、屎"以外用得最多的表示排泄物的词语，有时为了避讳更是常用。"大便""小便""粪便""童便"中的"便"都为名词，"小便"之"便"或作"湧"。《改并四声篇海·水部》引《川篇》："湧，小便也。"但"便"也能用作动词。《汉书·张安世传》："郎有醉小便殿上。""小便殿上"是在殿上排泄小便的意思。

"私""旋"单用一般作动词。《左传·襄公十五年》："师慧过宋朝，将私焉。"杜预注："私，小便也。"黄侃《蕲春语》案："今江苏语小便曰私，北京语亦谓小便曰私。"西南官话（四川云阳）名厕所曰"私屋"。《云阳县志》(1935)："厕曰私屋。"再如"旋"。《左传·定公三年》："阍曰：夷射姑旋焉。"杜预注："旋，小便。""私"和"旋"产生小便义同"出去一下""马上回来"类似，来源于撒尿的委婉用法，现代汉语"出去一下""马上回来"都用为撒尿[2]。胶辽官话（辽宁长海）"出去趟"意为到厕所去。(《汉语方言大词典》：1280）

其他语言也有类似的词义发展，如缅语 tshi"小便"（雅词）；ဆီးသွား [hsiː thawː] 撒尿，小便。(《缅汉词典》：263）英语 pee① n. 尿；撒尿；② vi. 撒尿；③ vt. 小便。(《牛津高阶英汉双解词典》：1466）印度尼西亚语 Air seni"尿"，Kencing"小便；撒尿"。(《新印度尼西亚汉语词典》：607）加词缀表示的语言就更多，如英语 urine"尿"，urinate"排尿，小便"。(《新英汉词典》：1760）德语 Pisse"［野］尿，小便"，pissen"［野］撒尿，小便"。(《新德汉词典》：885）壮语：ȵou^{6}尿；撒尿。(《壮汉词典》：946）柬埔寨语：នោម 1. 尿，2. 小便，撒尿。（《柬汉词典》：428）泰语：tshiː[5]尿；小便，撒尿。（《泰汉词典》：188）详情见表2：

表2　尿与撒尿

	尿	撒　尿
汉　语	+	+
壮　语	+	+
柬埔寨语	+	+
泰　语	+	+
缅　语	+	+
德　语	+	+
中原官话	+	+

三、尿、屎与腹

“尿”与“屎”都属于人体排泄物，密不可分。民间有比喻：话说“屎、尿”是一对好兄弟，有弟弟的时候一定有哥哥，但有哥哥的时候不一定有弟弟。话虽诙谐，但足可证明二者的关系。表现在语言上就是，“尿液”与“粪便”在构词过程中往往共用同一语素甚至用同一词形表示。“大便”“小便”共用“便”，方言“溺尿”“溺屎”共用动词“溺”[3]。武汉话“打岔”，既表示干扰；岔嘴；又表示大便或小便。（《武汉方言词典》：64）卢舍依语和哈卡语 zun<yun“粪便，小便”。（白保罗 1984：108#430）再如韩语：분지“粪便，粪尿”。（《韩汉大词典》：734）缅语：ကျင်［kyin］尿尿，粪便；（《缅汉词典》：57）ဆီးဝမ်း［hsiːwunː］①腹部；②屎尿；③熟透的枣。（《缅汉词典》：263）ပေါက်［paut］①放屁；②泻肚；③撒尿；（《缅汉词典》：518）ကျင်［pa］①拉（屎）；

② 撒（尿）。（《缅汉词典》：491）

尿、屎与腹部相关，腹部肠子和膀胱是承载屎、尿的载体。有关屎与腹部关系的研究不少，比如马提索夫（1985）就认为，粪便、身体污物、肠存在联系。黄树先（2012：270）也考察得知，汉语方言不少地方把“屎”跟肚子联系起来。比如广东潮州“屎肚”指腹部；（詹伯慧 1993：133）金华客家话“肚屎”，指肚子；（曹志耘 2004：207）客家话“大肚屎”，大肚子；（《汉语方言大词典》：270）赣、客、闽语“腹屎”，肚子；（《汉语方言大词典》：6632）黄陂话把将军肚叫“稀屎肚”。（黄树先 2012：270）笔者家乡话湖南老湘语涟邵片也称肚子“屎肚”。其他语言类似的有：苗文：ghad lul 大肠；大粪；（《苗汉词典》：158）ghad niangs 内脏，脏腑；（《苗汉词典》：159）缅语：ကျင်ကြီးအိမ် ［kyin gyi:ein］① 厕所；② 直肠。（《缅汉词典》：57）ကျင်ငယ်စွန် ［kyin nge sun'］ 排尿，小便。（《缅汉词典》：57）ကျင်ငယ်အိမ် ［kyin nge ein］ ①【解】膀胱；② 小便池。（《缅汉词典》：57）日语：ちょうず① 洗脸（手）水；② 厕所，便所，大小便。（《日汉双解学习词典》：1079）

“尿”也与腹相关，其原因在于先民们对“尿、屎”的承载体并不是区分得十分清楚，而是统称为腹部。比如安溪话“腹”pak，本义指肚子，但可用来称量人的排泄物：放一腹尿。（林华东 1999：73）笔者家乡话“腹”也可以称量“屎”和“尿”，可说“拉一腹屎”“撒一腹尿”。再如：柬埔寨语：អានាហរោគ 〖梵；巴〗便秘；闭尿；腹胀。（《柬汉词典》：1200）如表3：

表3 尿与屎/腹部

	尿	屎、粪便	腹 部
卢舍依语	+	+	–
哈卡语	+	+	–
韩 语	+	+	–

续 表

	尿	屎、粪便	腹 部
西南方言（武汉）	+	+	−
缅 语	+	+	+

四、撒尿与滴漏

黄树先（2003：190）曾拿汉语“流”比较缅语：ယူ juu²取，拿；ယို jɯ²漏，流出，渗出，排泄（大便）和ချူ khjuu²谋求，力求；流出（眼泪）。

> 流*rǔ“流”字有两个主要意思：拿，取；流出。《诗经·周南·关雎》：“参差荇菜，左右流之。”毛传：“流，求也。”此义对应缅文的ယူ juu²取，拿。（《缅语词典》：751）《说文》：“流，水行也。”此对应缅文的ယို jɯ²漏，流出，渗出；排泄（大便）。（《缅语词典》：752）缅文ချူ khjuu²有“谋求，力求；流出（眼泪）”，（《缅语词典》：119）也可能是同族词。白保罗（1984）：藏文ldug（s），完成体blugs<*-lug倒入，还有原始藏缅语*l[u，ɔw]流。白保罗把包括缅文ယို jɯ²在内的原始藏缅语的“漏、滴”构拟为*yuw。（白保罗1984#430）缅文的ယို jɯ²和汉语的“漏”*roos也可以比较。《荀子·王制》：“筐箧已富，府库已实，而百姓贫，夫是之谓上溢而下漏。”王念孙《读书杂志·荀子第三》“下漏”条引王引之说，谓“漏”和“漉”通。“漉”*b·rook。其韵尾的作用不详。

事实上这则比较是很有道理的。藏拉语yu，怒语əyü，缅语yui，梅特黑语yu“漏”，拉客尔语zu<yu“滴，漏；一滴”，哈卡语zuθ<yut“漏，滴，落下”，克钦语yun～kəyun“漏”，卢舍依语和哈卡语zun<yun“粪便，小便”（藏-缅语*yuw）。（白保罗1984：108#430）还有不少方言

用“流、漏、落”表示排泄。闽语（广东潮阳）“流肚”，腹泻。（《汉语方言大词典》：5122）闽语（福州）“漏泻”，泻肚子。（《汉语方言大词典》：6735）闽语（厦门）管泻肚叫“漏屎”。（《汉语方言大词典》：6735）。西南官话（武汉、重庆等）“流尿”，尿床。（《汉语方言大词典》：5122）闽语“落屎”，意为解大便、泻肚。（《汉语方言大词典》：5939）；“落尿”，意为撒尿。（《汉语方言大词典》：5937）

此外，还可以比较德语：nässen［雅］动词，使……湿润；渗水；［猎］（野兽）撒尿。（《新编德汉词典》：1080）；feuchten 弄湿，沾湿；（兽类）撒尿。（《新编德汉词典》：526）Pinkeln［俗］撒尿；下雨。（《新编德汉词典》：1175）；schiffen［粗］撒尿；［俗］下大雨。（《新编德汉词典》：1382）如表 4：

表 4　撒尿与滴漏

	撒　尿	滴　漏
闽　语	+	+
缅　语	+	+
德　语	+	+

有意思的是，排泄与破裂、泄气、无能、不成功也有关系。西南官话（武汉）：那事儿尿了。冀鲁官话（天津）：真跟他打，他就尿了。（《汉语方言大词典》：2978）在这两例中，“尿”都是不成功、泄气的意思。李荣（1998）也记录武汉话“尿”：❶ 人或动物体内由肾脏产生从尿道排出的液体；❷ 丑；❸ 同“奓”，破裂，不成功，吹；❹（谈话）漫无边际。（《武汉方言词典》：167）缅语：ပေါက် Ⅰ、［paut］① 滴；② 洞；Ⅱ、［paut］① 破，穿透，穿孔；② 破裂，损坏；③ 放（屁）；④ 泻（肚）；撒（尿）；⑤ 流出；⑥ 破（戒），违犯（戒条）；⑦ 生育，产仔；⑧ 孵化、孵出等。（《缅汉词典》：518）如表 5：

表 5 尿与无能/不成功/破裂

	尿	无能/不成功/破裂
冀鲁官话（天津）	+	+
西南官话（武汉）	+	+
缅　语	+	+

五、尿与小/卑微

此外，我们还发现，尿与小、卑微等也有关联。比如西南官话（成都）“尿巷子”，乡镇上的小死巷子。（《汉语方言大词典》：2980）客家话（福建永定）“尿膝头”，小腹。（《汉语方言大词典》：2981）冀鲁官话（天津）“尿疙瘩”，哺乳的婴儿。（《汉语方言大词典》：2980）闽语（福建邵武）“尿衣子”，小孩儿用的小被子。（《汉语方言大词典》：2980）西南官话（贵州大方）“尿包碗”，小碗（贬义）。（《汉语方言大词典》：2980）比较缅语သေး Ⅰ、［theiː］（粗）尿。Ⅱ、［theiː］小，细。（《缅汉词典》：979）သေးသိမ်［theiː thein］①下流，卑贱，卑劣，低劣；②微小；③狭窄。（《缅汉词典》：979）西班牙语：pipí 1. 一种鸟；2.（男孩的）小鸡儿；3. 尿[4]。英语也有类似用法，pee wee“小人物”“小个子”。如表 6：

表 6

	尿	小	卑微/卑贱
西南官话（成都）	+	+	−
客家话（福建永定）	+	+	−

续 表

	尿	小	卑微/卑贱
冀鲁官话（天津）	+	+	−
闽语（福建邵武）	+	+	−
西南官话（贵州大方）	+	+	−
英　语	+	+	−
缅　语	+	+	+

六、余　　论

人类思维认知上相通，词义上表现为人类自然语言有许多共同的词义发展规律。一般说来，词义是通过物理相似和心理相似通过认知域投射或隐喻所产生的，物理相似性是物体形状、外表和功能上的相似，心理相似由某种感觉向另一种感觉转移构成。（束定芳 2000）

“尿”作为人体最重要的排泄物之一，在语义发展过程中，用“水”泛称、尿与撒尿的名动转换、尿屎与腹部、小/卑微、撒尿与滴漏的功能性状近似等相关，都是其语义演变的重要规律。

关于尿的语义发散图如下：

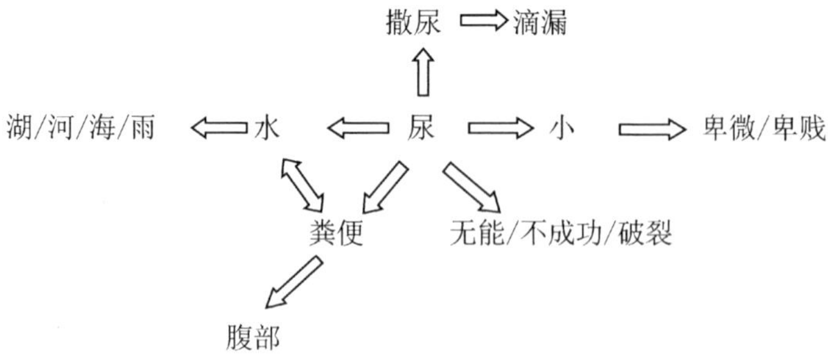

这里需要说明的是，有这样两个语料：土家语中，尿的语音形式由屎和水的形式合成[5]，印尼语：buang air kecil，尿（短语，直译的意思是抛小水），buang air besar 大便（短语，直译的意思是抛大水）[6]。我们可以很清楚地看到尿、水、粪便之间有紧密的联系。另外，尿不能直接引申出滴漏，我们用转弯的方向表示。

注释

1. 该词不见于斯瓦迪士《百词表》中，我们认为其主要原因：一是斯瓦迪士认为“尿”不是核心词，但更有可能的是，斯瓦迪士认为“尿”可以用更为泛化的核心词“水”代替。

2. 还有一种假设：“私”“旋”撒尿义来源于撒尿时发出的口哨音，给小孩把尿时会吹出这种口哨。《说文·尾部》：“尿，人小便也。”徐灏注笺：“今俗语尿，息遗切，读若绥。”比较缅语ရှူး Ⅰ、[shuː] ① 尿；Ⅳ、[shuː] 嘘……（《缅汉词典》：823）

3. 当然，大多数方言“尿、屎”的施为动词存在差别。根据《汉语方言地图集·词汇卷》，大约以长江流域为界，南方方言关于“拉~屎-撒~尿”的说法除云南外，其用法基本相同。

4. 该语料由西班牙瓦伦西亚大学韩芳老师提供。

5. 该条语料由中南民族大学熊英老师提供。

6. 该条语料由印度尼西亚学慧丽老师提供。

参考文献

［美］J. A. 马提索夫　1985　《澳泰语系和汉藏语系有关身体部分接触词的检验》，王德温译，载中国社会科学院民族研究所语言研究室编《民族语文研究情报资料集》（第6集），北京：中国社会科学院民族研究所。

［英］A. S. 霍恩比　2009　《牛津高阶英汉双解词典》，王玉章等译，北京：商务印书馆。

［美］白保罗　1984　《汉藏语言概论》，乐赛月、罗美珍译，瞿霭堂、吴妙发校，北京：中国社会科学院民族研究所语言室。

《新英汉词典》编写组主编　2009　《新英汉词典》，上海：上海译文出版社。

北京大学东方语言文学系印度尼西亚语言文学教研室主编　1997　《新印度尼西亚汉语词典》，北京：商务印书馆。

北京大学东方语言文学系主编　1990　《缅汉词典》，北京：商务印书馆。

北京外国语大学亚非学院《柬汉词典》编写组编　2008　《柬汉词典》，北京：外语教学与研究出版社。

北京外国语学院西班牙语系《新西汉词典》组编　2008　《新西汉词典》，北京：商务印书馆。

曹志耘　2004　《浙江金华珊瑚客家话音系》，《方言》第3期。

陈用仪　2007　《葡汉词典》，北京：商务印书馆。

广西壮族自治区少数民族语言文字工作委员会壮汉英词典编委会　2005　《壮汉英词典》，北京：民族出版社。

广州外国语学院编　1990　《泰汉词典》，北京：商务印书馆。

黄树先　2003　《汉缅语比较研究》，武汉：华中科技大学出版社。

黄树先　2007　《比较词义的几个问题》，《汉藏语学报（创刊号）》，北京：商务印书馆。

黄树先　2012　《比较词义探索》，成都：巴蜀书社。

李　荣　1998　《武汉方言词典》，南京：江苏教育出版社。

林华东　1999　《安溪话物量词举要》，《方言》第1期。

刘沛霖　2004　《韩汉大词典》，北京：商务印书馆。

潘再平　2000　《新德汉词典》，上海：上海译文出版社。

日本株式社会旺文社　2005　《日汉双解学习词典》，王萍译，北京：外语教学与研究出版社。

束定芳　2000　《隐喻学研究》，上海：上海外语教育出版社。

许宝华、宫田一郎主编　1999　《汉语方言大词典》，北京：中华书局。

詹伯慧　1993　《广东省饶平方言记音》，《方言》第2期。

张　芳　2017　《汉语液体核心词研究》，北京：中国社会科学出版社。

张永祥　1990　《苗汉词典》，贵阳：贵州民族出版社。

服饰与人群

张秀花
首都师范大学文学院

［**摘要**］服饰中的饰物不仅是人类装扮的点缀，更是人类自然语言和文化发展中不可或缺的一部分，语言里服饰中的饰物也可以用于指称人。本文采用比较词义的方法，通过跨语言的比较，从衣服配件、身上佩戴的配饰以及发式三个方面，讨论服饰装饰物与人的语义发展关系，从而更好地揭示人类自然语言发展的普遍性规律。

［**关键词**］比较词义　服饰　饰物　人

一、引　　言

黄树先（2007）最早提出比较词义，他认为以往汉语词义的研究与考释，基本上是局限于汉语内部的文献和材料，没有其他语言的支持，这种研究视野是不开阔的；后来主张把汉语词义的研究把放在亲属语言的比较中进行，可是在进行历史比较时，拿一种语言中的词跟另一种语言进行比较，也有很大的主观性，基于此，他提出了“比较词义”。“比较词义”就是在类型学的视野下，通过多种语言中的词义比较来探讨汉语词义的发展。

语言里常用服饰指代某类人。（黄树先 2012：77）服饰中的装饰物作为个人装扮的重要组成部分，不仅具有装饰美化的功能，还常常用于指称人，蕴含着一定的文化和社会意义。本文将采用比较词义的方法，在类型学的视野下，从服装配件、身上佩戴的饰物以及发式三个方面讨论饰物与人的语义发展关系。

二、衣服配件与人

一些衣帽上的配件词如“绶带”等，作为服装词不可或缺的部分，在特定文化和社会背景下，常常与特定的身份相联系，也就是说这些配件词可以用来指称人，这种现象在其他语言中也存在，英语 button“纽扣，扣子”，buttons“（用作单，主英口）（宾馆等处）穿制服的侍者”；braid“（作为装饰或官阶标志的）穗带，镶边；（总称）海军高级军官”；cordonbleu“（法国波旁王朝时最高等级骑士佩带的）蓝绶带；蓝绶带骑士”。

1. 黈

黈，指冕前纩，《广韵·厚韵》：“黈，冕前纩也。”《汉书·东方朔传》：“冕而前旒，所以蔽明；黈纩充耳，所以塞聪。”颜师古注：“黈，黄色也。纩，绵也。以黄绵为丸，用组悬指于冕，垂两耳旁，示不外听。”《文选·张衡〈东京赋〉》：“夫君人者，黈纩塞耳，车中不内顾。”李善注引薛综曰：“黈纩，言以黄绵大如丸，悬冠两边，当耳，不欲妄闻不急之言也。”“黈”属于冕的配件，可指帝王。辽耶律兴公《创建静安寺碑铭》：“咸雍六年冬，事达黈听，上用嘉之。”宋司马光《谢提举崇福宫表》：“曩奏上陈，始虞报罢，黈聪垂听，亟沐颁恩。”

2. 缨

缨，指系帽的带子，古代士族戴冠时起固定作用。《说文·糸部》：“缨，冠系也。”段玉裁注：“冠系，可以系冠者也。系者，係也。以二组系于冠，卷结颐下，是谓缨。”旧时借指有地位的人。《警世通言·蒋淑真刎颈鸳鸯会》：“比邻乃天水赵氏第也，亦衣缨之族。”

由“缨”组成的很多词语都可以用来指称官吏，如：“簪缨”指古代官吏的冠饰，用来比喻士族贵官，宋朱敦儒《相见欢》：“中原乱，簪缨散，几时收?”“缨组”指结冠的丝带，借指官宦。清申涵光《家诫示舍弟》：“朱门曳长裾，谭宴杂缨组。”“缨绅”指冠带与腰带，借指显贵。唐颜师古《奉和正日临朝》：“肃肃皆鹓鹭，济济盛簪绅。”“珮缨”指佩饰与冠缨，借指百官。清刘献廷《代九日玉泉应制》：“辇道过林麓，山溪拥珮缨。”

3. 旒

旒，又作“瑬”，指古代帝王冠冕前后悬垂的玉串。《说文·玉部》：“瑬，垂玉也，冕饰。”徐锴系传：“天子十有二旒。旒之言流也，自上而下动则逶迤若水流也。冕鎏当作此鎏字。今作旒。”

因“旒”为帝王所戴冠冕悬垂的玉串，所以“旒”组成的很多词用于指帝王。“旒冕”“垂旒”“玉旒”“十二旒”等都专指帝王，唐杜甫《秋日荆南述怀三十韵》：“垂旒资穆穆，祝网但恢恢。”明杨珽《龙膏记·成隟》：“雉扇才分拜玉旒，宵衣应待绝更筹。”宋梅尧臣《次韵景彝奉慈庙孟秋摄事二十韵》：“却直中书省，重瞻十二旒。”“旒纩”本指有垂旒与黈纩为饰的帝王冠冕，借称帝王，张孝祥《水调歌头·送刘恭父趋朝》：“旒纩释南顾，戈甲濯银潢。”

4. 绅

绅，指古代官员束腰的大带，一端下垂。《说文·糸部》：“绅，大带也。”段玉裁注：“古有革带，以系佩韍，而后加之大带，绅则大带之垂者也。许但云大带，亦是浑言不析言。盖许意以革带统于大带，以带之垂者统于带，立言不分别也。”《礼记·玉藻》：“绅长，制：士三尺，有司二尺有五寸。”郑玄注：“绅，带之垂者也。”又指束绅的人士，旧多指地方上有地位权势的人物。如：乡绅；官绅；绅士；土豪劣绅。《红楼梦》第四回：“上面写的是本省最有权势极富贵的大乡绅名姓。”鲁迅《呐喊·故乡》：“饥荒、苛税、兵、匪、官、绅，都苦得他像一个木偶人了。”

“冕绅”指古代礼冠与官服的腰带，借指贵官重臣，晋葛洪《抱朴子·君道》：“正朔所不加，冕绅所不暨。”“朝绅”指束朝服的大带，唐韩愈、孟郊《会合联句》：“朝绅郁青绿，马饰曜圭珙。”借指朝廷大臣，明朱茂晖《崇祯戊辰湖上观毁逆阉祠纪事》：“云何承平日，坏法自朝绅。”“搢绅”指插笏于绅，《资治通鉴·汉武帝元封元年》：“乙卯，令侍中儒者皮弁搢绅，射牛行事，封泰山下东方。”后用为官宦或儒者的代称，《东观汉记·明帝纪》：“是时学者尤盛，冠带搢绅，游雍而观化者，以亿万计。”

5. 绶

绶，指丝带，古代用以系玉、官印、帷幕等，绶带的颜色与身份等级有关，所以不同颜色的绶带可用以指代不同身份与地位的人。

“黑绶”，古代小官之印常系黑色绶带，故用以指级别不高的官吏，《梁书·王僧孺传》：“久为尺板斗食之吏，以从皁衣黑绶之役。”

“青绶”本指佩系官印的青色丝带，《汉书·百官公卿表上》：“御史大夫，秦官，位上卿，银印青绶，掌副丞相。”借指高级官吏，《三国志·吴志·孙坚传》“卓兵见坚士众甚整，不敢攻城”裴松之注引汉王粲《英雄记》：“陈郡太守胡轸……预宣言曰：‘今此行也，要当斩一青绶，乃整齐耳。’”

6. 组

组，指宽而薄的丝带，古代多用作佩印或佩玉的绶。《说文·糸部》：“组，绶属。”《书·禹贡》：“厥篚玄纁玑组。”孔传：“组，绶类。”《史记·李斯列传》：“子婴与妻子自系其颈以组。”唐陈鸿《长恨歌传》：“仓皇展转，竟就死于尺组之下。”又代指官印或官吏。

很多由“组”构成的词语用于指代官吏。“弁组”指古代官员的冠冕和所佩玉、印的绶带，因以指仕宦，清王夫之《家世节录》：“家世弁组，颇务豪盛。”“簪组”指冠簪和冠带，借指官宦，明李东阳《张侍御世用藏山水图歌》：“吾生早觉簪组累，十年丘壑成膏肓。”

总之，衣服上的很多配件词可以用来指称人。

三、佩 饰 与 人

佩饰有戴在头上的，也有佩在身上的。不管佩戴在头上还是身上，佩戴的饰物很多可以用来指代特定的人群。这个现象在其他语言中也有类似的表现，英语中 hairpin“发夹，发叉，夹发针；（美俚）女人，家庭主妇”。

1. 帼

帼，也作“簂”或“蔮”，指古代妇女发饰。《释名·释首饰》：“簂，恢也。恢廓覆发上也。”《说文新附·巾部》：“帼，妇人首饰。”《玉篇·巾部》：“帼，帨也，覆发上也。”

“巾帼”本指妇女的头巾和发饰，《晋书·宣帝纪》：“亮数挑战，帝不出，因遗帝巾帼妇人之饰。”《新唐书·东夷传·高丽》：“庶人衣褐，戴弁。女子首巾帼。”后成为妇女的代称，明沈璟《义侠记·征途》：“须髯辈，巾帼情，人间羞杀丈夫称。”

2. 钗

钗，指古代妇女的首饰，形似叉，用金、玉、铜等制作。本作“叉”，《释名·释首饰》：“钗，叉也；象叉之形，因名之也。爵钗、钗投及上施爵也。”《玉篇·金部》：“钗，妇人歧笄也。”《新唐书·车服志》：“庶人女嫁有花钗，以金银琉璃涂饰之。”又借指妇女。《红楼梦》第一回：“金陵十二钗。”

“玉钗”“瑶钗”指玉制的钗，也指美女，宋曾巩《西园席上》：“下榻笑谈红旆偃，引觞醉醒玉钗随。”“羽钗”因舞女多佩戴羽钗，故可指舞妓。宋曾巩《送程公辟使江西》：“羽钗绝艳舞回雪，宝剑诸儒谈炙輠。”

3. 簪

簪，指古人用来绾定发髻或冠的长针，后专指妇女插髻的首饰，《说文·先部》：“兂，首笄也。簪，俗兂。”段玉裁注：“今俗行而正废矣。”《释名·释首饰》：“簪，兓也。以兓连冠于发也。”

“冠簪”一词指使固定于发髻上的簪子，明沈德符《野获编·叛贼·发冢》：“其棺内外宝货不可胜计，沈得其冠簪一枚。”又用来比喻仕宦，明李东阳《不寐》：“弱岁忝科籍，冠簪奉明廷。”“玉簪”本指首饰，指玉制的簪子，又借指美人，清陈维崧《中兴乐·秋夜》：“分明有个玉簪，花底暗舀新凉。”

4. 荆

“荆”指落叶灌木，古代贫家妇女戴不起“步摇”之类，常用竹、荆条作头簪或钗用，东汉梁鸿家贫，隐居深山，其妻“荆钗布裙”，所以“荆”又可指对人称己妻的谦词，清蒲松龄《聊斋志异·青凤》：“叟指妇云：‘此为老荆。’”

“拙荆”谦称自己的妻子。“荆钗”一词，本指荆条制作的簪钗，又指贫家妇女，范成大《腊月村田乐府·分岁词》：“荆钗劝酒仍祝愿。”“荆笄”指荆枝制成的发簪，借指贫妇，宋苏轼《西山戏题武昌王居士》：“荆笄供脍愧搅聒，乾锅更戛甘瓜羹。”

5. 玉

玉，很多古人喜欢佩戴在身上，《礼记》中有“古代君子必佩玉”“无故玉不去身”的说法。玉代表美好，也象征权力和高贵。以美好的事物“玉”用来指称人，表达人们对美好的追求。姚雅宁（2010）指出在其他语种中，如英语、德语“玉”为“jade”（发音不同），俄语“玉”为“Нефрит ”词典中除了有“玉石”的义项外，都没注明有其他引申义。而汉语“玉”除实体义之外，在巨大的文化支撑下，还有丰富的国俗语义。虽然英语“jade”没有指称人的语义现象，但是也存在用美好的饰物指称人的语言现象，如英语 jewel 指“宝石；宝石饰物；首饰（如戒指、别针、项链等）；宝贝；难能可贵的人”；diamond 指“金刚石，人造金刚石，合成金刚石；（戒指、项链等）钻石饰物；优秀的人”。

“玉女”指美女，《吕氏春秋·贵直》：“惠公即位二年，淫色暴慢，身好玉女。”高诱注：“玉女，美女也。”“金童玉女”一词本指道教中侍奉仙人的女童男童，现在多指单纯天真的男孩女孩。“小家碧玉”，《乐府诗集·清商曲辞·碧玉歌二》:“碧玉小家女，不敢攀贵德。”碧玉原为人名，后以“小家碧玉”称小户人家的美貌少女。明范文若《鸳鸯棒·慕风》:“小家碧玉镜慵施，赵娣停灯臂支粟。”“玉郎”指女子对丈夫或情人的称呼，泛指对男子的美称。牛峤《菩萨蛮》:“门外柳花飞，玉郎犹未归。”

6. 珰

珰，指妇女的耳饰。《释名·释首饰》:“穿耳施珠曰珰。”《广韵·唐韵》:“珰，耳珠。”《乐府诗集·杂曲歌辞·焦仲卿妻》:“腰若流纨素，耳著明月珰。”

“玉珰”一词指玉制的耳饰，又可借指女子，唐杜牧《自宣州赴官入京题赠》:“梅花落径香缭绕，雪白玉珰花下行。”

另外，“珰”还是汉代武官的冠饰，汉代宦官充武职者，其冠用珰和貂尾为饰，故后代用“珰”称宦官。《后汉书·朱穆传》:“自延平以来，浸益贵盛，假貂珰之饰，处常伯之任，天朝政事，一更其手，权倾海内，宠贵无极。”李贤注:“珰以金为饰，当冠前，附以金蝉也。《汉官仪》曰:‘中常侍，秦官也。汉与，或用士人，银珰左貂。光武以后，专任宦官，右貂金珰。”

“貂珰”指貂尾和金、银珰，古代侍中、常侍的冠饰，借指宦官。宋梅尧臣《和谢希深会圣宫》:“龟组恭来诣，貂珰肃奉承。”“中珰”指宦官，宦官以珰为冠饰，故称。《明史·宦官传·魏忠贤》:“帝亦厌廷臣党比，复委用中珰。”

总之，身上佩戴的饰物指称不同身份的人，是语言里常见的现象。

四、发 式 与 人

发式作为人类外貌装饰的重要组成部分，同样具有强大的象征意义。语言里的发式和人的关系很密切，也可以用于指人，如日语【髱】“日本妇女梳扎在脑后的燕尾儿；女子，年青妇女”。西班牙语 colocho“有卷发的人，卷发”。

1. 总

总，指束发。《释名·释首饰》：“总，束发也，总而束之也。”《仪礼·丧服》：“女子子在室为父，布总箭笄髽，衰三年。”

“总发”一词本指束发，古代男孩成童时束发为髻。“小孩头发长了，扎成一束，称为‘总发’，扎成两束称为‘总角’”。（王国安、王小曼 2003：87）“总发”一词可指童年或少年，岳飞《五岳祠盟记》：“余发愤河朔，起自相台，总发从军，历二百余战。”

“总角之交”指童年时期结识或相交的好友。

2. 鬟

鬟，指古代妇女梳的环形发髻。《说文新附·髟部》：“鬟，总发也。”《玉篇·髟部》：“鬟，结鬟。”《集韵·删韵》：“鬟，屈发为髻。”又指婢女。宋梅尧臣《听文都知吹箫》：“欲买小鬟试教之，教坊供奉谁知者。”

“蛾鬟”指妇女的一种发髻，亦指美女。清吴镐《画眉序·归省》套曲：“列貂珰象服增华，映蛾鬟雀钗承宠。”

“双鬟”指古代年轻女子的两个环形发髻。唐白居易《续古诗》之五：“窈窕双鬟女，容德俱如玉。”借指少女。宋王安石《仲元女孙》：“双鬟嬉戏我庭除，争挽新花比绣襦。”

3. 丫

丫，本指树木或物体分叉的部分。《正字通·丨部》：“凡物叉分者皆曰丫。”又指丫髻。元吴西逸《红绣鞋·春景》：“杨柳岸秋千高架，梨花院仕女双丫，玉纤轻按小琵琶。”“丫形发髻多为年轻女仆或婢女采用”，（武晓丽 2011）所以“丫”组成的词语多用于指女孩。

“丫丫”本指两髻分叉的形状。元马祖常《绝句》之四：“江南女儿年十五，两髻丫丫面粉光。”又指女孩。刘亚舟《男婚女嫁》第三二章：“这丫丫，又是喊，又是叫……小手直拍打，小脚直踔踔。”

“丫鬟”一词本指梳着丫形发髻。唐李商隐《柳枝》诗序：“柳枝丫鬟毕妆，抱立扇子，风障一袖。”冯浩笺注引陈启源曰：“丫鬟谓头上梳双髫，未适人之妆也。”又指婢女。宋洪迈《夷坚三志己·徐五秀才》：“一青衣丫鬟，音韵楚楚。”

4. 丱

丱，指旧时儿童束发成两角的样子。《广韵·谏韵》：“丱，鬏角也。”《字汇·丨部》：“丱，束鬓如两角貌。”《诗经·齐风·甫田》：“总角丱兮。”朱熹注：“丱，两角貌。”又指少年人。明汪道昆《何先生墓碑》：“先生翩翩然丱也，业已善诗、善书。”

“丱角”本指头发束成两角形，旧时多为儿童或少年人的发式，又用来指童年或童仆。清张岱《陶庵梦忆·龙山放灯》：“却随役，用二丱角扶掖上山。”

“丱发”本指童发，又指少年。唐李绅《过梅里》：“丱发此淹留，垂丝匪闲旷。”

5. 髫

髫，指儿童下垂之发。由“髫”构成的很多词可以用于指儿童或幼年。

“垂髫”指儿童或童年。清戴名世《姚符御诗序》：“符御与余垂髫相识，稍长，各游学四方。”“蜗髫”指古代幼童头上状如蜗角的小辫，借指儿童。明杨慎《央央谣》：“水无鳞，山无角；鲐背啼，蜗髫哭。”

总之，发式有很多种，不仅作为一种装饰存在，也会被用作指代人。这种现象在其他语言中也存在。

五、结　　语

服饰及饰物，是人类装扮的重要组成部分，也是语言里重要的一类词。通过整理文献，多种语言的词义比较发现，衣服配件、身上佩戴的饰物以及发式和人的关系密切。也就是说，用装饰词指称人是语言中普遍存在的现象，这体现了人类在思维和认知上有许多相通的地方。但是在跨语言间，具体比较的词汇也会有所不同，如具体衣服配件名、佩戴饰物名和具体发式名都会有一定差异，这体现了语言发展演变的个性。

参考文献

汉语大字典编辑委员会编　2010　《汉语大字典》（第二版），成都：四川辞书出版社；武汉：崇文书局。

黄树先　2012　《比较词义探索》，成都：巴蜀书社。

黄树先　2007　《比较词义的几个问题》，《汉藏语学报（创刊号）》，北京：商务印书馆。

陆谷孙　2007　《英汉大词典》，上海：上海译文出版社。

孙义桢　2012　《新西汉词典》，上海：上海译文出版社。

王国安、王小曼　2003　《汉语词语的文化透视》，上海：汉语大词典出版社。

武晓丽　2011　《汉语核心词“人”研究》，华中科技大学博士论文。

宋文军　1987　《现代日汉大字典》，北京：商务印书馆；日本：小学馆。

姚雅宁　2010　《汉语“玉”的多角度研究》，上海外国语大学硕士论文。

饮食与音乐
——饮食类词语研究之一

徐良燕
首都师范大学文学院

［摘要］饮食是中华优秀传统文化，具有鲜明的中国特色和浓厚的历史积淀，是国家文化软实力。古代社会生活从“茹毛饮血”发展到“钟鸣鼎食”的时代，体现了人类文明的进步与发展。庞大的饮食词汇系统也在千百年的历史流变中发生着词义的派进与派出。本文在收集整理汉语材料的基础上，在类型学的视野下，对汉语饮食词进行探索，发现部分食物原料和音乐器具原材料相同，烹饪器具和音乐器具的制作、形状等方面也存在共通之处。再运用比较词义的方法通过跨语言的词义比较，发现在不同的语言当中饮食词与音乐词之间的联系也存在着相似性。

［关键词］饮食　音乐　跨语言　比较词义

一、引　　言

自古民以食为天，《礼记·礼运》说：“夫礼之初，始诸饮食，其燔黍捭豚，污尊而抔饮，蒉桴而土鼓，犹若可以致其敬于鬼神。”古代社会的政治制度、风俗习惯、礼仪等社会文化活动与饮食、音乐密切相关。心理学家马斯洛（1987：43）说：“当面包充足，并且人们腹中长期有食时，欲望又会发生什么变化呢？其他（更高级的）的需要会立即出现，这些需要（而不是生理上的饥饿）开始控制机制。”当人类的基本生存需求得到了满足之后，更高层次的精神追求便会出现。人类饮食从只求果腹，再到追求食物的色香味，再升级到进食环境的要求……这种变化过程是人类社会进步的表现，在千百年的文明发展中，饮食和音乐的联接也越来越紧密。

汉语饮食类词语数量众多，从古至今有关饮食文化传统的研究更是不胜枚举。饮食词汇系统庞大，词义在发展过程中产生派进与派出，使得饮食词在不同时期都有着其独特的文化内涵和研究意义。汉语词汇的词义是在不断发展变化的，比较词义主张跨语言的词义比较，通过多种语义的比较，来探讨汉语词义的发展（黄树先 2012）。词义比较，不管语言有无发生学关系，也不管语言是否有文献，古老或现代，均可拿来比较（黄树先、李敏 2021：146—161）。跨语言的对比研究将有助于发现人类语言的共性。

《周礼·春官·大师》：“皆播之以八音：金、石、土、革、丝、木、匏、竹。”郑玄注：“金，钟镈也；石，磬也；土，埙也；革，鼓鼗也；丝，琴瑟也；木，柷敔也；匏，笙也；竹，管箫也。”古代八音是按照古代乐器的不同材质进行分类的。“革、木、匏、竹”是音乐器具原料，也是食材；“金、石、土、竹”同样是饮食器具的材料来源。远古人类通过采集渔猎获取生活生产资料，原始农耕和畜牧业开始出现后人类学会了选择、驯化野生动植物，也通过使用动物骨、动物皮革、树木、陶土等制作音乐器具，饮食、音乐同人们的生活生产密切相关。

本文在收集整理汉语材料的基础上，借助九卷本《汉语大字典》，收集汉语饮食类词语，并对汉语的饮食词作专题研究。首先整理汉语饮食类词语，然后在类型学的视野下，运用比较词义的方法，对饮食类词语作比较研究。饮食类词语与音乐类词语又有密切关联，本文着重对二者之间的联系作分析，并通过跨语言的对比，探讨其来源及演变过程。

二、食物原料与音乐词义比较

早在远古时期，人类的艺术追求就伴随着生产活动出现。人们从饮食原料当中发明创造出了一部分早期古代乐器，为璀璨的中华民族文化遗产增添了浓墨重彩的一笔。这些词语不仅仅是餐桌上的食物原料，同样可以用来制作器乐，人们的食材和乐器的材质相同。如此一来，在语言中这些食物原料词和音乐器具词就完全一样了。

（一）“木”

“木”，《说文·木部》：“木，冒也，冒地而生。东方之行。从中，下象其根。”“木”作为木本植物的通称，也可以泛指草木。自然界当中木本植物的果实大多可以用来食用或入药，如“李、柚”等树木的果实都可作为食物原料。还有生长在树木上的蕈，如“木子菌、木耳”都可食。《诗经》有“木桃、木李”，对应侗台语的 mak“果实”。除了果实可供食用外，木本植物本身的木材也可以用于制作各类木制器具。古代传统民族乐器其制作原材料有很多都是取自于“木”。

“木”作八音，指的是柷、敔等一类的乐器。《说文·木部》：“柷，乐木空也，所以止音为节。”“柷、敔”是古代的木制打击乐器，以木棒击奏。《尚书·益稷》：“合止柷敔。”郑玄注：“柷，状如漆桶，而有椎，合乐之时投椎其中而撞之。敔，状如伏虎，背有刻，鉏铻，以物栎之，所以止乐。”“柷”，形如木升，用椎击壁发声，用于乐之始；“敔”，形如伏虎，用一端破成细条的竹筒逆刮虎背的锯齿发声，表曲之终，用于宫廷雅乐。正是由于“木”本身的功用性，它不仅成为人们餐桌上的食物，自然也成为古代八音之一。

还有一类具有中国特色的木制打击乐器就是“木鱼”，多用桑木或椿木制作，用小木槌敲击发声，原来用于佛教梵呗伴奏。明代王圻《三才图会》记：“木鱼，刻木为鱼形，空其中，敲之有声……今释氏之赞梵呗皆用之。”到了清代，人们用于民间器乐合奏。后来“木鱼”还发展成为一种曲艺曲种，用广州方言演唱。旧时演唱的对象是家庭妇女，歌唱时不用乐器伴奏，仅用木鱼击节，故得其名，唱本又叫“木鱼书”。

在方言当中，济南话和娄底话中的“木”既是树木、木材，也可以指用木器做成的物品。晋语中“木头”意为“中路梆子腔使用的一种打击乐器”。云南沧源、西盟佤族地区的打击乐器“木鼓”，佤语叫“克拉”，一般用木质坚硬、纹理细密的红椿、花涛与红毛树制作。这种乐器到现在也还常用于群体娱乐活动及歌舞表演当中，乐声音色清脆明亮。

其他语言当中也有相似的词语，可比较英语 wood“木；木材；木质酒桶；［音］木管乐器”；jack“〈植〉木菠萝（可指树、果实、木材）；（弹奏古钢琴）拨子”；cowbell“牛铃（一种打击乐器）；〈植物〉膀胱草，白玉草”。法语 chanterelle 指木本植物上生长的鸡油菌，也是（弦乐器的）第一弦。法语 bois、德语 holz“木，木料；［乐］木管乐器”。原先或通常用木料制作的管乐器通称为木管乐器，或用嘴直接吹奏，或通过一种簧片嘴子吹。现代乐器中常见的萨克斯管就属于木管乐器，还有长笛、双簧管、单簧管、大管等。木本植物当中还有“梓、楝、梧”其叶或实可以食用，也能用于制作音乐器具。

“梓”，《说文 · 木部》：“梓，楸也。从木，宰省声。榟，或不省。”梓木的嫩叶可以食用，皮可以入药。梓木木材轻软耐朽，适合做建筑材料以及家具。《正字通 · 木部》：“梓，为饮器。”梓木用来制成食物器具一般作为饮器使用，可以盛酒水或其他液体。因为材质原因，梓木制成乐器时声音通透空灵，传统音乐乐器如古筝、古琴等多是用梓木制成的。古瑟的身也多用整段榉木或梓木制成。对比英语 bass“椴木；鲈鱼；低音乐器；男低音”。

“楝”，《说文 · 木部》：“楝，木也。从木，柬声。”楝树种子油可制油漆、润滑油等；花可蒸芳香油；皮、叶、果入药。楝树木材坚实，易加工，供制家具、乐器、舟车、农具和建筑用。古代古琴材料常用楝木。《广韵 · 霰韵》：“楝，木名，鹓雏食其实。”鸟类也以其果为食，并且是一种美妙的仙果，《庄子・秋水》中提到，传说中的凤凰“非楝实不食，非醴泉不饮”。

“梧”，《说文・木部》：“梧，梧桐木。从木，吾声。”梧桐种子炒熟后可食，也可榨油。树皮纤维可造纸，制绳索。叶入药或作农药。梧桐木因为材质较轻，且吸潮透气性好，不易变形，常被制成餐桌，也可供制造乐器和其他器具。桐木是制作古琴的材料首选。古代神话故事中，凤凰“非梧桐不栖”。据传说伏羲认为梧桐为神灵之木，所以其发明的琴、瑟多取梧桐木制作。《集韵・语韵》：“敔，乐器，椌楬也。形如木虎，或作梧。”椌、楬是古代的两种打击乐器。对比英语中的打击乐器 stick “（草本植物的）茎或梗；〈口〉加在饮料（尤指茶、咖啡）中的烈酒；鼓槌，指挥棒”。

（二）“匏”

“匏”，《说文・包部》：“匏，瓠也。从包，从夸声。包，取其可包藏物也。”葫芦的一种，一年生草本植物，果实比葫芦大，在刚成熟时是鲜美的蔬菜。等瓠瓜长老以后，同葫芦一样，晒干后质地轻盈，能浮于水面，可以用作涉水的工具。将其对半剖开可以用作水瓢。《大雅・公刘》：“执豕于牢，酌之用匏。”“匏”类传统乐器是用葫芦或木瓢制为吹奏体和共鸣斗体的，在古代指的是笙、竽一类乐器。用匏做座，上设簧管。《诗经》多处记“鼓瑟吹笙”，当时人们常吹奏笙类乐器来庆祝各种节庆日子或祭祀。《释名・释乐器》：“笙，生也；象物贯地而生也。竹之贯匏，以瓠为之，故曰匏也。”湖北随县曾侯乙墓出土的战国初期的笙就是用“匏”做成的笙斗。

葫芦还可用来制作乐器“葫芦笙”，这是一种民族古乐器。南宋周去非《岭外代答》：“葫芦笙攒竹于瓢，吹之呜呜然。”葫芦用作音斗，在葫芦上插有五至六支竹制音管，其原理和笙相似，故名“葫芦笙”。江西李家山就曾出土春秋晚期的铜制葫芦笙，云南开花铜鼓上绘制的花纹也展现出了匏笙舞中吹葫芦笙的人物形象。除此之外，民族传统乐器“笙、葫芦丝、芦笙”等都是使用葫芦作为其底座，用于吹奏。“葫芦笙舞、芦笙舞”还被列入了国家非物质文化遗产名录。

太原话中的“葫芦子”指的就是戏曲乐器的一种，形状似葫芦。柳州话“葫芦胡”是用葫芦壳作琴筒的胡琴，薄板或蛇皮蒙面，金属线作弦，1、5或2、6定弦。其音色厚重沉稳，是壮戏的重要配奏乐器。其他语言当中，葫芦有着同样的功用。法语 calebasse“葫芦，用葫芦做的容器；（打击乐器）珠网沙槌”。拉丁美洲的打击乐器“砂槌”是用一对干的古巴葫芦制作，内装一些豆粒或小珠，手握槌柄摇奏，一般为伴舞乐队使用。在传统乐器中，非洲与拉丁美洲的木琴家族乐器“马林巴琴”也是使用葫芦作为共鸣箱。

（三）“竹”

“笋”，《说文·竹部》：“笋，竹胎也。从竹，旬声。”笋的味道鲜美，可以做菜，有春笋、冬笋、毛笋等。每年暮春和立冬之后，竹笋都是鲜美的餐桌食物，竹笋长大为“竹”。《说文·竹部》：“竹，冬生草也。”竹属草本植物长势很快，因其中心内空，且中间有竹节间隔，最早在古代制成盛器，用以盛水或酒。竹子还可以用于烹饪，现在很多民族地区的竹筒饭、竹筒茶依旧很受欢迎，还可制成各类家具及工艺制品。

“竹”为古代八音之一，指笛箫一类竹制乐器，是最早笛箫类乐器的原材料，吹奏时乐音优美。中国古代管乐，其实就是竹管音乐。除了竹子本身外，竹叶也是古代吹奏乐器之一。唐樊绰《蛮书》：“少年子弟暮夜游行闾巷，吹壶芦笙或树叶。”唐白居易《杨柳枝》：“卷叶吹为玉笛声。”五代前蜀王建墓中就出土了石雕吹叶乐伎，所吹奏的就是类似竹子的叶子。这种树叶类的吹奏乐器主要流行在少数民族当中，古称“啸叶”，《旧唐书·音乐志二》载：“衔叶而啸，其声清震。”西方使用的竹管竖笛是一种简单的竖笛类乐器，20世纪20年代为美国学校采用，后来传入英国学校，通常由吹奏者自制。

中国特色的竹制打击乐器还有“竹板”，演奏时手握一块竹板，甩动另一块竹板撞击发声。快板书、山东快板、天津快板、四川金钱板等都是以竹板为主要伴奏乐器。福建西部客家方言地区的“竹板歌”还发展成了一种曲艺曲种。这种曲种唯一的伴奏乐器是竹板，和北方的竹板相比略长、略窄且薄，共有四块，分执两手。材质坚硬的楠竹结头还可以制成“竹鼓”，用竹签敲击鼓面，利用天然的竹结发声，声音清脆嘹亮。云南红河的哈尼族聚居区，每年春节和秋天举行秋千节时，还会跳竹筒舞，人们手拿竹筒边敲边唱，同时以大鼓等乐器伴奏起舞。可比较德语 pfeife“笛子，小横笛；（管风琴的）声管；烟斗”。

“笋”作为乐器部件名使用则是出现在《周礼·考工记·梓人》：“梓人为笋虡。”郑玄注：“乐器所悬，横曰笋，植曰虡。”古代木匠工人称为“梓人”，悬乐器的横木称为“笋”。这主要还是与笋虡的形制有关。笋虡是古代悬挂钟磬的木架，直立者为虡，横梁为笋。笋用于悬挂乐器时多用悬钩吊挂在上，再将钟磬等器悬于上。而当横梁上挂上钩子时，其形状和笋的纹路很是相似，推测是由此得名。可比较英语 liquorice-stick“〈主英〉甘草棒糖；〈美俚〉单簧管”；法语 flûte“细长的面包；高脚香槟酒杯；长笛”。

（四）“贝”

“贝”，《说文》：“贝，海介虫也。居陆名猋，在水名蜬。象形。古者货贝而宝龟，周而有泉，至秦废贝行钱。”“贝”是蛤螺等有壳软体动物中腹足类和瓣鳃类的统称，古代以贝的介壳作为货币。贝壳的肉可以食用，海产扇贝、江瑶贝等贝类肉柱晒干可以制成干贝，是名贵食品。贝壳里外都是宝，贝肉能用于食用，外壳可以用来作乐器，称为“梵贝”，在古代西南地区兴行。《正字通·贝部》：“贝，乐书有梵贝，大可容数斗，乃蠡之大者，南蛮吹以节乐。”北魏杨衒之《洛阳伽蓝记·凝圆寺》：“晨夜礼佛，击鼓吹贝。”佛教当中梵贝既指佛经，也指法螺，早在古代佛教僧人就将其作为法器使用。宋陈旸《乐书》载：“贝……今之梵乐用之以和铜钹，释氏所谓法螺。”“贝”现在在藏族、蒙古族聚居区仍是常见的乐器。可比较意大利语 pèttine“〈动〉一种扇贝；（弹弦乐器用的）琴拨，拨弦片”；法语 baguette“（法国特有的）棍状面包；筷子；鼓槌”。

“螺”，《广韵·戈韵》：“螺，蚌属。”海螺、田螺、螺蛳等都是常见的餐桌原料，螺肉鲜美可食，螺壳可作为饮器，也可用于装饰。北周庾信《园庭》：“香螺酌美酒，枯蚌藉兰肴。”海螺螺壳更大，军队和僧人用其作为吹奏乐器，称为法螺。《南史·夷貊传上·林邑国》：“其王者著法服，加璎珞，如佛像之饰。出则乘象，吹螺击鼓。”古时做佛事时用海螺壳做乐器，法螺在西藏是密宗的八瑞相之一。闽语中“螺”意为“法螺；螺号；蜗牛”。厦门话指“田螺；螺号，一种号角；泛指响声尖锐的发音器”。对比英语 murex“〈名〉骨螺；骨螺号角”；法语 harpe“竖琴；竖琴螺”。

贝和螺同为贝类水生动物，可食，取其壳可作吹奏乐器。在敦煌壁画、永乐宫壁画、李寿墓石刻、迎佛图当中都能见到。对比英语 conch“海螺；〈希神〉（海神特赖登的）海螺壳号角”。法语中也有相似的例子，trompette“喇叭形的螺类、菌类的俗称（如发螺等）；喇叭；小号；小号吹奏手”。

（五）“革”

“革”，《说文·革部》：“革，兽皮治去其毛，革更之。”动物皮革可作食物原料食用，如羊皮、猪皮还有阿胶中的驴皮等，还可用于制成皮革用具，比如革制酒囊。《荀子·正论》：“故鲁人以榶，卫人用柯，齐人用一革。”王先谦集解：“《史记·货殖传》：‘适齐为鸱夷子皮。’索隐引大颜云：‘若盛酒者鸱夷也……据此知鸱夷以革为之。’参以扬雄《酒赋》，则鸱夷乃酒器。”成语“酒囊饭袋”跟饮食有莫大的关联。比较法语中的 vache“母牛；（母）牛皮；（野营贮水用的）布囊，人造革囊”。

“革”作为乐器原料，指“鼓”等革类乐器。《释名·释乐器》：“鼓，郭也，张皮以冒之，其中空也。”远古传说中的打击乐器鼍鼓就是用鳄鱼皮做膜面的鼓。山西襄汾陶寺考古出土的鼍鼓实物，证实了这是传说故事中真实存在的乐器。郑玄注《周礼·春官·大师》："革、鼓、鼗也。"周朝专设"鼓人"之职来管理鼓制、击鼓的相关事宜。湖北江陵望山一号墓出土了虎座鸟架鼓，随县曾侯乙墓出土了膜面健鼓、小鼓等。"小鼓"就是用羊皮蒙上两面的小圆柱形鼓，一面的皮膜上横向装有一些弦，以增加一种沙沙作响的效果，仅蒙鼓皮的另一面供两根鼓槌敲击用。

宋代民间还出现"太平鼓"，南宋吴曾《能改斋漫录》卷一载："崇宁大观以来，内外街市鼓笛拍板，名曰'打断'……其后民间不费鼓板之戏，第改名'太平鼓'。""太平鼓"又称"扇鼓""单鼓""端鼓"等，在铁圈上蒙驴、马、羊皮而成，形如团扇。广西壮族自治区的壮族打击乐器"蜂鼓"，鼓腔陶制，中间细，两端粗，如蜂腰状，故名。鼓的两面蒙皮，两鼓面间系连绳索、钩环，可以调整鼓音。相传为纪念九位壮族英雄，人们还创造出了"蜂鼓舞"。云南阿佤山区的佤族还有"蜂桶鼓"，鼓的两面用蒙山驴皮制作。

法语和意大利语中的"鼓"原意都为"箱子"，用以装东西。英语 hide"兽皮，大（原料）皮；皮革；[~s]〈美俚〉（尤指爵士乐师使用的）一套鼓"；range"（与动物脊背线垂直切割的）底革；煤气灶，电灶；[音] 音域"。德语 fell"兽皮；毛皮；皮革；鼓面，鼓皮"。

"语言的材料可以帮助考订文化因素的年代。语言，像文化一样，是由不同年代的各种因素组合成的。"（罗常培 2020）跨语言比较当中，其他语言中的词也都同时可以作为食物原料、乐器或乐器部件使用。如：英语 string"（植物的）纤维；豆荚等的筋；（球拍、乐器、弓等的）弦；弦乐器；弦乐器演奏者"；rib"〈食〉肋条，排骨；（鲁特琴或小提琴的）木制琴身"；neck"羊颈肉；宰杀家禽；琴颈"；tongue"（用作食品的）牛舌（或羊舌等）；使用运舌法；用运舌法在管乐器上吹出音调"；drum stick"鼓槌；（煮熟的）鸡腿下段，下段鸡腿肉"。法语 serpent"蛇形的鱼；蛇；〈乐〉蛇形风管"；manche"〈烹调〉羊腿或肉排的长骨；〈乐〉琴颈"；bois"鹿角；木管乐器"；flageolet"小（粒）菜豆；古竖笛（通常为六孔）；（管风琴的）笛管音栓；（管风琴的）一种演奏手法"。意大利语 ròṣa "〈方〉（牛的）后腿肉；〈音〉音孔"；violion "〈音〉小提琴；〈谑〉火腿"。德语"钟槌；〈奥，瑞，地区〉（肉禽，家禽，野味的）后腿"等等。

三、饮食器具与音乐词义比较

饮食是生存之本，"火"的发现使得人类饮食进入了一个新的文明阶段，不再停留在"茹毛饮血"的野蛮社会。通过"火"的使用对食物原料进行烹制，人类也学会了如何生产制造器具。在此过程当中，更高层次的艺术追求也开始出现。人们在使用饮食器具过程中，发现不同形制的餐具或炊具在碰撞过程中能够发出美妙的声音，部分饮食器具形制也与一些音乐器具有相同之处，很多音乐词便从饮食器具词中发展而来。

（一）"瓦"

"瓦"，《说文·瓦部》："土器已烧之总名。象形。"段玉裁注："凡土器，未烧之素皆谓之坏（坯），已烧皆谓之瓦。"人们日常生活中使用的饮食器具瓦器居多，瓦由土烧制而成，在原始时期瓦器皆称为"土"。因为人们使用的饮食器具和音乐器具都是用土制成，所以"瓦"亦是古代八音"土"的别称。《国语·周语下》："金石以动之，丝竹以行之，诗以道之，歌以咏之，匏以宣之，瓦以赞之，革木以节之。"此处"瓦"为"埙"，是中国最古老的吹奏乐器，由陶土所制。最早的"埙"顶部只开一口，故而只能吹奏出一个音。考古出土比较出名的是在甘肃玉门火烧沟遗址发现的鱼形陶埙，能发四音。

陶制的炊器还有"瓦釜"，出自《墨子·号令》："葆宫之墙必三重，墙之垣，守者皆累瓦釜墙上。"用炊器也可做简单的乐器，后用来指粗俗的音乐或平庸的事物。《楚辞·卜居》："黄钟毁弃，瓦釜雷鸣。"宋元时期，大城市中商业的集中点和娱乐场所称作"瓦子""瓦肆"。瓦子中有许多用栏杆或巨幕隔成的固定场子，称为"勾栏"或"游棚"，表演音乐、歌舞、百戏、杂剧等民间技艺。南宋孟元老《东京梦华录》卷二："街南桑家瓦子，近北则中瓦，次瓦里。其中大小勾栏五十余座。内中瓦子莲花棚、牡丹棚，里瓦子夜叉棚、象棚最大，可容数千人。"

"缶"，《说文·缶部》："缶，瓦器，所以盛酒浆。"缶在古代原是盛水或酒的器皿，大腹小口，有盖，也有铜制的。《尔雅·释器》："盎谓之缶。"清段玉裁《说文解字注·缶部》："缶，有小有大，如汲水之缶，盖小者也。"是为汲水的瓦器。"缶"作为古代一种瓦质打击乐器，也从饮食器具演变而来。秦李斯《谏逐客书》："夫击翁扣缶……异国之乐也。"《说文·缶部》："缶，秦人鼓之以节歌。"《易·离》："不鼓缶而歌。"都是文献说明。

"瓯"，《玉篇·瓦部》："瓯，碗小者。"本义指盆盂类的瓦器，作盛器使用。《篇海类编·器用类·瓦部》："瓯，碗小者，今俗谓碗深者。"五代李煜《渔父》："花满渚，酒满瓯。""瓯"多用于盛酒或其他液体。当人们在使用"瓯"时，器物间碰撞或击打其不同部位时能够发出动听的乐声，"瓯"便由瓦器发展为一种陶制的打击乐器。《诗经·陈风·宛丘》："坎其击缶，宛丘之道。"唐孔颖达疏："缶是瓦器，可以节乐，若今击瓯。"可以推测打击乐器远古就有，最早就是从饮食活动中发展出来的。

"陶"，原始陶器总称为"瓦"。《礼记·郊特牲》："器用陶匏，以象天地之性也。"孔颖达疏："陶谓瓦器。"陶土烧制的器具均可称"陶"，除了烧成饮食器具外，也可烧成音乐器具，特指陶制吹奏乐器。南朝梁萧统《文选序》："譬陶匏异器，并为入耳之娱；黼黻不同，俱为悦目之玩。"唐白居易《履道春居》："不如陶省事，犹抱有弦琴。"

"壶"，《玉篇·壶部》："壶，瓦鼓也。"古代还指用以盛酒浆或粮食，后也用于盛其他液体的用具，如"茶壶、酒壶、油壶、喷壶"等。还指某些盛固体物的容器，如"冰壶、鼻烟壶"等。传统的土鼓其形和壶相似，故亦指陶制乐器，称为"瓦鼓"。《说文·壶部》："壶，昆吾圜器也。象形。从大，象其盖也。"古人宴会时宾主相与娱乐用具也用"壶"。《礼记·投壶》:“投壶之礼，主人奉矢，司射奉中，使人执壶。”

“钵”,《文献通考·乐考》:“齐梁间文士，击铜钵赋诗，亦梵磬之类，胡人之乐也。”钵是碗类的器皿。佛教僧人托钵乞食，便是将饭菜置于钵中。齐梁民间将其作为乐器，佛教中也称其为梵磬。一手托钵，一手持棒敲击出音。在仰韶文化时期就有出土的陶钵，铜钵则为铜制。湘语“钵罗”、中原官话和晋语中的“钵鱼”都表示“木鱼（打击乐器）”。

这些瓦器都是由陶土烧制而成，最初作为盛器或饮器使用，后从食器发展为乐器，多成为打击乐器，这类乐器通常用槌、用手或以踏板击其共鸣体的表面而发声。可比较英语 case“箱；容器；琴盒”; jug“（狭嘴带柄的）大罐；〈英口〉（有柄有嘴的）壶（常作餐桌容器）;（美国黑人传统音乐中使用的）陶制音乐器”; gong“铃碗；烟枪；锣；皿形钟”; table“餐桌；餐桌全套餐具；供给……伙食；（弦乐器的）面板”。德语 pịkkolo“〈口〉小瓶子；〈乐〉短笛；（最小的）短号”; plạtte“唱片；碟子，盆，盘；锅台”。

（二）“钟”

“钟”,《说文·金部》:“钟，酒器也。”盛器，常用以盛酒或茶。《正字通·金部》:“钟，壶属。汉大官铜钟，即壶也。俗谓酒卮。”在古北方方言中，“钟”为草编的量谷器具，畚。《公羊传·宣公六年》:“有人荷畚。”汉何休注:“畚，草器，若今市所量谷者是也。齐人谓之钟。”古代酒器多为青铜器，将酒器倒置与古代礼乐器形似，“钟”也由烹饪器具发展为打击乐器名，以槌叩击发声。

《集韵·用韵》:“钟，乐器。”《正字通·金部》:“钟，《汉志》黄钟，《周礼》作钟，《诗》钟鼓，亦作鐘。古二字通用。”同作为酒器和乐器部件。如打击乐器“碰铃”，又称“碰钟”，铜制，形如铃，又似小酒杯。口径约 3 厘米，顶部打孔，用绳串联，一副两个，相互碰击发声，声音清脆。可比较英语 bell“钟状物（如吹奏乐器的喇叭口等）;（作食品保鲜等用的）钟形罩；［~s］钟琴（一种打击乐器）”; jack“（弹奏古钢琴）拨子；烤肉炙叉旋转架；大酒杯”。德语 flöte“〈乐〉长笛；（管风琴）哨管音栓；高脚酒杯”。法语 pipe“〈方〉（盛酒等的）大桶；〈古〉芦笛”。

（三）“角”

《礼记·礼器》：“宗庙之祭……尊者举觯，卑者举角。”郑玄注：“凡觞一升曰爵，二升曰觚，三升曰觯，四升曰角，五升曰散。”原始人类社会时期，靠猎杀动物为食，动物皮毛可用于御寒，而动物兽角则能用于装饰及作饮食器具使用。兽角可制成酒杯是最原始的古代酒器。进入青铜时代后，酒器多为青铜制，形状似爵而无柱，前后两尾沿口端斜出似角，有盖。发展到后期“角”还可以作为贮茶器使用。五代齐己《咏茶十二韵》：“角开香满室，炉动绿凝铛。”宋林逋《夏日寺居和酬叶次公》：“社信题茶角，楼衣笐酒痕。”

动物兽角因其形制，在古代社会用于制成角杯外，还可制成吹奏乐器，“角”则作古乐器名。汉代流行于西北游牧民族。鸣角以示晨昏，在军中多用作军号。《通典·乐一》：“蚩尤氏帅魑魅与黄帝战于涿鹿，帝乃命吹角为龙吟以御之。”最初用动物天然的角吹奏，后用竹、木、皮革、铜等材料制作。唐段成式《觱篥格》：“革角，长五尺，形如竹筒，卤簿，军中皆用之，或竹木，或皮。”北宋陈旸《乐书》载“双角”为曲形兽角状，“警角”为竹筒状。

古犹太人在犹太新年的开始，或旧时在去除邪魔的咒语仪式上会吹奏“肖法号（shofar）”，这种号是用羊角制成的。“牧羊号（shepherd's horn）”也是一种古老的唇部颤动吹奏的管乐器，原来是由动物的号角或牙齿制作而成。可比较英语 horn“（牛、羊、鹿等动物的）角；（仿）角制容器；号角，羊角号；（乐器中的）号；法国号；铜管乐器；〈美〉（爵士音乐中的）管乐器；小号”；意大利语 còrno“（兽）角；角状物；（乐器）圆号；号角；管”，cornetto“小角，嫩角；（作吉祥物用的）珊瑚角，象牙角；（乐器）考涅特”；西班牙语 cuerno“（动物的）角；角形物；（角制的）号角；法语 corne“（动物的）角；号角；角状物”；德语 hüfthoch“〈猎〉用牛角做的猎人号角”；荷兰语 hoorn“（兽）角，动物角；角状容器，兽角酒杯；〈乐〉号角；圆号；法国号”。

（四）“槽”

“槽”，《说文·木部》：“槽，畜兽之食器。”指的是四围高中间低，盛饲料喂牲畜的器具，如马槽、猪槽。也泛指某些四边高起，中间陷入的器具，可作酒槽。《文选·刘伶〈酒德颂〉》：“先生于是方捧罂承槽，衔杯漱醪。”李善注引刘熙《孟子》注：“槽者，齐俗名之如酒槽也。”

琵琶一类乐器上架弦的格子，因其形制与“槽”相似，四周高起，中间中空，以弦轴连接琴弦，故称为“弦槽”。以檀木或玉石制成的叫檀槽或石槽。唐李贺《秦王饮酒》：“龙头泻酒邀酒星，金槽琵琶夜枨枨。”王琦等注：“金槽，以金饰琵琶之槽也。”

可比较英语 groove“沟，槽；（唱片）纹（道）；〈口〉演奏得出色的爵士乐”，groove-locating unit“唱针位置标示器（用来标示放唱片时唱针在唱片上的位置）”；德语 harfe“（草和粮食的）晒架；（筛谷物的）筛子；竖琴”。

（五）“棬”

“棬”，《广韵·仙韵》：“棬，器，似升。屈木作。”曲木制成的盂，用来盛液体的器皿。字从木，也用来指代环形器具或物件。唐陆羽《茶经·二之具》：“规，一曰模，一曰棬，以铁制之，或方，或圆，或花。”清王灏《广群芳谱·茶谱一》：“凡茶有二类：曰片，曰散。片茶蒸造实棬模中串之。”这里的“棬”具其实就是早期青砖压饼的器具模型。“棬”因为其形状卷曲，还用来指代羯鼓上的一环形部件。宋王谠《唐语林》卷六：“有羁旅士，持二羯鼓谒皋，皋见棬曰：‘此至宝也。’指钢匀之状，宾佐皆莫晓。”比较英语 ring“环状物；圆形小灶盘”；register“（烟囱、锅炉等的）挡板；调节风琴的音栓；音区”。法语 manche“〈烹饪〉烤羊腿用的夹子；〈乐〉琴颈”；barre“酒桶底的木托杆；低音梁”；baguette

“鼓槌；（法国特有的）棍状面包；筷子”。德语 mụndloch “〈乐〉（管乐器的）吹嘴；（烟斗的）烟嘴，（香烟的）过滤嘴”。

郭沫若（1954：187）说：“中国旧时的所谓‘乐’，它的内容包含得很广。音乐、诗歌、舞蹈，本是三位一体可不用说，绘画、雕镂、建筑等造型美术也被包含着，甚至连仪仗、田猎、肴馔等都可以涵盖。”在跨语言的比较中发现，还有很多的饮食器具词与音乐词也是密切相关。如：英语 kitchen “全套炊具；〈俚〉（管弦乐队的）打击乐器组”；fiddle “〈海〉餐具柜（防止餐具在船摇摆时滚落用）；提琴类乐器”；mandolin “切片机（一种厨具）；曼陀林（一种琵琶类乐器）”；kit “〈英〉（放鱼或黄油等用的）小木桶（或盆）；（旧时舞蹈教师用的）袖珍小提琴”；pipe “烟斗；管乐器；吹奏”。法语 violon “（船上防餐肯滚落用的）餐具柜；小提琴”，等等。

四、结　　语

汉字是“词符与音节符并用的文字”。（徐时仪 2016）饮食词和音乐词的关联并不仅仅是巧合，而是人类社会从野蛮到文明发展过程中的必然选择。人类普遍认知中都将音乐词作为专业术语，是艺术，是形而上的文化，而衣食住行是俗事，是形而下的文化。但通过整理汉语本土材料可以看出，音乐词渗透了人民的日常生活，饮食与音乐一俗一雅，是共建共赏的。食物原料、饮食器具词同音乐词语的融会贯通，是生活和艺术的结合，相信能为探寻古代人类生产生活方式提供一些佐证。在类型学的视野下，跨语言的对比也为我们提供了更多的语言证据。

参考文献

北京外国语学院《意汉词典》组　1985　《意汉词典》，北京：商务印书馆。

陈振尧　1998　《新世纪法汉大词典》，北京：外语教学与研究出版社。

（清）段玉裁注　2007　《说文解字注》，杭州：浙江古籍出版社。

郭沫若　1954　《青铜时代·公孙尼子与其音乐理论》，北京：人民出版社。

汉语大字典编辑委员会　2010　《汉语大字典（九卷本）》，成都：四川辞书出版社；武汉：崇文书局。

黄树先　2012　《比较词义探索》，成都：巴蜀书社。

黄树先、李敏　2021　《〈樛木〉解诂》，载《汉语史与汉藏语研究》（第十辑），北京：中国社会科学出版社。

金家翔　1995　《中国古代乐器百图》，合肥：安徽美术出版社。

孔　泉　2002　《现代荷汉词典》，北京：世界知识出版社。

陆谷孙　2007　《英汉大词典》（第二版），上海：上海译文出版社。

罗常培　2020　《语言与文化》北京：中国书籍出版社。

马斯洛　1987　《动机与人格》，北京：华夏出版社。

孙义桢等　2010　《新西汉词典》，上海：上海译文出版社。

徐时仪　2016　《汉语语文辞书发展史》，上海：上海辞书出版社。

张才尧等编　1999　《新编德汉词典》，北京：外语教学与研究出版社。

中国艺术研究院音乐研究所《中国音乐词典》编辑部编　2016　《中国音乐词典》，北京：人民音乐出版社。

动词后介词结构中受事话题化与介词前向附着化*

——以介词“到”为例

崔云忠

青岛大学国际教育学院

[摘要]“动词+到+处所名词”，结构上可以二分，即“到”为动词的动补结构和“到”为介词的动补结构。二者在功能上呈互补状态：V为非宾格动词时，“到”为动词；动词为作格动词时，“到”为介词。二者功能的分野可以用“添加动态助词”“还原受事”“‘动词+到+处所名词了吗’提问”等形式进行验证，同时二者的分野还有着类型学的共性。二者的分野源自其不同的语法化形式，“V到+$N_{处所}$”结构源自“V_1+V_2”式动补结构，“V+到$N_{处所}$”结构源自“V+O+$V_{处所}$”结构中O的缺省。二者语法化的结果也不尽相同，前者发展为“V到”类动补式合成词，后者“到”逐渐脱落。

[关键词] 动词+到+处所名词　性质　来源

* 本文是国家社会科学基金后期资助项目“魏晋南北朝汉语介词研究”（18FYY028）、山东省社科规划重点项目“日本山口县立图书馆等14馆藏汉籍编目与复制”（20BHBJ03）、山东省社科规划项目“《宣和画谱》集校集注”（23CWTJ154）的阶段性研究成果。

一、绪　　论

"动词+到+处所名词"结构的性质尚存在一定的争议。争议的焦点在"到"的性质。赵元任（1979：177—178）、吕叔湘（1999：151）、黄华（1984）等认为，该结构中的"到"为趋向动词。黄华（1984）根据"V到"结构中"到"语法作用的差异，把趋向动词"到"分出了两种变体：出现在A类句中的是副词性变体，出现在B类句中的是介词性变体。胡裕树、范晓（1995：335—336）、陈永生（1981）和朱德熙（2019：130—132）认为"到"为一般动词。其中胡裕树、范晓（1995：335—336）认为"V到"结构中的"到"应该处理成动词，只不过几类"V到"中的"到"动词性不太一样，有的是地道的动词，有的已经开始弱化了。陈永生认为，无论是单音节还是双音节动词，无论是及物动词还是不及物动词，只要他们能与"到"结合，那么"到"便是动词。李人鉴（1958）认为"到"为助词，附着在动词上，与后面的成分构成动宾关系。按照李文观点"V到+$N_{处所}$"结构应该是动宾结构。罗开农（1980、1981）认为该结构中"到"多分，"到"前面所带的动词不同，后面所接的成分不同时，"到"有动词和介词两类。

罗文较早地关注到了"V到"结构中"到"的区分，按照"到"所在句法环境的不同可以总结为"动词>介词>助词"的发展过程。其中，"单音节动词+到"后面凡是出现时间名词或数量结构时，"到"是介词，它与时间名词或数量短语构成介词结构充当补语。"到"前是双音节动词（包括一般的及物动词、不及物动词、心理动词）后面出现数量结构、时间名词、处所名词、方位名词等时，"到"为介词，组成介词结构做补语。

二、"V到N处所"结构的形式和功能二分

在"V到$NP_{处所}$"结构中，可以描述为"V+到$N_{处所}$"与"V到+$N_{处所}$"的核心功能分别是对位移的处所位置进行补充说明，前者是介词短语做补语，

后者是动词做补语，即当前语境只接受其中一个功能而无法替换为另一个。

对于“V到$N_{处所}$”结构的形式和功能的二分，可以通过加动态助词、成分移位、是否可以单用等方法进行测试。

（一）“V到N处所”结构语动态助词“了”的配位

“V到N”结构涉及三个元素，与动态助词“了”的配位理论上有三种形式：

方式一：V了到N

方式二：V到了N

方式三：V了到了N

以吕叔湘先生（1999：151）所列举的两类用例作为测试：

（1）他回到家乡。

（2）成绩单寄到学生家里。

例（1）中，动词“回”为施事“他”发出的动作，“家乡”是施事位移的终点；例（2）中，动词“寄”是句外施事发出的动作，成绩单是“寄”的受事，“学生家里”是成绩单在外力的支配下位移的终点。我们分别测试这两个句子与“了”搭配的情况：

（3）a他回了到家乡。 b他回到了家乡。 c他回了到了家乡。

（4）a成绩单寄了到学生家里。 b成绩单寄到了学生家里。 c成绩单寄了到了学生家里。

当主语为施事时，“V到”结构和方式一、方式三都不能搭配。当主语为受事时，“V到”结构可以和方式一、方式二以及方式三搭配。

（二）成分移位

“N1V到N”结构中成分移位，有三种方式：

方式一：V·N1·到·N

方式二：V·到·N1·N

方式三：V·到·N·N1

同样以例（1）和例（2）进行变换：

（5）*a 回他到家乡。 b 回到他家乡。 *c 回到家乡他。

（6）a 寄成绩单到学生家里。 *b 寄到成绩单学生家里。 c 寄到学生家里成绩单。

通过变化可以观察，当主语为施事时只有“N1・V・到・N”一种语序；当主语为受事时至少有方式一和方式三两种语序。

（三）句式变化

通过以上分析可以看出，主语为施事的“V 到”句只有一类语序方式，主语为受事的“V 到”句有两类语序：方式一和方式三。那么方式一、方式三和“V 到 N”结构之间有何关联？我们可以通过改变句式的方式进行辨别。

1. 话题句

上文中，通过添加动态助词和成分移位，我们区分了“V 到”的两种形式，即主语为施事和主语为受事的两种不同类型。例（5）中，主语可以为话题，但句中的其他成分不能被话题化。例（6）中，受事为主语，“V 到”结构可以有“方式一：V・N1・到・N”“方式三：V・到・N・N1”两种语序方式。不管方式一还是方式三，N1 在句中都只能认定为 V 的受事。例（5）是方式一中 V 的受事提到句首，被话题化的结果。

2. 处置式

受事提到句首做话题，有被强调的意味。汉语中强调受事最典型的是处置式。同样，例（5）中没有受事，也无法变换为处置式；例（6）中，受事提前到话题位置，表示处置，也可以放在处置句中表示处置。如：

（7）把成绩单寄到学生家里。

3. 主语性质

例（5）中，“他”是主语，只能位于动词前；例（6）中，“成绩单”是动词的支配对象，是受事主语，句中可补充施事主语，施事主语只能位于受事主语后。如：

（8）成绩单，校方寄到学生家里。

或处置句的施事主语位置。如：

（9）校方把成绩单寄到学生家里。

比较例（8）和例（9）可以发现，二者所表达的逻辑意义基本一样，比较例（8）和例（6）发现二者在逻辑上表达相同的意义，例（9）删除施事主语便得到例（6）。

基于此，我们认为“V到”结构中，当主语为施事（记作“V到$_1$”）和主语为受事（记作“V到$_2$”）是两类不同的结构。二者的不同表现“V到$_1$”结构中语序是唯一的，不可变换的，“V到$_2$”结构的语序是可变的。

（四）“V到N$_{处所1}$”和“V到N$_{处所2}$”的功能分野

从上文分析，形式相同的“V到”应区分出两个不同的结构：V到$_1$、V到$_2$。“V到$_1$”结构中，动态助词只能添加在“到”后，“V到”能单独回答问题，我们暂把“V到$_1$”结构看作动补结构。“V到$_2$”结构中，动态助词可出现在V后、“到”后，不能回答问题，但V可以回答问题。

1.“V到N$_{处所}$”结构的性质

“V到N$_{处所}$”中，V可以是作格动词、非宾格动词，当V为运行类非宾格动词时，“到”为动词，做补语。如：

（10）对我来讲，最幸福莫过于飞机出故障，不是在天上，而是落到北京以后停飞。（王朔《空中小姐》）

（11）很快我游离了喧嚣的浅海，游到潜不见底的深海。（王朔《编辑部的故事》）

（12）立时，由各方赶来的武林人物全拥挤到了洛阳。（奇儒《快意江湖》）

（13）她更容易接触到阿眉某些不欲见人的心底秘密。（王朔《空中小姐》）

非宾格动词只关涉一个论元——施事论元。非宾格动词的语义事件中，有［运动］［方式］概念，但是没有［路径］概念，“到”起到补充“V 到”事件中［路径］概念的作用。

当 V 为作格动词时，V 可以支配施事和受事两个论元，“到”为介词，“到 $N_{处所}$”做 V 补语。如：

（14）一个锅盖不能扣到所有锅上。（王朔《浮出海面》）

（15）父母欣逢盛世，生了我们兄弟姊妹八人，又像播种机一样把七个兄姊撒到祖国各地，生根发芽。（王朔《编辑部的故事》）

（16）一个水箱没扣上，起飞时，一箱开水都浇到坐在下面的乘务员头上。（王朔《空中小姐》）

例（14）中，受事“一个锅盖”位于话题位置上，施事泛指；例（15）中，“撒”的受事“七个兄妹”处于“把”字句宾语位置；例（16）中受事“一箱开水”位于主语位置。表示处所的名词性成分“所有锅上”“祖国各地”“坐在下面的乘务员头上”分别做动词“扣”“撒”“浇”的补语。

在语流中，“V 到 $N_{处所}$”结构的韵律通常为“V 到//$N_{处所}$”，这也为判定“V 到 $N_{处所}$”结构的性质增加了迷惑性。

2.“V 到”结构的动补类型差异

表 1 “V 到”构式动补类型的分类情况

<table>
<tr><td></td><td colspan="6">述 补 结 构</td></tr>
<tr><td rowspan="2">朱德熙（1982）</td><td rowspan="2">V 到+
处所宾语</td><td rowspan="2">V 到+
时间宾语</td><td rowspan="2">V 到+
一般宾语</td><td colspan="3">V 到+谓词性宾语</td></tr>
<tr><td>时间</td><td>事物</td><td>状态</td></tr>
<tr><td>赵元任（1968）</td><td>动趋式</td><td></td><td>动趋式</td><td colspan="3">动相式</td></tr>
<tr><td>刘月华（1998）</td><td>趋向意义</td><td>趋向意义的比喻用法</td><td>结果意义</td><td>趋向意义的比喻用法</td><td>结果意义</td><td>趋向意义的比喻用法</td></tr>
</table>

续　表

	述补结构					
朱德熙（1982）	**V 到+处所宾语**	**V 到+时间宾语**	**V 到+一般宾语**	**V 到+谓词性宾语**		
				时间	**事物**	**状态**
吕叔湘（1980）			动趋式			
王国栓（2005）			动趋式			
王砚农（1987）			动结式			
王　寅（2011）			动结式			
俞琳等（2018）	动相式			动结式		

（俞琳、李福印 2018）

就上表统计看，学界依然把“V 到 $N_{处所}$”看作同一结构，不同的是“到”的性质，赵元任、刘月华、吕叔湘、王国栓等诸位先生看作趋向动词，王砚农等、王寅、俞琳等看作词内成分。关于“V 到”类词，罗耀华（2015）专门撰文阐述，认为是“V 到”是介词并入导致的词汇化。毫无疑问，“V 到 $N_{处所}$”为动补结构，问题在于作补语的是“到”还是“到 N 处所”。同样，我们截取例（10）和例（14）来分析“V 到 $N_{处所}$”分属不同的动补类型。

（17）飞机……落到北京。

（18）锅盖扣到锅上。

首先，以“SV 到 $N_{处所}$了吗?”进行提问。例（17）的回答是“落到了”，例（18）的回答是“扣了”。其次，以“V 什么到 $N_{处所}$了?”提问，例（17）不能回答，例（18）的回答是“锅盖”。

其次，以变换句型的方式验证。例（14）可以转换为处置式，意义不变，同例（15），例（10）不能转换。例（14）可以转换成被动句，如“锅盖被扣到锅上”，例（10）不可以。

第三，假设“到”都为动词，“V 到 $N_{处所}$”为动趋式，“到”可单用，例（17）可以为“飞机到北京”，但例（18）“锅盖到锅上”接受度较低，但“锅盖扣锅上”合理，这说明例（18）中“扣”和“到”不具备相同的［动作］［路径］性质。

第四，假设以上两例中“到”都为介词，例（17）和例（18）中介词结构可以移到动词前，即：

（19）*飞机到北京落

（20）锅盖到锅上扣

例（19）接受度较低，即使被接受也应该是双音节词结尾，即“飞机到北京降落”，例（20）可接受。例（19）可继续追加处所补语，例（20）不行。如：

（21）飞机到北京落在大兴机场。

（22）*锅盖到锅上扣在锅口。

通过以上分析，我们可以知道“V 到 $N_{处所}$”结构中，“到”有动词和介词两种情况，当“到”为动词，表示动作运行的方向［路径］，即“V 到”为“动趋式”；当“到”为介词，表示动作运行的终点［结果］，即“V·到 $N_{处所}$”为动结式。

既然“V 到 $N_{处所}$”结构有动趋式和动结式两类，那么“V 到”的词汇化又是何种来源？

三、“V 到 N 处所”结构的两类词汇化路径

杜轶（2012）认为，在研究某一句法格式的历时演变时，共时系统中的类型框架设计十分重要。准备进行统计的类型设计得合理、准确，才比较容易看出演变的趋势和规律。比如“NV 到 $N_{处所}$”结构中，当 N 为施事，V 为非宾格动词时，“到”为 V 补语，当 N 为受事，V 为宾格动词

时，“到 $N_{处所}$” 为 V 补语，即 “V 到 $N_{处所}$” 结构可分为：“V 到+$N_{处所}$”“V+到 $N_{处所}$” 两种不同的结构形式。这两类结构也有着不同的发展路径。前者形成 “V 到” 类合成词，后者 V 受事缺省造成 V 悬空，“到” 经过与 V 合为一个韵步，与动补式 “V 到” 形成形式合流。介词 “到” 在 “V+到 $N_{处所}$” 结构中的发展结果是趋向消失。

（一）“V 到+$N_{处所}$” 结构中 “V 到” 的词汇化

沈灿淑（2003）把 “V 到” 结构分为五类。在沈文的基础上，杜轶（2012）也讨论了沈文五类 “V 到” 结构中 “到” 的语法化路径。

类　　型	产生时代	例　　句
① V+到+空间；	南北朝	羌虏数来寇害，俨率署等追~新平，大破之。（《三国志・魏书》） 遂解印绶符策付县，而驰~京师。（《后汉书・宣张二王杜郭吴承郑赵列传》）
② V+到+时间；	唐代	放~明日；富贵~老
③ V+到+受事的等级或范围；	南宋	看~这里
④ V+到+程度；	南宋	修改~妙处；坏~这里
⑤ V+到+V 的受事；	唐代	追~陛下

杜文认为，类型①—⑤不全是语法化路径上的源流关系。类型⑤是从类型①演变来的，类型②③④和类型①并无关联，分别是不同语义虚化程度的动词 “到” 与其他成分结合，做 V 的补语。在类型②③④出现的共时系统中，都能找到同义的动词 “到” 与其他成分结合，做句子的状语或谓语等其他成分的用例。因此，“V+到+O” 并不是②③④类型中的 “到” 字语义或功能虚化的必要句法环境。笔者赞同杜文的观察，认为沈文中②③④是动词语义虚化的过程，和其功能无关。但①和⑤的关系也并非全是介词语法化结果。罗耀华（2014）认为 “到” 也有两条语法化路径：

到(到达) ┌ $V_{运行}$ + 到 + $O_{处所}$ → $V_{非运行}$ + 到 + $O_{处所}$ → V + 到 + $O_{时间}$
　　　　 └ V + 到 + $O_{数量}$ → V + 到 + $O_{程度}$ → V + 到 + $O_{结果}$

俞琳、李福印与罗文观点相相似。与沈文、杜文相似的是，罗文把表处所的“到”和表“数量”“程度”和“结果”的“到”做了区分，把沈文、杜文中的①②连接起来，认为表时间的“到”是表处所“到”的语法化，罗文的观点可以得到“空间>时间”的隐喻过程的支持。俞文与李文论证逻辑相似。但罗文和俞文都忽略了“到+$N_{处所}$”和“到+$N_{时间}$”不对等的情况，即“到+$N_{处所}$”可出现在动宾结构后，但“到+时间”不可以，这说明二者的发展环境是不同的。如果说 $N_{处所}$ 和 $N_{时间}$ 都可以理解为“到”的宾语，那么二者之间是语义引申关系。“到”的语法化路径应修正为：

① 处所→② 时间>③ 受事的等级或范围>④ 程度

① 处所>⑤ V 的受事

从沈文、杜文看，③⑤从语义上都涉及 V 受事，二者不同的是句法环境。而句法环境是导致“到”语法化的终极原因。诚如杜文所言，处所、时间及数量何尝不可理解为宾语。问题是 V 的宾语还是“到”的宾语。若为动词宾语，则“到”对动词起补充或标记作用，如“追到陛下”中“到”便是对“追”进行补充说明的。“到”可理解为助词，持类似观点的还有马婷婷等。①

Hagège（2010：151）在分析动源介词语法化时指出，介词（adposition）与及物动词共有着一个重要的语法特征：都带有一个被支配（governed term）的补充成分；与及物动词一样，介词建立起其补充成分与句子其余部分的句法关系。这表明：动源介词与及物动词一样有着及物性，因而是源于及物动词；介词结构建立起与句子其余部分的句法关系。同样，辨别“V 到”结构中“到”的介词性就成为关键一环。罗文认为当 V 为非运行

---

① 参见徐丹（1994：180—185），沈灿淑（2003：38），杜轶（2012：137），马婷婷（2015：59—63）。

动词时，“到”为介词。该结论从理论上是可行的，如马贝加（2002）、何洪峰（2014）均持该观点。但依罗文观点又无法解释“到+时间”“到+数量”单用的情况。

实际上，罗文的结论概括了“到”由“动词>趋向动词>助词>构词成分”的发展过程。“V 到+$N_{处所}$”结构发展的结果是“V 到”的双音化，而非介词并入。如《现代汉语倒序词典》中“到”字条中“达到”“得到”“等到”“感到”“遇到”等动补型双音节词均来自此类形式。

“到”做助词在汉语方言中分布也比较广泛，如北海白话、广州话、湖北阳新话、南京方言、松滋方言等。此外，英语、越南语中介词短语作补语时，体助词仍附着性动词。如：

（23）He sat in a chair.

（24）Hắn ngồi trên ghế.

这与汉语中趋向动词作补语的形式一致，而介词结构作补语时，受到 V_2 动词性质的影响，体助词可出现在 V_1 后，也可出现在 V_2 后，甚至在 V_1 和 V_2 后都可以出现体助词。如：

（25）a 夜色已经弥漫了在了一整个别墅的四周。（打呼的猪《文理双修》）

b 当时的欧阳上至确实是消失了在了众人眼中。（清虚道君《极品门神》）

动补结构后，可以继续带宾语，如“吃完饭”等。“V 到”结构后也可以带宾语，如“感到羞愧”“看到美好的事物”。汉语介词并入的词汇化成分，其支配能力多受限，如“借以”“加以”等。这与介词源义或原功能的限制有关，而动补型合成词并不受该限制。

（二）“V+O+到+N 处所”结构中 O 缺省导致“到”前向附着

就现代汉语中“V+O+到+$N_{处所}$”结构的表现看，受事缺省后，动词后有起补偿作用的语音延长，保留了动词受事的语义空槽；致使义后置介词结构中的受事话题，均可还原至动词宾语位置。

受事前置句的后附成分中，宾语由最主要的后附成分变为用的最少的后附成分，从先秦 34%，到现汉只占 5%，补语由用的最少的后附成分变为主要的后附成分，从先秦 6%，到现汉占 30%，从古到今宾语和补语的使用频率正好颠倒过来。先秦时期受事宾语前置句的谓语动词一般不带补语，带宾语较常见，而现代汉语受事前置句的谓语动词一般不带宾语，带补语则很常见。（张赪 2012：33）

受事提前后，因为原结构中 V 为作格动词，句式具有致使义。如：

（26）a 武王克商，迁九鼎于洛邑。（《左传·桓公二年》）

b 河内凶则移其民于河东。（《孟子·梁惠王上》）

例（26）中，“九鼎”“其民”均是受动词“迁”“移”影响被动转移。这类表达方式一致持续到中古汉语后期。如：

（27）a 会瑜已徙肃母到吴，肃具以状语瑜。（《三国志·吴书·鲁肃传》）

b 煮杏酪粥法……预前多买机关报瓦盆子容受二斗者，抒粥著盆子中，仰头勿盖。（《齐民要术》卷九）

c 常置一瓠瓢於于瓮，以挹酢。（《齐民要术》卷八）

唐代开始，表示终到处所的介词结构一般不再出现在“V+O”短语后面，取而代之的是处置式（处置到）。据张赪（2008）调查，唐五代时期“到+$N_{处所}$”结构位于动词带真宾语后的情况不多见。如：

（28）何乃引我至孟尝君之家。（《敦煌变文集》163 页）

相对于例（35），唐五代后，更多的用处置式进行表达，如：

（29）a 每把金裲安膝上，更将银缕挂肩头。（《敦煌变文集》506 页）

b 莫且自家门如今把这事放著一边，厮杀则个。（《燕云奉使录·三朝北盟会编》）

“处置到”最早出现于西汉时期（梅祖麟 2000：192），这与张赪等调查受事前置句的发展情况大致吻合。以“V+O+於+处所”为例统计先秦至魏晋的发展趋势如下（张赪 2002：148）：

	先秦	西汉	东汉	魏晋
V+O+於+$N_{处所}$	285	677	269	25
总　数	906	2 626	1 165	184
百分比	31.5%	25.7%	23%	13.5%

据吴福祥（2003），致使义处置式大约产生于晚唐五代，这与张赪（2002：148）统计晚唐五代时“V+O+介词+$N_{处所}$”结构中动词带真宾语趋于消失的结论也大致吻合。而“V+O+於+$N_{处所}$”结构多具有致使义。如：

（30）a 何不树之於无何有之乡。（《庄子·逍遥游》）

b 虎兕出于匣，龟玉毁于椟中。（《论语·季氏》）

（31）a 放本书在书架上。

b 书放在书架上。

c 把书放在书架上。

比较例（30）和例（31）可以发现，两例所表达的语法意义相同。例（31）相当于例（30）a 的结构形式，若把例（30）翻译为现代汉语也常以处置式或被动式进行翻译，即：

（32）a 为什么不把他种在虚寂的乡土，广漠的荒野。（陈鼓应《〈庄子〉今注今译》37 页）

b 老虎和犀牛从笼子里跑出，龟甲和玉器在匣子里被毁坏。（杨伯峻《〈论语〉译注》246 页）

现代汉语中表示致使意义的“N+V+P+$N_{处所}$”来源于古汉语中“V+N+P+$N_{处所}$”结构。其发展的过程是“V+N+P+$N_{处所}$”受事宾语 N 话题化。"V+N+P+$N_{处所}$"结构中，N为上文提到的或众所周知的已知信息——旧信息，旧信息相较于其他成分更容易被话题化，而要强调该旧信息，则需要语法标记的介入。随着致使义处置式的出现，"N+V+P+$N_{处所}$"也逐渐式微，以至于唐五代时期"V+$O_{真宾}$+於+$N_{处所}$"趋于消失。

现代汉语中，受"到"动词性质的影响，"V+O+到+了+$N_{处所}$"结构仍留有痕迹，即动态助词可出现在动词后，也可以出现在"到"后，但受"V到"双音化的影响，以"V到了$N_{处所}$"较为常见。"V+O+到+$N_{处所}$"结构发展的结果是经历O缺省后，"到"有前附于动词的倾向，但并未经历词汇化，而是趋向脱落。① 如：

(33) 放到桌子上。放^{D}桌子上。

四、结　语

以"添加体助词""还原受事位置""变换句式"等方式，可以判断"V到$N_{处所}$"结构可以分为"V+到$N_{处所}$"结构和"V到+$N_{处所}$"两种结构。这两类结构虽然形式相同，但其深层语法功能是不同的，前者为"到"做动词补语，继而发展为"V到"类动补式合成词，如"遇到""遭到"等。后者为"到"介词短语做补语，来自"V+O+到+$N_{处所}$"结构中动词受事的缺省。动词受事缺省导致介词性动补结构和动词性动补结构同形。

"V到"双音化的结构是使得动词V获得路径元素，合为一个词，而介词"到"脱落的直接结果是使V获得支配旁格论元的能力。类似的介词还有"在""给"等。如：

(34) a 写在黑板上→写黑板上。　b 寄给你→寄你。

① 参见徐丹（1994：180—185），柯理思（2002：156—166），江蓝生（2014：483—497）。

若该类结构后继续带宾语，则发展为双宾句。如：

（35）a 写黑板上几个字。　b 寄你两箱鸭梨。

同样，例（35）要把受事还原至动词后，则介词必须出现，即：

（36）a 写几个字在黑板上。　b 寄两箱鸭梨给你。

参考文献

陈昌来　2002　《介词与介引功能》，合肥：安徽教育出版社。

陈永生　1981　《也谈动词后面的“到”——〈谈谈动词谓语后面的“到”的性质和作用〉质疑》，《重庆师范学院学报》第 2 期。

杜　轶　2012　《“V 到”格式的语义关系演变》，《对外汉语研究》第 1 期。

方小燕　2003　《广州话里的动态助词“到”》，《方言》第 4 期。

何洪峰　2014　《动词介词化的句法语义机制》，《语文研究》第 1 期。

胡裕树、范晓　1995　《动词研究》，开封：河南大学出版社。

黄　华　1954　《“动（形）+到+……”的结构分析》，《天津师大学报》第 5 期。

江蓝生　2014　《连介词表处所功能的来源及其非同质性》，《中国语文》第 6 期。

柯理思（Christine LAMARRE）　2002　《从河北冀州方言对现代汉语“V+在+处所词”格式的再探讨》，载戴昭铭主编《汉语方言语法研究和探索——首届国际汉语方言语法学术研讨会论文集》，哈尔滨：黑龙江人民出版社。

李冬香　2000　《浏阳方言的“到”》，《韶关大学学报》第5期。

李人鉴　1958　《谈“到”的词性和用法》，《文史哲》第 9 期。

罗开农　1980　《谈谈动词谓语后面的“到”的性质和作用》，《重庆师范学院学报》第 3 期。

罗开农　1981　《再谈动词后面的“到”——答〈也谈动词后面的“到”〉》，《重庆师范学院学报》第 2 期。

罗耀华　2015　《介词并入与“V+到”类结构的词汇化研究》，《语言研究》第 2 期。

吕叔湘　1999　《现代汉语八百词》（修订版），北京：商务印书馆。

马贝加　2002　《近代汉语介词》，北京：中华书局。

马婷婷 2015 《基于语法化视角的现代汉语“到”的功能角色分析》，《石家庄学院学报》第 5 期。

梅祖麟 2000 《唐宋处置式的来源》，《梅祖麟语言学论文集》，北京：商务印书馆。

沈灿淑 2003 《“V 到 X”中“到”的解析——表结果的功能类成分的确认》，上海师范大学硕士论文。

吴福祥 2003 《再论处置式的来源》，《语言研究》第 3 期。

徐 丹 1994 《关于汉语里“动词+X+地点词”的句型》，《中国语文》第 3 期。

俞 琳、李福印 2018 《事件融合视角下“V 到”构式的动补类型嬗变》，《外语与外语教学》第 1 期。

张 赪、荣 晶 2008 《汉语受事前置句结构的演变及对比研究》，《语言教学与研究》第 4 期。

张 赪 2002 《汉语介词词组词序的历史演变》，北京：北京语言文化大学出版社。

张 赪 2012 《汉语语序的历史发展》，北京：北京语言大学出版社。

赵元任 1973 《汉语口语语法》，吕叔湘译，北京：商务印书馆。

中国社会科学院语言研究所词典编辑室 1987 《现代汉语倒序词典》，北京：商务印书馆。

朱德熙 2019 《语法讲义》，北京：商务印书馆。

核心词研究

形容词的词汇类型学研究

张明月　张　莉
华中科技大学外国语学院

［**摘要**］类型学是系统的跨语言结构规律或模式的研究，词汇类型是该类研究的重要组成部分，其目的在于探讨人类不同语言在词汇系统中所显现出的共性和差异。一直以来，词汇类型的研究焦点向名词和动词靠近，因该类词汇具有清晰的外部指向而便于区分语义差异及收集语料，形容词因其抽象程度较高、语义衍生范围较广等特性，历来在词汇类型研究中所获关注较少。本文聚焦于目前研究相对成熟的三个形容词域：颜色、物理属性、维度，旨在理清形容词类型学研究的现状及局限性，以期为该领域的研究提供部分参考。

［**关键词**］词汇类型　颜色形容词　物理属性形容词　维度形容词

一、引　　言

自类型学派创始人 Greenberg（1957：68—77）提出音系、形态、句法、规范形式、语义、符号象征①六大研究领域后，类型学发展迅速，并

① 音系、形态、句法、规范形式、语义、符号象征（phonological，morphologic，syntactic，canonic forms，semantic and symbolic typologies）。

在语音、形态、句法领域进展极大。而语义类型学研究则因为词汇的跨语言多样性、词义易变性以及词义文化独特性等因素的影响，导致语义类型学领域的研究稍显不足。Koptjevskaja-Tamm（2008：215—268）强调了词汇语义研究的可行性，并为从词汇视角出发的语义类型学研究定名为词汇类型学（lexical typology）。

近十余年来，词汇类型历经蓬勃发展。该学科是在词汇层面上的跨语言结构规律或模式的研究，主要目的是探讨人类不同语言在词汇系统中所显现出的共性和差异。根据 Lehrer（1992：243—256）经典定义，词汇角度的类型学研究是"研究各种语言如何将语义材料包装成词的特别方式"，基本假设是不同语言的词汇现象表面看似杂乱无章、没有规律，但通过系统的跨语言比较，可以发现语言中丰富的词汇现象在一定程度上是可以解释和预测的。

纵观词汇类型学的研究领域，不难发现过往学者多聚焦于名词和动词的研究（Kroeber，1909：77—84；Brown，1976；Majid，2008；Talmy，1985：57—149），因这两类词汇的语义大多包含着清晰的外部指称，在奈梅亨方法、田野调查等惯用的类型学方法中便于被受试者区分词汇语义以及收集语料。Dixon（2004）指出对形容词进行研究的难度，其一在于相较于动词和名词，大多数语言中形容词的规模较小，甚至个别语言的形容词系统依赖大量的外来词汇；其二在于形容词句法功能复杂，用法远不如动词和名词固定，因此词汇类型学研究在形容词域上留下大量空白。Dixon（2004）指出词汇类型学所涉及的形容词更多专指描述性形容词（descriptive adjectives），而非句法意义上更广泛的形容词类，如名词修饰词（noun modifier），指示代词（demonstratives）和疑问词（interrogatives）。本文梳理了目前研究相对成熟的三个形容词域：颜色、物理属性、维度，旨在理清形容词相关的类型学研究现状及一些局限性，以期为该领域学者提供部分参考。

二、形容词相关的类型学研究

1. 颜色形容词

颜色是基于人类生理基础和客观世界相互作用产生的范畴，Hjelmslev（1963）指出对于同一无定形的、未分析的颜色色谱，每个语言是任意地划定界限。看似任意划定的语言现象之下，颜色是否潜藏着跨语言复现的共性规律，不少学者就此问题展开研究。

颜色范畴存在普遍的基本色种类和相同的演化规律。Berlin & Kay（1969）采用孟塞尔色卡（Munsell color chip）对 20 种语言展开研究，并基于数据结果作出颜色词的历时演化假设（evolutionary hypothesis）。研究表明人类颜色感知系统中普遍存在 11 种基本色：黑、白、红、绿、黄、蓝、棕、紫、粉、橙、灰，且它们之间在逻辑上存在的蕴含共性为：黑、白→红→绿/黄→蓝→棕→紫/粉/橙/灰，即如果一种语言有一个中心色为 X 的颜色词，那就也有表示上述共性中 X 以左各中心色的颜色词（伯纳德·科姆里 2010）。

刘丹青（1990：77—80）对汉语颜色词的研究有力证实了这一蕴含共性。该研究发现汉语中 8 个基本颜色词（白、黑、红、黄、绿、蓝、灰、紫）与 Berlin & Kay 的共性规律大致相符而小有出入，出入仅在于基本颜色词的数量和个别颜色词（如棕色）的序列。此外，研究发现该蕴含共性除具有类型学意义、历时意义外，还具有共时意义，即颜色词在序列中越靠近左边，词形越单纯，语义越基本，义项越多，能产性越强，词性越活跃，形态越丰富。

对 Berlin & Kay 颜色词序列的质疑声同样存在。Davidoff，Davies & Roberson（1999：203—204）发现拉梅尼亚达尼部落（Dani）的语言中只存在两个表述颜色的词汇，但是达尼人对于颜色范畴的认知却和现代英语母语者的模式相似。于是通过巴布新几内亚的背林莫人（Berinmo）对绿-蓝颜色范畴认知的研究，他们发现该部落的非文字语言与英文的文字语言对绿-蓝这一颜色范畴存在认知差异，即基本色跨语言不相似。研究表明人类对颜色的范畴化感知的确存在，但前提是该语言体系中标记出了颜色范畴之间的区别。他们以此结论否定了 Berlin & Kay 提出的颜色范畴种类共性，并论证了语言相对性假设（linguistic relativity hypothesis）。

面对后续学者提出的质疑：Berlin & Kay 研究中的颜色范畴并未经历客观验证，范畴为研究者主观设置；该研究提出的规律基于对书面语的研究，而一些非文字语言并不符合该演化规律，世界颜色词研究（World Color Survey，简称 WCS）对此作出有效回应。WCS 是由 Kay 主导的从 20 世纪 70 年代末开启的历时研究，主要目的即论证 Berlin & Kay 于 1969 年提出的两大发现。WCS 采用更加多样且更客观的色卡展开历时性研究，并最终完成对世界范围内 110 种非文字语言的实验，研究数据见 http://www1. icsi. berkeley.edu/wcs/data.html. 该项研究结果论证了跨语言基本颜色词范畴的普遍性，但研究者基于新的数据对初版的层级结构进行了修正，如图 1 所示。

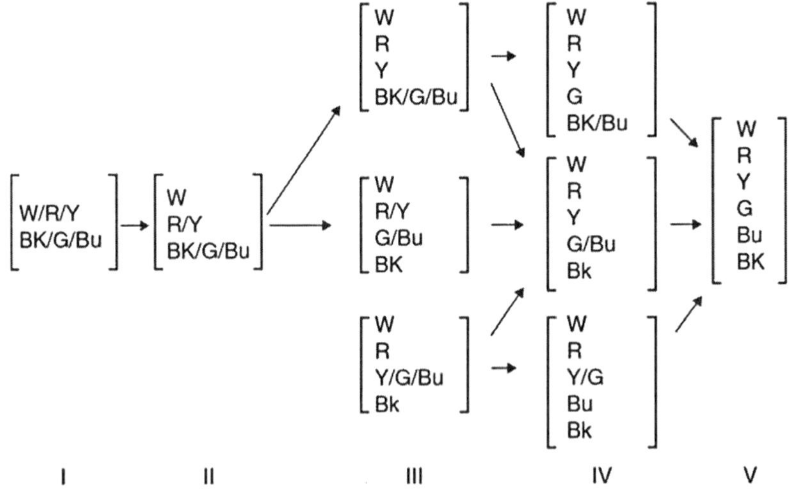

图 1　修正后的颜色词演化顺序①（Kay & Cook，2023：1601—1607）

---

① W：白色；R：红色；Y：黄色；Bk：黑色；G：绿色；Bu：蓝色。

Söderqvist（2017）基于印欧语系和汉藏语系共计 20 种语言的研究表明，在指定语言中颜色词历时变化的词汇语义交叠现象不显著，且语系之间语义范畴显示出一定的一致性。语义历时变化最普遍的现象是语义缩小，而变化方向是由抽象走向具体，相反方向的演化则多出现在印欧语言中。Raffaelli，Katunar & Kerovec（2019）在专著《颜色命名的词汇化模式》中讨论了斯洛伐克语、法语、韩语等语言的颜色词词汇化模式，并探讨了语言系谱和语言接触分别对颜色词汇化的影响。

国内学者立足于汉语展开一系列颜色词研究。在探究认知共性方面，罗天华（2009：48—52）调查了国内 15 种语言的基本颜色词，对不符合 Berlin & Kay 共性序列的词汇作出解释，并将这一共性重新描述为“如果某语言中有一个中心色为 X 的颜色词，且 X 以左是一个连续的序列，那么该语言也有序列中 X 左边各中心色的颜色词”。在词汇语义方面，刘宝俊（1999：37—43）通过比较汉语和国内少数民族语言，发现少数民族语言中表达“红”的词素通常用来构建表达“婴儿”的词汇。李庆祥（2002：43—47+80）通过对中日两种文化的颜色崇尚进行对比，发现中日皆崇尚红、黄、白、绿，但相较之下，中国更崇尚红色，而日本更崇尚白色。

纵观颜色形容词的研究，可以发现焦点在于对 Beilin & Kay 共性序列的验证和补充。学者倾向于探究颜色范畴中基本色和蕴含共性的普遍性，而在颜色词语义衍生的跨语言对比方面所作的工作相对欠缺。

2. 物理属性形容词（physical qualities）

物理属性词即当我们试图了解或描述某个物体时用于表示性质的词汇，如形状、触感等。Rakhilina（2022：79—116）表示人类周围事物的特征是概念化物理世界的一个基本方面，无论人类生活在何时何地，以及无论使用何种语言，物理属性词汇表现出明显的类型学特征。

针对表示形状的形容词，代表性研究有“尖/钝”“空”。Kyuseva 等（2022：29—56）基于 21 种语言，聚焦于“尖/钝”范畴展开词义分析。研究表明“尖/钝”存在跨语言对称性，即在多种语言中，“钝”的定义都表现为“尖”的定义的对称反面。该研究重点探讨了“尖”在各个语言中的词化形式，发现词化模式中存在两个参数：尖锐物体的形状和人类感知尖锐物体的感官。前者将形容词分化为尖的线和尖的点，后者将形容词分化为功能和形状（触觉 vs 视觉，即尖的工具 vs 尖的形状）。基于上述参数，Kyuseva 等人归纳出“尖”的四类词化系统：凸显系统，即语言中只存在单一词汇涵盖全部框架，如俄语、英语、塞尔维亚语、芬兰语和马来语；复杂系统，即存在多个词汇表达同一个框架，如中文；基于功能/形状参数的二分系统，如日语，威尔士语等；基于线/点参数的二分系统，如德语、科米语等。Panina & Tagabileva（2022）基于八种语言对物理属性“空”展开研究，结果表明大多数语言依据参数“空心的物体 vs 空的容器”对“空”采取二分的词化策略，如英语（empty vs hollow），俄语（pustoj vs polyj，pustotelyj），塞尔维亚语（prazan vs šupalj），西班牙语（vacío vs hueco），中文（空 vs 空心）。此外，研究同样发现这些语言中表示空心物体的词汇能被表示空容器的词汇替代使用，而反之则不行。韩语中同样存在两个表示“空”的词汇，但依据的参数是容器的深度和封闭性。韩语中“thengpita”（空）用来形容深且封闭的容器，而其他容器则用“pita”（空）表示。

针对表触感的形容词，代表性研究有“湿”、“表面纹理（surface texture）”。Reznikova，Panina & Kruglyakova（2022：57—78）基于印欧、汉藏、乌拉尔、西北高加索等 7 个语系中的 20 种语言对湿度形容词展开研究，发现在德语、蒙古语、莫克沙语等只存在 2 个湿度形容词的语言中，词化的参数倾向于指示湿度的程度，即“重度潮湿”vs“轻微潮湿”。而在更复杂的语言中，词化的参数还包括导致湿度的原因，即“直接接触液体”vs“暴露于潮湿空气”。此外在部分语言中，影响湿度词化的参数还包括人类对该湿度的主观感受，例如俄语、希伯来语、日语中都存在两类形容词用于传达负面或者中立的情绪。Kashkin & Vinogradova（2022：161—188）基于 15 种语言对表示“光滑”的形容词进行研究，发现常用的词化参数为感官，即通过视觉或是触觉感受到光滑表面。视觉构建的框架为“平整”（level），触觉构建的框架则为“光滑”（smooth）和“光溜”（slippery），后两者区别在于平面光滑的程度不一致。研究进一步发现不同语言组合框架的策略有所不同，俄语有三个形容词分别指代三个框架，厄尔兹亚语（Erzya）合并了“光滑”和“平整”，汉语、汉特语（Khanty）则合并了“光滑”和“光溜”。

此类研究还包括“温度”（Koptjevskaja-Tamm 2022：3—52），“老”（Vyrenkova & Rakhilina & Orekhov，2022：189—214）等物理属性。聚焦于国内，李亮（2019）对汉语中的“锋利/钝”“光滑/粗糙”“软/硬”“重/轻”进行了词汇语义分析。贾燕子（2019：13—27）采用参数-框架的类型学方法对汉语“硬”做了历时角度的研究，发现与自然语言相比，通过历史文献挖掘的词汇系统具有非均质性的特征。钱旭菁（2022：64—72+168—169）通过语料库的方式对汉语“温”“暖”“温暖”进行了词义比较。

物理属性形容词的研究聚焦于语义域参数和框架的构建，这些研究语言样本丰富，类型学意义强，在后续进行形容词类型学研究时具有很高的参考价值。另外，有些学者（贾燕子 2019：13—27；李亮 2019）尝试将类型学研究方法运用到单语种词汇系统的语义分析中，也算是未来类型学研究的一个重要方向。

3. 空间维度形容词

空间是人类基于生活经验所得到的基础范畴之一，维度形容词则从各个维度去描写空间外形和位置关系。人类对于空间的认知具有高度统一性，体现在维度形容词系统上，表现为相似的范畴认知以及差异化的词汇模式。

维度认知的研究以心理学实验为代表。Lyons（1977）通过实验指出儿童在一维形容词习得过程中的层级结构为：高度→长度→宽度/厚度→深度。Harris（1986：335—352）在英国和荷兰儿童之间进行了一项跨语言实验，通过加入多维形容词，对该层级进行了补充。研究发现英、荷兰两国儿童在空间维度的习得顺序中，多维形容词“大/小”要优先于一维形容词“高/低”，但随着年龄的增长，垂直维度会在语言系统中逐渐凸显，具体表现为年龄大的孩子会比年龄小的孩子偏向于使用“高”来形容“大”的物体，且具体的年龄分水岭在 5 岁左右。

有关词汇模式的差异化，Ryzhova 等人（2013）基于问卷的方式对 6 种语言（俄语、塞尔维亚语、英语、法语、中文、汉特语）展开调研，揭示了语言不同的维度形容词系统。例如在中文里，长条事物的厚度通常用“粗/细”表示，而扁平事物的厚度则用“厚/薄”表示，俄语中并不存在此类区分。塞尔维亚语会依据事物是否拥有功能性的内部界面（管道 vs 绳子）而使用不同形容词来表示“窄”。“uzan”（窄）用来形容具有功能性内部表面的物体，而“tanak”（窄）则用来形容不具有该内部表面的物体，此类差异在法语中则不存在。Kozlov & Privizentseva（2022：117—160）对 39 种语言中维度形容词进行分析。该研究聚焦于横向维度（LATUS）和纵向维度（ALTUS），探讨了该维度在各个语言中的词化模式，并统计不同词化模式在语言样本中的频率。横向维度中，最高频的模式为双分策略，即将正极和负极的横向皆双分为“宽/厚”和“窄/薄”。次高频的模式为根据修饰的物体形状，将“厚/薄”进一步二分，例如“厚层/粗轴”和“薄层/细轴”。对于纵向维度，最常见的为三分策略（ternary），即将该维度分为长度、高度、深度，基于该三分策略进一步发现各个语言中存在的共词系统，大致可二分为 DH 系统（即深度和高度共词）和 HL 系统（即高度和长度共词）。

除对跨语言词汇模式的研究外，对维度形容词做语义成分分析也是一大焦点。Greimas（1966：28—59）在研究法语维度形容词的基础上提出了他所主张的义素系统，揭示出六个具有等级关系的语义构成成分：空间性、维度、垂直方位、水平方位、纵深（前后）和横向（左右）。Bierwisch（1967：1—36）在研究德语维度形容词的基础上归纳出 15 类语义元素，并指出德语中与维度域“HIGH”（高）相关的形容词“Hoch/Niedrig”具有极性、一维性、垂直性。根据 Dirven & Taylor（1988）对英文中的相似近义词“high/tall”的研究，发现与“tall”搭配使用的论元具有的语义特征为垂直维度的凸显性、垂直维度的动态变化性、以及物体与背景的可分离性。

国内学者同样在语义成分分析领域取得重要成果。任永军（2001：123—125）基于对中文“高/低”的研究，指出影响“高”使用的心理变量包括重力作用和地面、物体和参照面的位置关系、重力作用的方向、物体的刚性与柔性、维度凸显的程度。伍莹（2013：56—59）将“HIGH”的语义特征进一步丰富，扩充至垂直性、方向性、参照面、延伸性四大语义框架。张子洋（2020）将维度形容词的语义特征进一步补充至维度、方向、距离、容器性、形状、计量单位六大语义要素类别。

三、研究焦点及局限性

纵观前人成果，形容词的类型学研究大致可分为两种思路：一是概念认知跨语言共性，一是词汇语义跨语言对比。无论是基本颜色词种类、演化假设，还是维度形容词的习得顺序，学者都是通过跨语言的方式去验证这些在形容词域达成的认知共性能实现多大程度上的确定性。在词汇语义分析方面，学者则按照挖掘语义参数，构建语义框架，分析词化模式的研究方法进行跨语言比较，且有学者尝试突破多语言的限制，将该种研究方法应用于单一语种去实现历时或共时的词汇研究。展望未来，若能克服以下几方面的局限，形容词词汇类型学定能取得更加深刻的发展。

第一，语言样本地区分布不平衡。大范围语言样本的研究大多由国外学者领导，尤以欧美学者为代表，这必然导致在语言样本的选择上常常忽略亚洲语言。常见于类型学研究的亚洲语言为汉语、韩语、日语，而对其他一些使用人数众多的亚洲语言的类型学研究往往还比不上一些分布在欧美地区的部落语言。因此国内学者在开展形容词类型学研究时，可倾向于关注亚洲语言样本，并基于自身对于亚洲文化语境的了解进行深入细致的研究。

第二，形容词域有待扩大。前文提到形容词研究的难度在于该词类的抽象性和词汇系统的复杂性。颜色、物理属性、维度都是生活基本域中所涉及的形容词，在研究方法上，通过靠近动词和名词的分析逻辑可以实现对其的研究。而对于更加抽象的形容词，如情绪类、精神类等，相关研究较为匮乏，与之相匹配的研究方法也有待未来学者进一步探索。另外，形容词系统中的大量外来词同样是未来类型学研究应当关注的一大焦点。

无论是在理论方法上还是在研究焦点上，形容词的词汇类型学研究都有着广阔的前景，期待更多学者投入到该领域，引领该方向的研究步入快速发展阶段。

参考文献

贾燕子　2019《词汇类型学视域下汉语“硬”语义场的历时演变》，《语文研究》第4期。

李　亮　2019《词汇类型学视角的汉语物理属性形容词研究》，上海：上海辞书出版社。

李庆祥　2002《中日颜色词语及其文化象征意义》，《外语研究》第5期。

刘宝俊　1999《比较词源学研究四例》，《民族语文》第2期。

刘丹青　1990《现代汉语基本颜色词的数量及序列》，《南京师范大学学报》第3期。

罗天华　2009《关于颜色词的分布》，《民族语文》第4期。

钱旭菁　2022《词汇类型学视角的同素单双音节形容词句法语义比较——以“温”“暖”“温暖”为例》，《汉语教学学刊》第2期。

任永军　2001《空间维度词“高、低（矮）”的认知语义分析》，《聊城师范学院学报》第2期。

伍　莹　2014《汉语维度形容词“高”语义特征分析》，《内江师范学院学报》第7期。

张　莉　2023《语义类型学导论》（第二版），汕头：汕头大学出版社。

张子洋　2020《词汇类型学视野下汉日空间形容词词义对比》，大连理工大学博士论文。

［英］伯纳德·科姆里　2010《语言共性和语言类型》（第二版），沈家煊、罗

天华译，北京：北京大学出版社。

Berlin, B., & Kay, P. 1969 *Basic Color Terms*. University of California Press, Berkeley.

Bierwisch, M. 1967 Some Semantic Universals of German Adjectivals. *Foundations of Language*, vol. 3, pp. 1 - 36.

Brown, C. 1976 General Principles of Human Anatomical Partonomy and Speculations on the Growth of Partonomic Nomenclature. *American Ethnologist*, vol. 3, pp. 400 - 424.

Davidoff, J., Davies, I., & Roberson, D. 1999 Colour Categories in a Stone-age Tribe. *Nature*, vol. 398, pp. 203 - 204.

Dixon, R. M. W., & Aikhenvald, A. Y. 2004 *Adjective Classes: A Cross-Linguistic Typology*. Oxford: Oxford University Press.

Greenberg, J. H. 1957 The Consequences of Literacy. *International Journal of American Linguistics*, vol. 23, pp. 68 - 77.

Greimas, A. J. 1966 Éléments pour une théorie de l'interprétation du récit mythique. *Communications*, vol. 8, pp. 28 - 59.

Hardin, C. L. 2013 Berlin and Kay theory. *Encyclopedia of Color Science and Technology*, vol. 2, pp. 259 - 268.

Harris, P. L., Morris, J. E. & Terwogt, M. M. 1986 The Early Acquisition of Spatial Adjectives: a Cross-linguistic Study. *Journal of Child Language*, vol. 13, pp. 335 - 352.

Hjelmslev, L., & Whitfield, F. J. 1963 *Prolegomena to a Theory of Language*. Madison: University of Wisconsin Press.

Kashkin, E. & Vinogradova, O. 2022 The domain of surface texture. In Rakhilina, E., Reznikova, T., & Ryzhova, D. (eds.). *The Typology of Physical Qualities*, pp. 161 - 188. John Benjamins Publishing Company.

Kay, P. & Cook, R. S. 2023 World Color Survey. In Ming Ronnier Luo (eds.). *Encyclopedia of Color Science and Technology*, pp. 1601 - 1607. Cham: Springer International Publishing.

Koptjevskaja-Tamm, M. 2008 Approaching Lexical Typology. In Vanhove, M. (eds.). *From Polysemy to Semantic Change: Towards a Typology of Lexical Semantic Associations*, pp. 3 - 52. John Benjamins Publishing Company.

Koptjevskaja-Tamm, M. 2022 Talking Temperature with Close Relatives: Semantic Systems Across Slavic Languages. In Rakhilina, E., Reznikova, T., & Ryzhova, D. (eds.). *The Typology of Physical Qualities*, pp. 215 – 268. John Benjamins Publishing Company.

Kozlov, A. & Privizentseva, M. 2022 Typology of Dimensions. In Rakhilina, E., Reznikova, T. & Ryzhova, D. (eds.). *The Typology of Physical Qualities*, pp. 117 – 160. John Benjamins Publishing Company.

Kroeber, A. 1909 Classificatory System of Relationship. *The Journal of the Royal Anthropological Institute of Great Britain and Ireland*, vol. 39.

Kyuseva, M., Parina, E., & Ryzhova, D. 2022 Methodology at Work: Semantic Fields Sharp and Blunt. In Rakhilina, E., Reznikova, T., & Ryzhova, D. (eds.). *The Typology of Physical Qualities*, pp. 29 – 56. John Benjamins Publishing Company.

Lehrer, A. 1992 A theory of vocabulary structure: Retrospectives and prospectives. In Pütz, M. (eds.). *Thirty Years of Linguistic Evolution*, pp. 243 – 256. John Benjamins Publishing Company.

Lyons, J. 1977 *Semantics: Volume 2*. Cambridge University Press.

Majid, A. & Boster, J. & Bowerman, M. 2008 The Cross-linguistic Categorization of Everyday Events: A Study of "cutting and breaking". *Cognition*, vol. 109, pp. 235 – 250.

Raffaelli, I., Katunar, D., & Kerovec, B. 2019 *Lexicalization Patterns in Color Naming. A Cross – linguistic Perspective*. John Benjamins Publishing Company.

Reznikova, T., Panina, A., & Kruglyakova, V. 2022 A Matter of Degree? The Domain of Wetness in a Typological Perspective. In Rakhilina, E., Reznikova, T., & Ryzhova, D. (eds.). *The Typology of Physical Qualities*, pp. 57 – 78. John Benjamins Publishing Company.

Ryzhova, D., Kozlov, A. & Privizentseva, M. 2013 Qualities of Size: towards a Typology. In *Talk at Association for Linguistic Typology 10th Biennial Conference*, Leipzig.

Panina, A., & Tagabileva, M. 2022 Quality as a Two-place Predicate. In Rakhilina, E., Reznikova, T., & Ryzhova, D. (eds.). *The Typology of Physical Qualities*, pp. 79 – 116. John Benjamins Publishing Company.

Söderqvist, K. 2017 *Colexification and Semantic Change in Colour Terms in Sino-*

Tibetan and Indo-European Languages. Master's thesis of University of Lund.

Talmy, L. 1985 Lexicalization Patterns: Semantic Structure in Lexical Forms. In Timothy, S. (eds.). *Language Typology and Syntactic Description*. Cambridge University Press.

Vyrenkova, A., Rakhilina, E. & Orekhov, B. 2022 A New Approach to OLD Studies. In Rakhilina, E., Reznikova, T., & Ryzhova, D. (eds.). *The Typology of Physical Qualities*, pp. 189 - 214. John Benjamins Publishing Company.

英语核心词“女”词义比较

黎金娥

湖北中医药大学外国语学院

［摘要］本文考察英语核心词“女”语义场代表词的来源与用法，探讨妈妈与乳房、吮吸与母奶、寡妇与分离、房子与女主人、巾帼与妇女、女性与蹒跚、少女与侍从、母亲与物质的几种语义关系，以及动物喻指人的用法，并尽可能地与其他语言比较，探讨语言的共性。

［关键词］核心词　女　词义　比较

一、引　　言

核心词有较好的稳定性，历时变化非常缓慢，更替的速度相对恒定，是语言词汇中最核心的部分。同一词具有包括本义在内的多个义项，可指称多种相似而又不同的事物，而同一事物又可以用多个来自不同语义场的词来指称。这些绝对不是任意的，而是遵循着一定的规律，具有一定的结构，也能反映人类对世界的认知。

运用历史比较法看代表词的词义变化、词义发展及词的替换，在可能的条件下将比较纳入语义类型学的视野，共时地同印欧语系的其他语言进行比较，如果可能，也同印欧语系外的语言如汉语、藏缅语等进行比较，找寻词义发展的共同演变方向和演变规律。

“女”概念在斯瓦迪士《百词表》中居第16位，英语“女”语义场的成员较多，有泛指女性、亲属称谓、专指少女、专指配偶，有尊称词，也有贬义。具体如下：

英语“女”语义场

女	泛　称	female，woman
	亲属词	mother（mamma），aunt，sister，daughter，niece
	少　女	girl，maiden，lass，miss，nymph，wench，damsel，virgin
	妇　女	wife，matron，concubine，queen，widow，dowager，bride
	尊称词	lady，dame，madam
	贬毁词	prostitute，quean 等

二、代表词的来源与用法

历时地考察“女”语义场每一个词的来源、词义变化、词义发展及词的替换，可以找寻语义联系和认知规律。

（一）泛指“女性”

从词源来说，在古英语中 woman 书写形式为 wīfmann，wifman，是 wīf“ woman（女性）” 和 man“ human being（人）” 组成的合成词，意思是“adult female human（成年女性）”。adult female human（成年女性），这种构词方式是英语和荷兰语特有的，荷兰语 vrouwmens“妻子”。后来字母 f 逐渐丧失，书写形式在 13 世纪成为 woman，并在中古英语末期完全取代 wīf“female person（女性）” 和 quean“woman（女人）”。

拉丁语词 fēmella①“年轻女性，女孩”进入法语，约在 14 世纪古法

① 拉丁语 fēmina“女人”的指小词（反过来又是拉丁语 fēlāre“吮吸”的派生词，因此在词源上表示“吮吸母乳的人”，也产生了拉丁语 filia“女儿”和 filia“儿子”，英语 filial“子女的”）。

语词 fēmelle“女性，雌性，女人”被英语借用成为 female“女性，雌性动物，［植］雌株”。

（二）亲属称谓

妈妈这个词在每一种语言里都有，书面语“妈妈，母亲”可追溯至原始印欧语词根 * māter-。这个词根也衍生了许多其他语言中的“妈妈，母亲”，如拉丁语 māter、古爱尔兰语 mathir、立陶宛语 motė、梵语 matar-、希腊语 meter、古斯拉夫语 mati。在原始日耳曼语系中这个词根演变为 * mothær，英语 mother 的同源词有古萨克森语 mōdar、古弗里斯语 mōder、古挪威语 moðir、丹麦语 moder、荷兰语 moeder、古高地德语 muoter、德语 Mutter。拉丁语 māter 进入英语，派生了 madrigal“情歌，重唱歌曲，小调”、material“材料；物资；原料”、maternal“母亲的，母方的，母系的”、matrimony“婚姻；婚姻生活；夫妇关系”、matrix“母体；子宫”、matron“妇女，主妇；保姆”和 matter“物质”等词汇。

对于和父母同辈的女性的称谓，汉语有伯母、姑母、婶母、姨母、舅母、阿姨，现代英语对应的只有一个 aunt。但是 aunt 从词源上来说是拉丁语 amita①“paternal aunt（姑母，伯母）”经由法语进入英语的，同源词有希腊语 amma“母亲”、古挪威语 amma“祖母”、爱尔兰语 ammait“老太婆”、希伯来语 em“母亲”、阿拉伯语 umm“母亲”。其实在古英语中，分别用 faðu 和 modrige 表达“father's sister（姑母、婶母等）”和“mother's sister（姨母等）”，aunt 进入英语后词义扩大，既可指称父系又可指称母系里的与父母同辈的女性，两个古英语词慢慢被废除了。但是瑞典语至今保留了用不同的词区分，对父系方的称谓 faster，对母系方的称谓 moster。

英语 sister“姐妹；姐姐；妹妹”可追溯到印欧语词 * swesor，同一词还衍生拉丁语 soror、俄语 sestra、捷克语 sestra、波兰语 siostra、威尔士语

---

① 拉丁语 matertera“aunt on mother's side（姨妈）”。

chwaer、布列塔尼语 c'hoar、立陶宛语 sesuo、梵语 svasar-。在日耳曼语系，sister 的同源词有德语 schwester、荷兰语 zuster、瑞典语 syster、丹麦语 søster（Ayto 2005：458）。

在印欧语系中，拉丁语系用 filia“女儿”及其派生词，威尔士语用 merch“女儿”，除此之外，其他语言中的“女儿”都源自印欧语词 * dhughətēr，如希腊语 thugátēr、亚美尼亚语 dustr、古斯拉夫语 dusti、梵语 duhitar-①。原始日耳曼词是 * dohtēr，故而日耳曼语系中，英语 daughter 的同源词还有哥特语 dauhtar、德语 tochter、荷兰语 dochter、瑞典语 dotter、丹麦语 datter。

英语 niece 经历了拉丁语 neptia②“孙女，外孙女”>古法语 niece“侄女，外甥女；孙女，外孙女”>中世纪英语 nece“侄女，外甥女；孙女，外孙女”>现代英语 niece“侄女，外甥女”的演变。同源词有葡萄牙语 neta“孙女，外孙女”、西班牙语 nieta“孙女，外孙女”、古立陶宛语 neptė“孙女，外孙女”、梵语 naptih“孙女，外孙女”、捷克语 net“侄女，外甥女”、古爱尔兰语 necht“侄女，外甥女”、威尔士语 nith“侄女，外甥女”、德语 Nichte“侄女，外甥女”。

（三）专指妇女配偶

古英语 wif、现代英语 wife 的本义是“woman（女人）”，但从古英语时期其语义一直严格限定于“married woman（已婚妇女）”。起源于原始日耳曼语词 * wiban，同源词有古斯拉夫语 wif、古弗里斯语 wif、古挪威语 vif、丹麦语 viv、瑞典语 viv、荷兰语 wijf、古高地德语 wib、德语 weib，这些词的最初语义都是“woman（女人）”。现代英语中 wife 的意思是“妻子”，语义范围缩小了，如 housewife“家庭主妇”。但其“女性”的含义仍保留在一些词中，如 midwife“助产士，接生婆”、old wives' tale“老妇人的故事，无稽之谈”、fishwife“卖鱼妇；嘴臭的女

---

① 梵语 duh-是“milk（乳汁）”。

② 拉丁语 neptis“侄女，外甥女；孙女，外孙女”的阴性词。

人”，等等。

英语 queen“女王；出众的女人，名媛；皇后，王后”，来自古英语 cwēn“女人”，源自原始印欧语词根 * gwen-“女人”，同源词有希腊语 guné、波斯语 zan、瑞典语 kvinna、梵语 janis 、盖尔语 bean、哥特语 qino 和英语 quean，这几个词的本义都是“woman（女人）”①。这个词在古日耳曼语中最早的意思似乎是“妻子”，到了古英语时期，专指“国王的妻子”。古诺斯语同源词 kvan 仍然主要指的是“妻子”，例如 kvan-fang“婚姻，娶妻”，kvanlauss“未婚的，丧偶的”，kvan-riki“妻子的统治”。

英语 widow 从词源上来讲是指和丈夫分开、独居的女人，源自印欧语词根 * weidh-“分离，分开”。印欧语系很多“寡妇”都是源自这个词根，如拉丁语 vidua、中古波斯语 vithava 、旧教会斯拉夫语 vidova、古爱尔兰语 fedb、俄语 vdova、捷克语 vdova、威尔士语 gweddr、德语 witwe、荷兰语 weduwe、梵语 vidhava。

古英语 bryd“新娘，订婚的或是刚刚结婚的女子”，现代英语词 bride，源自原始日耳曼词 * bruthiz，是一个语义非常稳定的词。在其他日耳曼语系的同源词有古弗里斯语 breid、古高地德语 brut、德语 Braut、荷兰语 bruid、瑞典语 brud，都是“新娘”的意思。在古代风俗中，女子结婚后与夫家一起生活，刚结婚的女子就变成了儿媳妇，所以 bride 在哥特语中的同源词 brus 是“儿媳”的意思。

（四）专指少女

girl 约在 14 世纪出现，来源不详，本义是“child②（of either sex）”，指称儿童（不分男女）。在 14 世纪末，语义缩小专指“female child（女孩）”，15 世纪中叶用来指称年轻的未婚女性，17 世纪有了“sweetheart

① 英语 gynaecology“妇科学”由希腊语 guné 派生；英语 zenana“闺房；闺中妇女；女用薄衣料；后宫”由波斯语 zan 派生；梵语 gná 意思是“神之妻；女神”；哥特语 qéns 是“女王；王后”。

② 低地德语 gære、挪威语 gorre、瑞典语 gurre，也是指称儿童（不分性别）。

（心上人，恋人）” 含义。

maiden 由原始日耳曼词* magadiz“没有性经验的年轻女性”衍生，同源词有古斯拉夫语 magath“少女，女仆”、古弗里斯语 maged“少女，女仆”、古高地德语 magad“少女，女仆”、德语 Magd“少女，女仆”、德语 Mädchen“少女”等。maid“处女，未婚女子”是 maiden 的简写形式，在中世纪英语中和 maiden 一样指称未婚的男子或是女子，不分性别，但现代英语中专指未婚的少女。约 14 世纪末，有了“女仆，侍女”的意思，如 maidservant“女仆”、maid of Honor“宫女”等。

苏格兰语里的女佣 lass，也是“少女”的意思，起源于斯堪的纳维亚，指小词 lassie“少女，姑娘，恋人”，可能与古瑞典语 løsk kona“未婚女子”同源。

英语中对未婚女子的称呼 Miss 最早是用作“妓女，妾，情妇”，在 17 世纪开始，被广泛作为对未婚女子对尊称。可比较汉语“小姐”（刘毓庆 2003）。

粗俗拉丁语词* dominicella，domina“女士，夫人”的指小词，演变成古法语 dameisele“出身高贵的女子”、现代法语 damoiselle“少女，闺女”，后进入英语成为 damsel“年轻女子，闺女，少女”。

宁芙（Nymph），是古希腊神话中以美丽女子形象出现，有时化身为树、水和山等自然之物的小女神，居住在山林水泽的仙女。英语 nymph 经历里希腊语 nymphē“新娘；女神”>拉丁语 nympha“新娘；女神”>法语 nimphe“女神”>英语 nymph“女神，美丽的少女”的演变。

中世纪英语词 wenche“女孩；少妇”是由 wenchel“儿童；女孩，少女”简化而来，与古高地德语 wankōn“to totter，waver（蹒跚）”、wanchal“变幻无常的；薄情的；浮躁的”、古挪威语 vakr“儿童，虚弱的人”同源。14 世纪中叶 wench 的词义扩展了“妾，情妇”，14 世纪晚期增加“乡下姑娘；侍女；女奴隶”这个意思，且在 19 世纪美国南方指称女奴（不分年龄）。莎士比亚时代把女亚麻工人称为 flax-wench、flax-wife 或 flax-woman。

约在13世纪初英语从古法语借用virgine，而这个法语词来自拉丁语virgō“年轻女子，未婚女子”，然后有了英语词virgin“处女”，14世纪初起virgin也用来指处男。

（五）对女性的尊称词

现代人尊称女性为lady，君子作风其一就是“Ladies First（女士优先）”。lady在古英语中书写形式为hlœfdige，是一个由hlœf①“面包”+ *dig-“揉，捏”构成的复合词，字面意思是“揉面团的人，做面包的人”，在13世纪指称上流社会的女子，后来也指举止文雅的淑女，从19世纪末成为了对女性的称呼。

上文在讲damsel“年轻女子，闺女，少女”的来源时提及了粗俗拉丁语词 *dominicella，domina“女士，夫人”的指小词。英语词dame“夫人，贵妇”的演变：拉丁语domus“房子”>拉丁语domina“女士，夫人，女主人，主妇”>古法语dame“夫人，女士，主妇，妻子”>英语dame。同源词有西班牙词dueña和意大利词donna，意思与dame相同。dame是对爵士夫人和男爵夫人对称呼，20世纪初在美国俚语中泛指“女人”。法语madame的意思是ma dame，my lady，英语书写为madam。

（六）对女性的贬毁词

英语中有非常多的词用来贬低女性，是性别歧视存在的有力的文字佐证。如：baggage“<口>妓女；无用的女人；令人厌恶的老妇人”、bawd“鸨母，妓女”、bimbo“<美俚>妓女、荡妇，蠢女人；<俚>无知的人”、bitch“母狗，<贬>泼妇；母狼，母狐，婊子”、broad“<俚>女子”、cat“坏心眼的女人”、chippy“花栗鼠；浪漫女子；<俚>妓女”、cocotte“水性杨花的女人；妓女”、courtesan“妓女；交际花；情妇”、crone“满脸皱纹的丑老太婆；老母羊”、concubine“妾，姨太太，情妇”、cyprian“淫

① 现代英语书写形式loaf。

荡的人”、dog“蹩脚货；丑女人”、doxy“淫妇，娼妇，情人”、floozy“<俚>荡妇；妓女”、hag“巫婆，丑老太婆，母夜叉”、harlot“妓女”、hooker“渔船；小偷儿；毛贼；妓女”、hussy“轻佻的女子”、hustler“骗子；妓女”、jade“翡翠，玉，硬玉，玉制品；瘦马；荡妇；轻佻的姑娘”、minx“轻佻女子，风骚女子”、mistress“主妇，情妇，女主人”、moll“匪徒的情妇；女流氓；女贼；妓女”、paramour“情妇，情夫，情人”、prostitute“妓女，男娼”、quean“轻佻的女人；淫荡的女人；妓女”、ramp“粗鲁的女人”、slattern“举止随便的女人；妓女；荡妇”、slut“邋遢女子；娼妓；自甘堕落的女人；泼妇”、strumpet“婊子，妓女”、succubus“传说中在睡梦中与男人性交的女魔；撒旦，魔鬼；妓女，娼妓”、tart“果馅饼，<俚>妓女”、trollop“堕落的女人，妓女”、trull“妓女”、vamp“鞋面；荡妇”、wanton“荡妇，水性杨花的女人”、wench“少女，女仆，乡下姑娘，情妇”、whore“娼妓，宿娼，妓女”。

其中，英语 bimbo 来自意大利语，在意大利语中是“婴孩”，美国俚语也借用该词指称“婴孩”，指一个经常倒霉的家伙，后来被用来指年轻女子，尤其是滥交的愚蠢的女子。

20 世纪俚语中出现的 broad“女子”可能暗示女人的肥壮的臀部，可能源自美式英语 abroadwife“（与丈夫分属不同主人的）女黑奴”。在英语中，broad 最初指称“粗俗的、下层社会的女人”，由此有了女子田径运动 broad jump“跳远”，后来更名为 long jump。

古法语词 harlot/herlot 在约 13 世纪初被英语借用，保留了本义“流浪汉”，但这个词在古法语和中世纪英语中是指男性，约 15 世纪初出现“妓女”的含义，在 17 世纪末男性意义慢慢消亡。

古法语 maistresse① “主妇，女管家，女家庭教师，女老师”在 14 世纪初被英语借用，成为 mistress“女老师，女管家”，在 15 世纪初语义扩

① 现代法语 maîtresse，maistre“男主人”的阴性词。

展为“女主人”和“情妇”。

英语 whore 词源本义是“爱人，情人”，源自印欧语词根 * qār-，这个词根也衍生出拉丁语 cārus“亲爱的”、古爱尔兰语 caraim“我爱”、拉脱维亚语 kārs“好色的，贪婪的”等。同源词有德语 hure、荷兰语 hoer、瑞典语 hora、丹麦语 hore，基于原始日耳曼语词 * khōrōn，都是“妓女，卖淫女”的意思。

三、语 义 演 变

（一）探讨几种关系

1. 妈妈与乳房

表达“妈妈”含义的印欧语词根 * māt-/ * māter-是由 * mā-“乳房”派生出来的。印欧语系有个普遍现象，就是用 * mā-的叠加词来表达“妈妈”的含义。拉丁语 mamma 本义是“乳房”，后作为儿语，指“妈妈”，然后有了英语 mamma“<儿语>妈妈”（Partridge 2006：1875）。

叶斯柏森（2005：120－121）认为，“因为母乳是婴儿营养的最初来源，所以他叫起 mamama 的时候，也可以被当作在指乳房。因而类似拉丁语的 mamma 加上指小词尾，就产生了 mammilla（乳头），并由此产生了法语的 mamelle（乳房）”。

英语中儿语指称“妈妈”的还有 mum、mymmy、momma、mom、mommy。类似的表达有希腊语 mamme“妈妈，祖母”，波斯语 mama，俄语 mama“妈妈”，立陶宛语 mama“妈妈”，德语 Mamma“乳房；妈妈”，德语 Muhme“姨妈”，法语 maman“妈妈”，威尔士语 mam“妈妈”，西班牙语 mama“乳房；妈妈”，意大利语 mamma“妈妈；乳房”。西班牙语 chiche“（拉丁美洲）乳房，（墨西哥）奶妈，乳娘”；chichi“奶妈，乳娘，（拉丁美洲）乳房”。越南语 vu“乳房；奶妈”。梵语 vama 是“乳房；女人”。汉语方言里“妈”指母亲，也指乳房，或奶汁。“这个小孩还在吃妈妈”中“妈妈”是“母乳”。

2. 女（雌）性与吮吸与母乳

拉丁词 fēmina“女性”，由 fēlāre“吮吸”派生出来，从词源上讲指“哺乳者”。由该词根派生的还有拉丁语 filia“女儿”、filius“儿子”、英语 filial“子女的，孝顺的”。梵语 duhitar-“女儿”中的 duh-是“乳汁”。

可追溯到原始印欧语词根 * dhē（i）-“吮吸”，再如梵语 dhayati“吮吸”，dhayah“滋养”；希腊语 thēlē“母乳，乳头”，thēlys“女性，多产的”；拉丁语 felare“吮吸”，femina“女人”（“哺乳的人”），felix“幸福的，吉祥的，多产的”，fetus“后代，怀孕”；fecundus“多产的，肥沃的，富饶的”；古教会斯拉夫语 dojiti“哺乳”，dojilica“保姆”，deti“孩子”；立陶宛语 dėlė“水蛭”；古普鲁士语 dadan“奶，乳汁”；哥特语 daddjan“哺乳”；古瑞典语 dia“哺乳”；古高地德语 tila“女性的乳房”；古爱尔兰语 denaim“我吮吸”，dinu“小羊”。

英语 milk，名词“乳，奶”，动词“挤乳，挤奶”，曾被用作 suckle“哺乳，吮吸，养育；吮吸；吸取，吸奶”。英语 suck 源自印欧语词根 * seug-，* seuk-，拟声词（吮吸母乳的声音）。“吮吸”词在印欧语系普遍存在，如拉丁语 sūgere（过去分词 sūctus >英语 suction“吸，吸入”），威尔士语 sugno，德语 saugen，荷兰语 zuigen，瑞典语 suga，丹麦语 suge。

黄树先先生（2016）比较汉字“咁”和“姏”的来源，考察“吮吸与母奶”，指出“小孩子吮吸母乳，吮吸与奶就可以是一个词”，文章中给出汉语、藏语、藏缅语、葡萄牙语、景颇语的例证。如：

“咂”是动词，东北官话、北京官话、西南官话“咂咂”，指妇女的乳房，东北官话、北京官话还指乳汁、奶水。东北官话、冀鲁官话乳房叫“大喳喳”（许宝华、宫田一郎 1999：285）。现代汉语“奶”，作动词当喂奶讲，如说“奶孩子”。藏语 nu-ma“乳房”，藏拉语 nu“奶”，缅语 nui，卢舍依语 hnu-te“乳房，奶”。藏缅语的 * nuw“奶”，跟汉语“乳”有同源关系。汉语“乳”字有乳房、吃奶等意思，《左传·宣公四年》：“邳夫人使弃之梦中，互乳之。”此谓哺乳。可作乳房讲，又指乳汁。藏文 nu，是乳房，也指吃奶、哺乳，或作 nu-nus-nus，mnun。张济川先生（2009：

105）说，这几个词都是同族词。

葡萄牙语 chucha“吮吸；乳房，奶头；食物，食品”，景颇语 chyu［tʃu̱ʔ$_{55}$］“乳房；奶，乳；嘬（奶）：chyu chyu 吃奶”，均可以跟汉语“咁”比较。

3. 寡妇与分离

从词源上讲，widow“寡妇”指和丈夫分开、独居的女人，源自印欧语词根 *weidh-“分离，分开”。印欧语系很多“寡妇”都是源自这个词根，包括拉丁语 vidua、俄语 vdova、捷克语 vdova、威尔士语 gweddr、德语 witwe、荷兰语 weduwe、梵语 vidhava。这个词根还演变出英语 divide“隔开，分割”和梵语 vidhu-“孤独的，独立的，单一的”。

可比较汉语“嫠”，寡妇，《左传·襄公二十五年》：“嫠也何害?”同族词“剺”，分割、切割，扬雄《长杨赋》：“分剺单于，磔裂属国。”《汉书·扬雄传》作“分梨”。王力说，剺劙同源。《方言》卷十三：“劙，解也。”

4. 房子与人

拉丁语 domus“房子”几经借用，后来进入英语演变成 dame，指房子里的女主人。lady 在古英语中是一个由 hlœf“面包”+ *dig-“揉，捏”构成的复合词，字面意思是“揉面团的人，做面包的人”。可比较汉语方言“堂客”“屋里头的”。黄树先先生（2012：76）指出武汉话、黄陂话的妻子叫“家务”，德语 Haus“房子；全家人”，Hausflur“门厅，走廊；家庭主妇；女房东”。

丈夫 husband，古英语 husbonda“男主人”，来自古挪威语 hūsbōndi，是由 hūs“房屋”+ bōndi“居住者”构成的复合词，指“一家之主”。与古挪威语 būa“居住”和古英语 būan“居住”同源。盎格鲁-萨克森人用 wer“男人”来指称“丈夫”，直到 13 世纪下被 husband 取代。英语 villain“乡下人，村夫”<古法语 vilain“农夫，庄稼汉，乡下人”<中世纪拉丁语 villanus“农场工人”<拉丁语 villa“别墅；农场”。

5. 巾帼与妇女

英语俚语中，用 skirt“短裙”指“女人，姑娘”，英语 skirt-chaser 是

“猎艳者”，英语 petticoat“衬裙；姑娘；妞儿”。英语 crone 本义是“腐肉，死肉”，可指“满脸皱纹的丑老太婆”。古法语 bagage“行李，装备”进入英语成为 baggage，在口语中指“妓女；无用的女人；令人厌恶的老妇人”。英语 zenana“闺房；闺中妇女；女用薄衣料；后宫”。

黄树先先生（2012：77）阐述了“巾帼与妇女”的关系，古代汉语“簂”，古代妇女的发饰，字后作“帼”，《释名 · 释首饰》：“簂，恢也。恢廓覆发上也。”字也作“蔮”，见《后汉书 · 舆服志》。文献中有“巾帼”一词，《魏氏春秋》：“（诸葛）亮既屡遣使交书，又致巾帼妇人之饰，以怒宣王。”（《三国志 · 魏明帝纪》裴注引），后指妇女，如“巾帼英雄”。其他语言，也常用妇女服饰指代妇女：日语【髱】“日本妇女梳扎在脑后的燕尾儿；女子，年青妇女”。日语【紅裙】“红裙，女子的衣服；美女，艺妓”。德语 Schürze“（妇女常用的）围裙；妇女”。法语 jupe、西班牙语 falda、葡萄牙语 saia、意大利语 gonnèlla 和俄语 ю́бка 都是“裙子；女人”。塞尔维亚-克罗地亚语 prègača“围裙，围腰；家庭主妇”。

用相关事物来指称人，还可参考“男”：英语 butler 历经古法语 boteille“酒瓶，瓶子”> 古法语 boteillier“持杯者，仆役长，男管家，掌管酒的官员”> 诺尔曼时代在英国所用的法语 buteillier“持杯者”>英语 butler“男管家，仆役长”的演变，从酒瓶到人，反映了 butler 作为掌管酒水的仆人首领的地位。

6. 女性与蹒跚

英语 wench“女孩，少女；妾，情妇；乡下姑娘；侍女；女奴隶”与古高地德语 wankōn“to totter, waver（蹒跚）”、wanchal“变幻无常的；薄情的；浮躁的”、古挪威语 vakr“儿童，虚弱的人”同源。

黄树先先生（2012：75）指出“老妪与妻子”的关联。汉语“婆”本指老妇，“阿婆不嫁女”是也。也指妻子，现在通称“老婆”。《广韵 · 戈韵》：“婆，老母称也。”“婆”，也有婆娑、蹒跚的意思。“婆”又作“媻”，《集韵 · 戈韵》蒲波切。《说文》：“媻，奢也。从女。般声。”段注：“《子虚赋》：媻姗勃窣。借用此为蹒跚字。薄波切。”小徐本有“一曰小妻也”五字。段注：“《广韵》同。小妻字史多有之，见《汉书》《枚乘传》《外戚传》《佞幸传》，《后书·阳球传》。汉时名之不正者。”

印尼语 empuan“<古>妇女”；perempuan“女人；老婆”。韩语 manura“妻子，老婆；老妪，老太婆”。

7. 少女（少男）与侍从（仆人）

英语 maid“处女，未婚女子；女仆，侍女”，同源词有古斯拉夫语 magath“少女，女仆”、古弗里斯语 maged“少女，女仆”、古高地德语 magad“少女，女仆”、德语 Magd“少女，女仆”、苏格兰语 lass“女佣”“少女”。另外，英语 wench“女孩，少女；妾，情妇；乡下姑娘”也有“侍女；女奴隶”之意。

新郎 bridegroom 中的 groom 意思是“男孩；男仆”；英语 boy 的本义是“奴隶，仆人”。在印欧语系，同时有“男孩”和“仆人，随从”含义的词较多，如意大利语 ragazzo、法语 garçon、希腊语 pais、古斯拉夫语 otroku-。英语 lad 的本义是“社会地位地下的男子”，也指“男仆”，后来演变成现在的“少年”。英语中有两个 page，指称“男侍者”的 page 最初义是“男孩”，是法语借词。

8. 母亲与物质

原始印欧语词根 * māter-，衍生了许多其他语言中的“妈妈，母亲”。其中拉丁语 māter 进入英语，派生了 madrigal“情歌，重唱歌曲，小调”、material“材料；物资；原料”、matrimony“婚姻；婚姻生活；夫妇关系”、matrix“母体；子宫”、matron“妇女，主妇；保姆”和 matter“物质”。拉丁语 māter 演变而成的拉丁语 materia 是“物质，事情”，被意大利语、葡萄牙语、西班牙语借用。另外，在英语和法语中 materia medica 是“本草”。

9. 动物喻人

英语中有不少用动物喻指人的例子，此处只讲喻指女子的例子。早在14 世纪初，人们用 bird 指称“女孩，少女”（详见鸟与人）；13 世纪初

cat 可指“坏心眼的女人”，15 世纪初俚语中指“妓女”，20 世纪初俚语中泛指“人，家伙，朋友”；20 世纪初 chick 在美国黑人俚语中指“少女，小妞；少妇”；英语 mynx“宠物狗”（现代英语 minx）后来指称“无礼的、水性杨花的女子；轻佻女子，风骚女子”，可能是 minikin“女孩；女人”的简化词；dog 可指“丑女人”，bitch 骂指“泼妇”。

（二）语义变化的几种方式

1）词义扩大：拉丁语 virgō“年轻女子，未婚女子”，经古法语到英语成为 virgin“处女”，14 世纪初起 virgin 也用来指处男。俚语中 cat 是“坏心眼的女人；妓女”，后来泛指“人，家伙，朋友”。英语 matron 原来是“已婚妇女，主妇”，后来还可以指称“女总管；护士长”。

2）词义缩小：maid/maiden 先指“未婚的人”，后来只指“少女”；词义缩小的还有上文讲到的 queen，源自古英语 cwēn“女人”，在古日耳曼语中最早的意思是“妻子”，到了古英语时期，专指“国王的妻子”。

3）词义褒扬：miss 先是“妓女，妾”，后来泛指未婚女子。

4）词义贬低：上文有专门讨论对女性贬低的词，其中 wench 本来是“少女，少妇”，后来只指“妾，情妇”含义；quean“女人”只指“轻佻的女人，妓女”；whore 本义是“爱人”，现在是“妓女，卖淫女”的意思。

四、结　语

英语“女”语义场最古老的词当属 wife，原泛指女人，后来词义缩小。泛指“女人”的词中 woman 是由 wife 和 man 构成的合成词。亲属称谓词中表达母亲的词在世界语言中有共性，与母亲哺乳喂奶有不可分的关系；niece 一词经历了“孙女”到“侄女”的变化，同源词有指称孙女也有指称侄女；widow“寡妇”词里含有“分离，隔开”语义，暗示与丈夫阴阳相隔；dame、lady、skirt 和 crone 的语义变化体现了用相关事物转喻指女人；英语中有不少用鸟、狗等来隐喻指女人，贬义居多。

参考文献

黄树先　2012 《比较词义探索》，成都：巴蜀书社。

黄树先　2016 《比较词义四题》，载四川师范大学汉语言研究所编《语言历史论丛》（第九辑），成都：巴蜀书社。

黎金娥　2011 《英语核心词研究》，华中科技大学博士论文。

刘毓庆　2003 《“小姐”考》，《中国语文》第5期。

王　力　1982 《同源字典》，北京：商务印书馆。

［英］帕默尔　1983 《语言学概论》，李荣等译，北京：商务印书馆。

许宝华，［日］宫田一郎　1999 《汉语方言大词典》，北京：中华书局。

［丹麦］叶斯柏森　2005 《叶斯柏森语言学选集》，任绍曾编译，长沙：湖南教育出版社。

张济川　1999 《藏语词族研究：古代藏族如何丰富发展他们的词汇》，北京：社会科学文献出版社。

Ayto, John　2005　*Word Origins*（*2nd edition*），London：A & C Black.

Campbell, L.　2008　*Historical Linguistics: An Introduction*，北京：世界图书出版公司北京公司。

Freeborn, G.　2000　*From Old English to Standard English*，北京：外语教学与研究出版社。

“黑”的语义类型学比较*

冶慧颖

湖北第二师范学院外国语学院

[**摘要**] 颜色词是人类语言符号系统中具有共同认知的抽象概念，在表达色彩的同时，颜色词还被赋予了丰富的引申义、联想义和象征义等。本文选取了日耳曼语族的七种语言和汉语“黑”语义场的相关词为研究对象，运用语义图模型作为研究手段，对其语义类型进行了比较与分析，较直观地展示了日耳曼语族和汉语核心词“黑”的语义共性和差异，并对这些语义的产生和演变进行一些探寻。

[**关键词**] 核心词“黑”　语义图　语义类型学　历时演变

颜色词是人类在感知色彩过程中所固定下来的抽象的语言表达，世界各民族在借助这一抽象概念表达色彩的同时，还赋予了它们许多表颜色功能以外的意义。这值得我们进一步探索。本文对日耳曼语族各语言和汉语“黑”系颜色词的语义进行范畴归类，并在语义图模型的框架下，构建其概念空间和语义图，直观展示日耳曼语族各语言和汉语“黑”系颜色词语义的共性和差异，并对这些语义的产生和发展进行一些探寻，试图发现人类在颜色认知领域的普遍性。

---

* 本文系湖北省教育厅哲学社会科学研究一般项目“印欧语系与汉语颜色核心词‘白’语义类型学研究”（24Y018）的阶段性研究成果。

一、语言取样及语料、语义来源

本文是对日耳曼语族各语言和汉语“黑”语义场的语义进行类型学比较。日耳曼语族包括西日耳曼语支中的英语、德语和荷兰语，以及北日耳曼语支中的瑞典语、丹麦语、挪威语、冰岛语等。东日耳曼语支已基本消亡，故本文不作研究。另外，由于日耳曼语族中的各种语言资料丰寡不一，本文着重于西日耳曼语支和汉语“黑”语义场语义的比较。

本文的语料、语义主要来源于各大词典。先对各语言中具有或曾经具有“黑”语义的词进行查询统计，然后对语义进行分析归类，便于构建语义概念空间。以英语为例，根据《牛津英语词典》（*Oxford English Dictionary*, *2nd Edition*），对英语词汇中所有表示“黑”的词汇进行查询统计，共有 11 个词（同一词的衍生词不计入），分别是 black、dark、swarthy、melano、dusky、sable、sooty、inky、enbony、raven、jet。同理，以汉语为例，根据《汉语大词典》，汉语黑色语义场目前尚在使用的词共有 22 个，其中表示颜色的词有 14 个，如黑、乌、皂、墨、玄、黛、青、黎（黧）、缁、黔、黝、焦、黢、漆；表示光线明暗的词共有 8 个，如暗、黯、闇、昏、昧、暝、冥、幽。本文英汉例句主要来源于《英汉大词典》《牛津英语词典》以及《汉语大词典 2. 0 电子版》，其他语言的例句来源于德汉词典、荷汉词典以及灵格斯词典、康明多译通电子词典等。

二、“黑”语义概念空间的构建

根据吴福祥等人（2017）对语义图模型的介绍，语义图模型是一种以几何图形的方式来表征语言成分多功能性，揭示人类语言中语言成分多功能模式的系统性和规律性的语义研究方法。语义图模型基于以下三点假设：第一是概念意义的相似性，即跨越语言而普遍存在于人类心智中的共同认知；第二是概念空间的相邻性，即语义图中各概念节点间要有联系性，不能是孤立和跳跃的；第三是概念的多义形式和多功能范畴在语义组织上一定存在相似性，也一定具有相同的制约和限制。

根据物理光学原理，人类对不反射任何光线的物体颜色定义为"黑色"，对较少或几乎没有光线进入眼睛的感知称为"黑暗"，因此黑色语义场的概念空间包含上述两个核心语义。国内对"黑"色语义及引申义的研究多注重于前者，对后者往往重视不足，认为这些与"暗"相关的语义和颜色词无关。本人曾对 23 种语言的基本颜色词进行研究，发现"黑"除了和颜色有关，还和光线明暗有很大关系，两者不可分割；必须将这两大类核心语义进行延展分析，才能发现人类对"黑"的视觉、情感、心理等认知的普遍性和共性。

例如，《说文》对汉语"黑"的解释是"火所熏之色也"，说明汉语"黑"的产生和光有关；白保罗认为藏缅语族中加罗语、迪马萨语"黑、蓝、暗黑"，卢舍依语"暗黑、暗"，列普查语"黯淡、黑暗"，缅语"黑暗的、愚昧的"，卢舍依语"暗（色）"，藏-缅语"多雾的、暗的、阴沉沉的"这些词的语音形式与汉语的"黑、墨"等词的语音构拟形式极为相似，由此也进一步说明了"暗"与"黑"的密切关系。又如在突厥语族中，表"黑色"和"黑暗"的词都是由"кара"（喀喇）衍生而来。再如日耳曼语族中的"黑"色词多来源于"black"和"swart"两大核心词，black 源自原始日耳曼语的 *blakaz"烧焦的"（也是古挪威的 blakkr"黑暗"、古高地德语的 blah"黑色"、瑞典语的 bläck"墨水"、荷兰语的 blaken"烧焦"的词源），而 *blakaz 来源于原始印欧词根 *bhleg-"发光、闪烁、烧焦"（也是希腊语的 phlegein"烧焦"、拉丁语的 flagrare"火焰、发光、烧焦"的词根）；另一个核心词 swart 则源于原始日耳曼语的 *swartaz，可追溯至原始印欧语词根 *swordo-"肮脏，深色，黑暗"。罗曼语族的"黑"色核心词来源于拉丁语 niger"黑的、黑色的"，可追溯到原始印欧语词根 *nekw-t-"夜晚"；希腊语的黑色"melas"来源于原始印欧语词根 *melh-"最黑暗的颜色"。

综上所述，可见"黑"色词从词源上来看，其诞生也和光线有密切关系，因此“黑暗”是“黑”概念空间的重要节点。

根据语义图模型的三点假设，以及日耳曼语族和汉语“黑”语义场的语义及引申义，本文构建了“黑”语义概念空间（以下简称为语义节点）。这些语义基本围绕“黑色”和“黑暗”两个一级语义节点展开，八个二级语义节点几乎是日耳曼语族和汉语所共有，其余一些节点围绕上述一级及二级语义节点递进延伸发展，其中“黑色”节点衍生出 5 个二级语义节点，引申扩展出其他 15 个语义节点；“黑暗”节点衍生出 3 个二级语义节点，并进一步引申出 26 个下级语义节点。具体如下：

（一）由“黑色”引申出的语义节点

1）颜色深（二级节点），指深色或接近于黑色，如英语“black tea”（红茶）；德语“schwarzer tee”（红茶）；荷兰语“zwart werk”（纯咖啡）。

2）脏或污点（三级节点），由“颜色深”引申而来，如英语“black hands with grime”（污黑的手）；德语“schwarze Ränder unter den Fingernägeln”（肮脏的指甲缝）。

3）不光彩的（四级节点），由“脏或污点”引申至道德领域，主要指名誉和道德污点，如汉语“背黑锅”；英语“the blackest records”（最不光彩的记录）。

4）抹黑污蔑（四级节点），由“脏或污点”引申而来，是“黑”的使动用法，指抹黑、污蔑、诽谤、陷害等，如“blacken someone”（诽谤某人）。

5）讹诈或被诈骗（五级节点），由“抹黑污蔑”引申而来，带有榨取金钱或利益的性质，如英语“put the black on sb”（<俚>向某人进行讹诈）；汉语“在网络上，钱被黑了”。

6）贪污或贪墨（五级节点），由“不光彩”引申而来。

7）发黑（二级节点），用于皮肤或植物外表的颜色变黑。

8）发病或生病（三级节点），由“发黑”引申而来，如英语“black rust”（黑锈病）；德语“schwarzfäule”（黑腐病）；荷语“zwarz”（黑穗病）。

9）皮肤青肿（三级节点），指受伤，如“black and blue”（遍体鳞伤，青一块紫一块），此处汉语中的“青”也有黑色的语义。

10）脸色阴沉（三级节点），指由于发怒或忧愁而脸色阴沉，如英语“black in the face”（满脸怒气）；汉语见巴金《春》十一：“克安厉声追问道。他的脸色越发黑得可怕了”；德语“sich schwarz ärgern”（非常生气）；荷兰语“zwart aankijken”（怒目而视）。

11）黑色的人或物（二级节点），指通过转喻方式“借色喻物”。如“the black vote”（黑人选票）；围棋比赛中的汉语“执黑”（执黑棋子）；德语“Er traf mitten ins Schwarze”（他射中靶心，此处“Schwarze”指代黑色的靶心）。

12）黑字（三级节点），由黑笔或墨水写的字。

13）书面的或书画作品（四级节点），由“黑字”引申而来，如英语“I want this agreement in black an white.”（我要一份书面合同）；孟浩然《还山贻湛法师》诗：“墨妙称古绝，词华惊世人”；德语“schwarz auf weiβ”（白纸黑字）；荷兰语“zwart op wit”（书面的）。

14）盈余或盈利（四级节点），由“黑字”引申而来。财务显示盈余的记录常用“黑字”，和“赤字”相对。如英语“in the black”（有盈余）；中国古代记账时也有用黑色墨水表示收入，红色墨水表示支出的习惯。南北朝时期，苏绰主管西魏财政，他规定了记账制度一律“朱出黑入”，由于简便适用，会计学上沿用至今。

15）黑衣（三级节点），由“黑色的人或物”转喻引申而来。如英语“dress in black”（穿着黑色衣服）。

16）丧服（四级节点），丧服在西方文化里是黑色的，黑衣在中国某些地区和历史上的某些时期，也作为丧服。古代居丧，在家守制，丧服用白色，如有战事须任军职者，则服黑以代，谓之“墨絰从戎”。

17）神职人员（四级节点），由于西方的传教士和东方的僧侣常穿黑色或深色的衣服，因此黑色也指代神职人员。如荷兰语的“zwartrok”和德语的“schwarzrock”均指教士；宋代范成大《麻线堆》诗云“岂吾金闺彦，不如林下缁”，汉语诗句中“缁”指僧人。

18）庄重、尊严（四级节点），由于黑色给人以朴素、厚重的印象，因此各国政要、上届名流在重要场合都身穿黑色礼服，体现庄重尊严。中国传统文化中，黑色是五正色之一，并成为中国古代夏、秦及汉初所尚之色。周代天子在冬季祭祀时要穿黑衣，佩黑玉。夏秦两朝的公卿大夫的官服、礼服、祭服以及后世所谓的乌纱帽也都是黑色，体现庄重威严。毛传曰："缁，黑色，卿士听朝正服也。"玄衣、缁布衣、缁布冠便曾是卿大夫的朝服。

19）程度深（二级节点），由黑色的浓深引申出的"程度深"，如英语"black cold"（严寒）；德语"schwarz Unheil"（极大的灾难）；唐代韩偓《江行》诗"浪蹙青山江北岸，云合黑雨日西边"中的"黑雨"指的是"暴雨"。

20）非（二级节点），与"是"相对，如英语"say black is white"（颠倒是非）；德语"aus schwarz weiβ machen"（是非不分）；荷兰语"zwart op wit staan"（是非分明）。

（二）由"黑暗"引申出的语义节点

1）变暗（黑）（二级节点），光线或灯光变弱。如英语"a black night"（漆黑的夜晚）。

2）熄灭（三级节点），灯光熄灭，灯火管制等，如英语"black out"（熄灭）；德语"Plötzlich wurde es dunkel"（灯突然熄灭了）。

3）阻隔，使消失（四级节点），从"熄灭"引申而来，英语中"黑"色引申出的"消隐、涂掉、删除、封锁、罢工、停电、停播"等语义都属于该节点；如汉语，元代关汉卿《玉镜台》第二折："休休休做一头海来深不本分，使一场天来大昧前程。"此处"昧"具有"丧失，埋没"之义，也属于该语义节点。

4）晕倒（三级节点），眼前暂时发黑，暂时失去知觉，如英语"go black"（发晕）。

5）黑压压的（三级节点），比喻数量多，如英语"the square was black with people"（广场上是黑压压的人群）；德语"Die Luft war schwarz von Heuschrecken”（天空中全是黑压压的蝗虫）；荷兰语“het zag zwart wan de mensen toen de kermis opening”（看到黑压压的万人狂欢）。

6）模糊不清（二级节点），包括视觉看不清，听觉听不清，思维上认知不清。

7）认知不清（三级节点），包括难懂、糊涂、记不清、久远、可疑、不为人知、不了解、出人意料等语义，如英语“dark horse”（黑马）；德语“Die herkunft dieses wortes ist dunkel”（这个词的来源不清楚）。

8）晦涩难懂（四级节点）。如英语“the meaning is still dark”（意思仍然模糊）；德语“eine dunkle stelle”（文学作品中难理解的地方）；汉语“玄妙”（奥妙，难懂的）。

9）糊涂蒙昧（四级节点），麻木。如英语“deep sorrow darkened his mind”（沉痛使他变得麻木）；德语“finsterling”（蒙昧主义者）；汉语的“昏聩”。

10）记忆模糊（四级节点），如英语“the memory of it darkened”（对这件事的记忆逐渐模糊了）；荷兰语“zich iets schemerig herinneren”（模糊地回忆起某事）。

11）隐秘（四级节点）、秘密的，如英语“black radio”（秘密电台）；德语“Im dunklen bleiben”（匿名）；荷兰语“zwart werk”（秘密工作）；汉语“黑状”（匿名诉状）。

12）非法的（五级节点），由“隐秘”引申而来，如英语“black market”（黑市）；德语“schwarzes Geschäft”（非法交易）；荷语“zwart geld”（黑钱）。

13）地位不显（四级节点），卑微的，该语义在日耳曼语中较为少见，但在罗曼语族中则很普遍，如西班牙语“homebre de origen oscuro”（出身卑微的人）；意大利语“oscurita di natali”（出身微贱）；汉语“幽陋”（卑微）。

14）久远的（四级节点），如汉语“玄孙”（玄为久远之义）。

15）可疑（四级节点），如德语“eine dunkle Existenz”（一个可疑的人物）。

16）看不清（三级节点），因光线暗视觉看不清，在各语言中具有共性语义。

17）无视或违背（四级节点），由“看不清，盲目”引申而来，如汉语“冒昧”中的“昧”是“无视”之意。

18）高远或苍茫（四级节点），由“看不清”引申而来，如汉语“玄旷”。

19）听不清（三级节点）、因声音低沉或微弱而听不清，如英语“black voice”（低沉的声音）；德语“dunkel klingen”（发出低沉的响声）；汉语“幽咽”。

20）沉默或静默（四级节点），由“听不清”引申而来，如英语“dark”有沉默之意；宋代苏轼《喜雨亭记》“造物……太空冥冥，不可得而名”中“冥冥”义为“沉默不语”。

21）寂静（四级节点），由“听不清”引申而来，如宋代苏轼《和陶拟古》之三：“客去室幽幽，鹏鸟来坐隅。”此句中“幽幽”意思为“寂静”。

22）黑暗的心理效应（二级节点），包括悲观、忧伤、邪恶等一些负面语义。

23）阴郁沉闷（三级节点），如英语“black mood”（郁闷）；德语“düster blick”（阴沉的目光）；汉语“黯然”。

24）忧郁悲伤（四级节点），如英语“The black memory of his mother’s death rushed over him again”（母亲的死这件悲伤的往事又涌上他的心头）；德语“schwarzen Gendanken nachhängen”（忧愁）；汉语“闇伤”。

25）灾难或不祥（三级节点），如英语“black tiding”（噩耗）；德语“schwarz schicksal”（不幸的命运）；汉语“走黑运”。

26）悲观绝望（四级节点），如英语“black thoughts”（悲观思想）；德语“du darfst dir nicht alles so schwarz ausmalen”（你不要把一切想得这么悲观）；汉语“黑色幽默”。

27）阴险邪恶（三级节点），道德败坏，如英语“a black（dark）deed”（卑鄙行径）；德语“schwarz pläne”（阴险的计划）；荷兰语

“zwarte magie”（妖术）；汉语“黑心”。

28）冥界或地狱（三级节点），如英语“black man ”（魔鬼）；德语“die ewige finsternis”（地狱）；荷兰语“zarte”（魔鬼）；汉语“冥界，冥王”。

29）社会黑暗（三级节点），如英语“a dark time in political affairs”（政治黑暗时期）；汉语“政治黑暗”。

三、“黑”的语义图构建

根据上述概念空间或语义节点，可以构建出日耳曼语族和汉语“黑”的共性语义图。

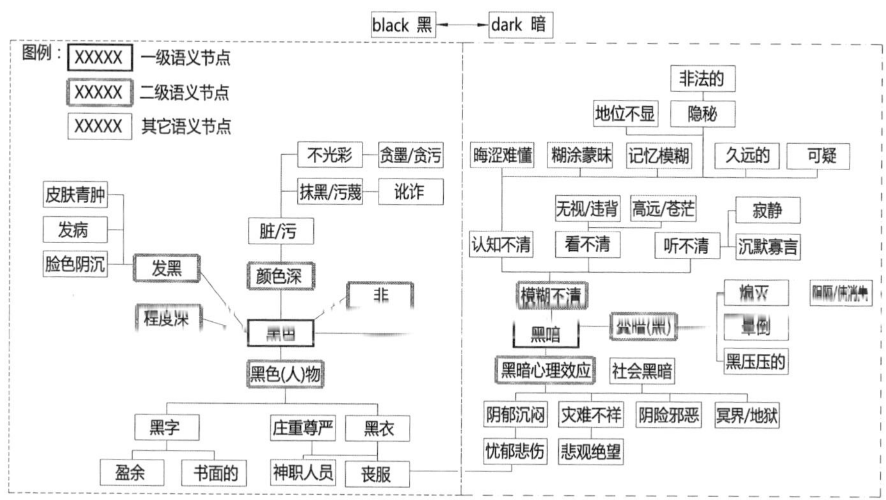

图 1　日耳曼语族和汉语“黑”的语义图

下面针对所研究语言中“黑”的语义在上述共性语义图中的各自体现进行阐述。

（一）英语

英语“黑”语义在上述语义图中的一级、二级节点中均有体现，除了

“贪墨或贪污”“无视或违背”“高远或苍茫”“寂静”“地位不显”“久远的”“可疑”等8个语义节点外，其他43个节点的语义在英语“黑”语义场中都有分布，一些例子在构建概念空间时已列举，这里不再赘述，其语义图如下（粗虚线框内的语义节点）：

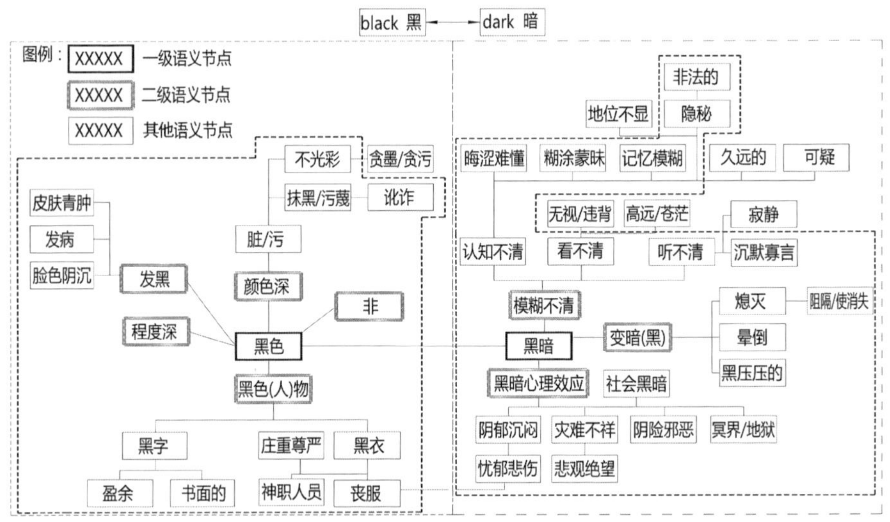

图2 英语“黑”的语义图

（二）汉语

汉语“黑”语义场的语义在共性语义图中除了“发病”和“可疑”两个节点外，其他49个语义节点在共性语义场中均有分布，因此此处汉语“黑”语义场的语义图省略，其例子也已在前文概念空间列举。

（三）荷兰语

荷兰语是由古代低地德语诸方言演变而来，全球约2 200万人将其用作母语。荷兰语表黑色的主要词是“zwart”，表黑暗的词有“somber”“donker”“schemer”。荷兰语黑色语义图基本包括了一级和二级全部语义节点，仅仅少了表“程度深”这个语义节点，在三级、四级节点的衍生性方面没有英语和汉语丰富。其语义图如下（粗虚线框内的语义节点）：

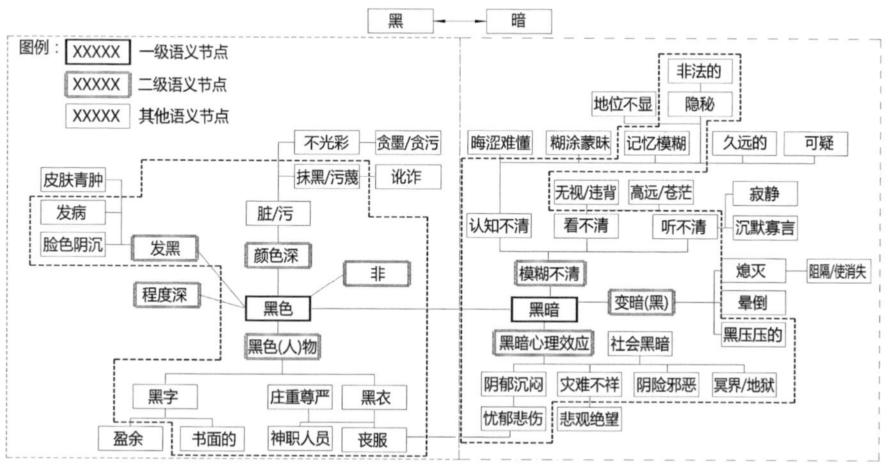

图 3　荷兰语“黑”的语义图

（四）德语

德语表“黑色”的主要词是“schwarz”，表“黑暗”的主要词有“dunkel”“finster”“duster”，其黑色语义场的语义包含了一级、二级全部节点，三级以上节点有 27 个，其语义图如下（粗虚线框内的语义节点）：

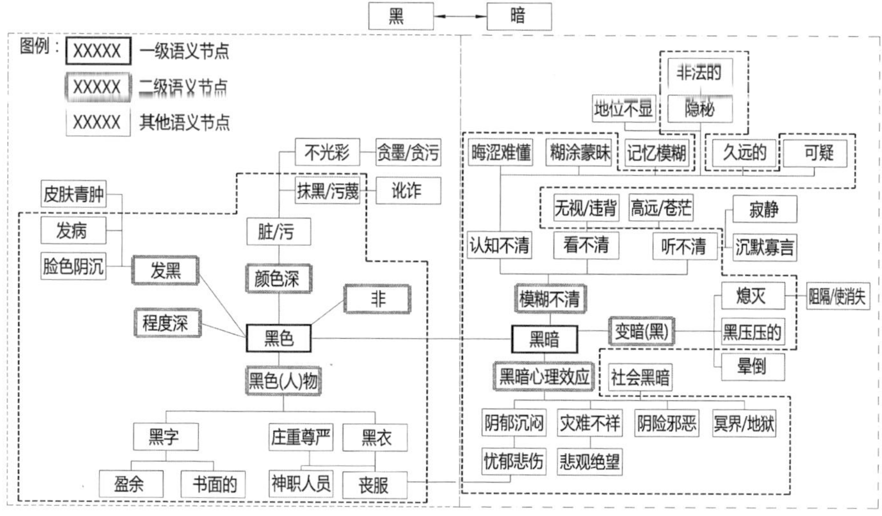

图 4　德语“黑”的语义图

（五）瑞典语

瑞典语中表“黑色”的词是“svart ”，表“黑暗”的词是“mörkt ”。瑞典语黑色语义场的语义也涵盖了共性语义图中大多数的一级和二级语义节点。例如：具有“颜色深”的语义，如“svart te”（红茶）、“mörkt bröd ”（黑面包）；具有“秘密”之义，如“svart lista”（黑名单）；具有“非法”之义，如“svart marked”（黑市）；具有“灾难不祥”之义，如“svart dag”（不幸的一天）；具有“邪恶”之义，如“svart magi”（黑魔法）；具有“悲观绝望”之义，如“svart humor”（黑色幽默）。

（六）丹麦语

丹麦语中表“黑色”的词是“sort ”，表“黑暗”的词是“mørk”，这两个词都有表“颜色深”的语义，如“mørk øl”（黑啤）、“sort te”（红茶）。此外“黑”也有“非法”之义，如“køre sort”（无票乘客）、“sort marked”（黑市）。

（七）挪威语

挪威语中表“黑色”的词是“svart ”，表“黑暗”的词是“mørk”，这两个词也都有表“颜色深”的语义，如“mørk øl”（黑啤）、“svart te ”（红茶）。另外，svart 也有“非法”之义，如“svart arbeid”（非法务工）。

（八）冰岛语

冰岛语中表“黑色”的词是“svart ”，表“黑暗”的主要词有“myrkur”“dimmur”。冰岛语黑色语义场中的语义全都符合共性语义图中的语义节点，如有“非”之义，“sjá e-ð svartá hvítu”（看问题非是即非）；如有“悲观绝望”之义，“útlitið er svart”（前景暗淡）；此外其黑色语义场还有“模糊不清”“难以理解”“阴郁”“声音低”“坟墓”等语义。

四、语义共性、差异及演变

根据以上概念空间和语义图的构建以及语义类型的分析，不难看出本文所研究的8种语言“黑”语义场的语义存在着诸多共性，但每种语言也有其独特的语义，针对这些共性与差异以及语义的演变路径，以下逐一探讨。

（一）语义共性

通过比较发现，东西方两类语言对“黑”的认知具有普遍的共性。“黑”“白”是人类最早接触的颜色，反差也最大，在原始社会，白天一片光明，晚上则是一片漆黑，因此“黑”与“白”最早不是色彩符号，而是亮度概念。美国语言学家柏林和凯研究发现，任何语言至少都有“黑”与“白”两个颜色词，他们认为，语言的这种共性与人的生理基础有关，黑色与白色具有最强的聚焦性，从生物学的角度来看，人类具有相同的生理机制和视觉神经系统，因此人类认知反映在对颜色刺激的感受上并无本质区别。

除了黑色语义的产生和光线的明暗有密切关系以外，本人研究还发现，包括英语、汉语在内的20多种语言的黑色语义及其引申义均涵盖了“黑”和“暗”两大类别。由于“黑色”和“黑暗”的这种渊源，“黑”与“暗”两个概念在表“深颜色”或“黑色”时经常会被相互借用。如英语中“a dark-eyed girl”（黑眼睛的姑娘），“a black cave”（黑暗的山洞），“dark sb's reputation with lies”（用谎言玷污某人的名誉）；汉语中的“暗箱操作”有时也被称为“黑箱操作”；此外瑞典语、丹麦语、挪威语中对“黑啤”“红茶”“黑面包”等深色事物的描述词汇中也是“黑”“暗”不分的。

“黑”还让人由“颜色深”联想到“肮脏”，进而扩展至道德领域，如“不光彩”“抹黑、污蔑”“贪污”等语义，这些语义在英语、汉语、荷兰语、德语中普遍存在。由于“黑”和“颜色深”“光线暗”有关，因此英、汉、德等语言中的“黑”均可表示“程度深”；并且“黑”具有较多的负面语义，因此“黑”也是抽象语义“非”的象征和代表色。

“黑”本来是个抽象概念，但从一些词的起源来看，“黑”的概念也有一部分是从黑色的事物演变而来的，即来源于“借物呈色”，如英语“negro”（黑人），有时也用作颜色词，如“the negro bat”（黑蝙蝠），“ink”（墨水）演变为“inky”（漆黑的）；汉语的“乌”“皂”“墨”

“黛”“缁”等这些原始作为黑色事物的词，后来也慢慢演变成为表“黑色”的颜色词。与此相反，当人们对这种颜色概念抽象化方式驾轻就熟以后，再经由转喻方式在特殊语境中以特有颜色来指代具体的人、物或事物本身，即“借色喻物”，便实现了“颜色”与“本体”之间的双向沟通，如英语“the black vote”（黑人选票，“black”指代黑人）、“she looks good in black.”（她穿黑衣服好看。black 指黑衣服）；围棋比赛中汉语“执黑”指的是“执黑棋子”。另外，这几个借色喻物的黑色语义还有进一步引申，如“黑字”可引申出“书面的”和“盈余”等语义；“黑衣”可进一步指代“丧服”和“神职人员”（例如教士和僧侣），且蕴含“庄重尊严”之意，例如中外法官都身披黑袍，政治领导出席重要会议都穿黑色或深色的西服。

由于“黑”与“黑暗”有密切联系，因此人类本能地联想到黑色消极的一面（林仲贤 2011），如“阴郁沉闷”“忧郁悲伤”“灾难不祥”“悲观绝望”“阴险邪恶”“冥界或地狱”“社会黑暗”等负面语义，在日耳曼语族各语言和汉语黑色语义场普遍存在上述引申义。

同时“黑暗”还让人联想到“模糊不清”，从视觉移觉到听觉，也移觉到思维认知上，从“看不清”到“听不清”，同时也到“认不清”，衍生出大批引申义，这些语义在日耳曼语族各语言和汉语中也普遍存在。

（二）语义差异

总体上来看，汉语和以英语为代表的日耳曼语族各语言中的“黑”语义图基本相同，但仍存在一些差别，例如汉语的“黑”由“道德污点”进一步引申出“贪墨或贪污”，而英语中缺失；英语中由“变暗（黑）”产生的“灯火管制”“阻隔”“罢工”等一些带有工业革命时期烙印的引申义，汉语中缺失；汉语由“看不清”引申出“盲目、看不见”，进而引申出“盲目轻率、不加思考”，而英语“darken”（黑暗）虽引申出“失明、看不见”，并且“blind”（眼瞎）也引申出“盲目轻率”之义，但“darken”在词典中并没有“盲目轻率”的语义项，语义引申的路径中途断裂。此外汉语的“看不清”引申至时间领域“久远”和空间领域“高远或苍茫”，这些也是日耳曼语族各语言中所没有的。

词语的引申义与该语言的历史、人文及相邻文化的影响也有密切关系。相较而言，汉语、英语、德语、荷兰语的“黑”语义较为丰富，而本文所研究的瑞典语、丹麦语、挪威语和冰岛语的“黑”语义较少，一方面可能是因为这些语言的使用人数较少；另一方面，最重要的是这些国家没有悠久丰富的人文历史，因为丰富的引申义大都来自该语言文学作品的传播与积累，例如，使用波斯语的人数虽然不多，但其文化源远流长，波斯经典文学作品众多，因此其颜色词的引申义非常丰富，其“黑”也引申出“盲目轻率”之意。

（三）语义演变

从语义图虽然可以清楚地看出语义演变的逻辑性，但从语义图理论来说，仍有假设的成分，若能从历时角度予以证明其语义演变的先后顺序，则能证明语义图构建的合理性，然而各引申语义的起源极为复杂，考证其出现的时间较为困难，本文以英语为例，根据 *Historical Thesaurus of the Oxford English Dictionary*（《牛津英语历史词典》）中“黑”语义产生的年代，拟验证部分语义的演变路径是否正确。

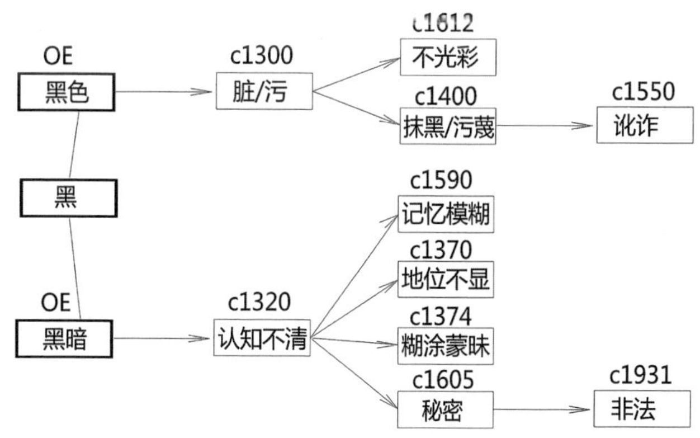

图 5　英语“黑”语义场部分语义历时演变图

（注：语义节点上方数字是该语义首次出现的年代，OE 表示古英语时期，c 表示大约时间）

从上图可以看出，英语“黑”语义图的构建符合语义的历时演变顺序。但词语的语义除了在其自身文化滋养下的自我演进外，还有在对外文化交流中的直接引进与借用，如英语“black market”（黑市）中的黑有“非法”之义，该语义起源于1931年，后来被汉语引入，吸收消化后扩展到多个方面，如汉语的“黑市”“黑枪”“黑社会”等，这些外来词引申义的演变在语义图中具有跳跃性。

五、结　　语

本文选取了日耳曼语族中的7种语言和汉语中“黑”语义场的语义进行了类型学比较，构建了“黑”的概念空间和语义图。研究显示，颜色词“黑”语义场的语义在日耳曼语族各语言和汉语中具有某些普遍共性，本文尝试解释了这些共性以及差异产生的原因，并通过历时分析验证了某些语义的演变路径，也说明了语义图模型在跨语言、多语义的研究中是适用的。

参考文献

陈安恩　2011　《瑞汉词典》，台北：华岗印刷。

［挪威］哈拉尔德　1997　《汉挪词典》，北京：文化艺术出版社。

汉语大词典编纂处　2002　《汉语大词典2.0电子版》，香港：商务印书馆（香港）有限公司；上海：汉语大词典出版社。

［德］荷西特（Hecht. D）　2002　《德汉双解德语学习词典》，北京：外语教学与研究出版社。

孔　泉　1995　《现代荷汉词典》，北京：大世界出版有限公司。

林仲贤　2011　《颜色视觉心理学》，北京：中国人民大学出版社。

陆谷孙　2007　《英汉大词典》（第二版），上海：上海译文出版社。

吴福祥　2017　《导语：语义图模型与汉语语义研究》，《当代语言学》第4期。

Gyldendals Røde Ordbøger, *Engelsk-Dansk*, GYLDENDAL, 1974.

Oxford English Dictionary, Oxford University Press, 2009.

Chambers Dictionary of Etymology, Chambers Harrap Publishers, 1988.

Historical Thesaurus of the Oxford English Dictionary, Oxford University Press, 2009.

阿拉伯语“炎热”类词语研究

钱萌萌

首都师范大学文学院

[摘要] 词汇的“民族性”是语言学研究重要的组成部分，其结论对语言学、社会学、人类学等研究领域有重要作用。当单独考察某种语言时，其词义方面呈现出的特点易被总结成该语言的词汇具备某种“民族性”。然而，其中部分“特点”并不是该语言所独有的，而是作为一种人类自然语言在词汇层面表现出的“共性”。基于跨语言比较的语义类型学研究能够有效验证词汇“民族性”的研究成果，进而为语言学、社会学、人类学研究提供语言学依据。

[关键词] 阿拉伯语　词汇民族性　词义类型学

一、引　　论

语言是文化的载体，也是文化的产物。一个民族的个性往往会在语言中反映出来，对词汇层面呈现出的民族文化传统、思维方式的探索，是语言学研究的重要组成部分，词汇“民族性”的研究结论也可为社会学、人类学等研究提供有力佐证。对阿拉伯语词汇的“民族性”研究成果颇丰，学者们从动植物、时空、数字、身体、环境、生活方式等众多方面论证阿语词汇存在民族特征，并由此进一步讨论阿拉伯人民特有的文化传统、思维方式。然而从词义类型学角度来看，其中不少研究结果并不是阿语词汇的“特性”，而是阿拉伯语作为一种人类自然语言在词汇层面表现出的“共性”。

二、词汇的民族性与词义类型学

词汇“民族性”的研究对象就是在词汇层面呈现出的一个民族在物质生产、精神生活各个方面的特殊性。一个民族的个性，一种文化的特性，总是会从物质生产的具体实践、从精神活动的内容，从本民族的心理、思维、文化、宗教、道德、习俗等各个方面反映出来，也一定会在民族语言中反映出来。（崔竹朝 2003：37）根据黄树先（2011：2）词义发展演变“派出”与“派进”两大方向，有的词语会从原义引申出其他义项。与之相对，有些概念在语言里本没有词语来表达它，就会由某个词语“派出”义项来表达它，也就是说，某一个概念依靠核心词语发展义项来表达。词汇“民族性”往往就体现在词义的引申（派出）中。各民族语言的词义引申有共同的一面，也有差异的一面，差异性就是民族性。一个可以对译的词，即使它们可用来表示同样的概念，但它们在各自语言中的引申意义不可能完全一样。出现这种差别，当与语词内涵的差异以及各民族的哲学观念、思维方式、习俗、心理、生活环境、语言特点等都有密切的关系。（蒋冀骋、刘智锋 2017：83）

词义类型学是语义类型学的一个分支，是基于跨语言比较的词义研究。不少学者对其研究范围进行了定义。如 Koch 给出了词义类型学的研究框架：词义类型字的研究包括名称学角度和符号学角度。从名称学角度进行研究，内容包括词义的范畴、范畴的切分、词义的理据；从符号学角度进行研究则包括词义多义性和构成多义性的理据。（Koch 2001：1144）总体来看，词义类型学通过比较各种语言对于语义范畴切分方式的异同，归纳词义历史发展路径、变异范围，揭示语言中词义演变共同的规律性，探求不同语言词汇化模式的一致性。其中，词汇的多义性和异质多义性是词义类型学研究的重要组成部分。多义性的类型学研究揭示出在不同语言中（包括非亲属语言）很多不同的概念总是用同一词位来表达，例如在很多语言中“孩子与枝丫”“毛发与枝丫”“骨与核”等众多概念都是用同一词位来表达的(黄树先 2012)，相似的语义联系模式大量存在于人类语言中。

三、阿语词汇“民族性”所体现的文化思维特征

回顾以往的研究，学者们从阿语词汇范畴化、派生的方式出发，归纳出了一系列阿语词汇体现出的“民族性”，进而讨论阿拉伯人沉淀在语言中的特有的文化传统、认知方式。例如吴昊认为阿语的派生构词中أبحر表示“航海”，تبحر表示“深入研究、钻研”，متبحر表示“博学的、渊博的、强识的”，是因为阿拉伯人的生活环境以沙漠为主，他们对海洋有恐惧和未知感，从而对海洋、航海知识十分崇拜。（吴昊 2015：136）又如许多研究成果表明，阿拉伯语派生构词中常见与骆驼、椰枣相关的隐喻现象。朱立才发现قطار原义为“驼队”，当火车出现后，人们用“长长的驼队”称呼“火车”，该词也新添了“火车”的义项，体现了游牧民族习惯用熟悉的沙漠事物来指称新生事物。（朱立才 2004：27）这些词汇学研究结论对于阿拉伯语言、文化、历史研究都有极其重要的意义。

然而其中很多结论，从词义类型学的角度来看，并不是阿语词汇所特有的，反而是阿拉伯语作为一种人类自然语言在词汇层面体现出的“共性”。例如有学者指出，汉语将“胖”视为有“福相”，而阿语的“胖”（سمين、سمين）不可修饰人，没有“福”的义项，而阿语中常以羚羊比喻漂亮的姑娘，在汉语中不引起“漂亮”的联想，由此得出汉阿两个民族审美情趣不同的结论。然而，汉语“胖”也并不总是表示“有福”，有时也表示疾病。如“臃”形容肥大、呆滞；“腚”表示肥胖病。而在当今审美趋势下，“胖”这个词也不太适合赞美人了。另外，在汉语里，“羊”也可以发展出美好的意思，如“羭”，表示母羊、黑毛羊，也表示“美好”。《左传·僖公四年》“攘公之羭”杜预注：“羭，美也。”孔颖达疏：“美，

善之字皆从羊，故羭为美也。”因此我们认为，许多阿拉伯语词汇体现的“民族性”并不是“特性”，反而证明了人类语言词汇演化发展存在共性，为词义类型学研究提供了依据。

四、从词义类型学角度看阿语体现沙漠文化的“炎热”词

通过词义类型学多义性和异质多义性的考察，可以重新审视词义“民族性”研究结论，检验某一种语言词汇的“特性”是否为人类自然语言的共性。本文仅以阿语中体现沙漠文化的“炎热”词为例，从跨语言词义比较的角度考察其是否为阿语“民族性”的体现。

（一）阿语“炎热”词民族性研究

在很多相关研究中提到阿拉伯人的生活环境以沙漠为主，阿拉伯人固有文化是“沙漠文化”。在沙漠环境中“炎热”负面的，认为炎热的感觉令人窒息，所以由同一个根字母派生而来的词族均表示不舒服、难受等负面义：وعكالحر表示“闷热、酷热、炎热”，وعكوتوعك表示“不适、不适意、不爽快、不舒服”，وعكة表示“病、微恙、不爽快、不舒服”；رمضالنهار表示“天气极热、酷热”，أرمضه表示“致痛；烧”，أرمضت表示“非常疲倦”。然而“热”作为与人类生产生活密切相关的核心词汇，这种词义联系可能不仅存在于阿拉伯语词汇中，也不是阿语“民族性”的体现。

（二）“炎热”词义类型学研究

1. 语料收集

语料的收集兼顾谱系与地域平衡性，本文共搜集希腊语、德语、英语、拉丁语、法语、西班牙语、意大利语、俄语、捷克语、塞尔维亚克罗地亚语、波斯语、土耳其语、汉语、蒙语、越南语、藏语共 16 种语言（多从外语教学与研究出版社出版的双语词典中选取）进行类型学角度的词义类型比较。

2. 从类型学角度看“热”与“不适感”

在语料收集过程中，我们发现在很多语言中，“热与不适感”（“热与某种疾病”“热与烦闷”）这两类概念经常用同一词位来表达的，与阿语词汇中反映出情况非常相似，可见这种相似的语义联系模式大量存在于人类语言中，具有类型学意义上的共性。

希腊语：θέρμη 热；（病中的）高烧。θάλπος 热力，热，夏日的炎热，（箭的）刺伤。

德语：glühen 灼热，发热，发烧。

英语：hot 热的，烫的，（感觉或致使）热的不舒服，危险的；febrile 发烧的，发热的，热病的，热性的。

拉丁语：febris，is 热；发烧；热病；狂热。

法语：fébrile 发热的，有热度的，发着烧的，焦躁不安的；brûlant 灼热的，滚烫的，发烫，发烧，难对付的，棘手的。

西班牙语：ardoroso，sa adj. 火热的，发热的；发烧的 sofoquina f. <口>.闷热；生气，大怒；quemazón 酷热，灼热；高烧；火辣辣的感觉，灼热感；（因嘲讽等引起的）不快，反感；恼火。

意大利语：febbre 发热，热度，热病，发烧。

俄语：припёк 被太阳晒热的地方，炎热，酷热。прожечь 烧热，晒得灼热，<转>引起灼痛，引起（火灼触电般的）强烈感觉或印象。горнчвй 热的，炎热的，酷热的；发热的，发烧的。

捷克语：úpal 灼热的阳光，中暑。

塞尔维亚语：jära：［阴］炎热，酷热，灼热；高烧，体温升高；cmarìna［阴］<方>炎热，太阳晒得很热；闷热；zagùšljiv［形］憋闷的，闷热的；窒息的；záriti 酷热地晒；发热，发烧；火辣辣的疼。

波斯语：tābo-tāb 炽热，热，热病，发烧；āteshmezāj 炽热的，性急的，易动肝火的。

土耳其语：hararetli 温度高的，炎热的，发高烧的；ısı 热，热能；发烧，发热；göynük（太阳）烤焦的；【转】痛苦的，惨痛的。

汉语：“热”可表示“发烧”，如《儒林外史》第六回：“那小孩子出起天花来，发了一天热。”

蒙语：ongyoxu 燥热，发烧。

越南语：nóngđầu（热+头）发烧；nóngtrongngười（热+体内）上火。

藏语：ཚ་བ་རྒྱས་པ། 发热；发烧；ཚད་དུག 暑毒，炎热病。热邪引退的烦热面赤，神志昏聩。

3. 分析

由此我们可以得出结论，“热与不适感”“热与热病”这类语义联系并不是阿拉伯语特有的，也并不体现阿拉伯特有的沙漠文化，生活在“非沙漠”环境下的人们也用“热”来表示“疾病”“疼痛”。外界温度超过人体温度都会引发不适感，这种人类的共识会普遍反映在了词汇层面。另外，体温升高是许多疾病的症状，用症状“发热”来为疾病命名也是常见的疾病命名方式。在调查中，我们发现“热”还与“烧”“太阳”“烦躁”“愤怒”“辣”等概念密切相关，并在不同语言中（包括非亲属语言）反复出现，体现了词义联系的普遍性，具有一定的类型学意义。

五、总　　结

对一种语言词汇“民族性”的揭示，对语言学、社会学、人类学等均有及其重要的意义。词汇“民族性”的研究结论有时能够证明该地区特有的文化传统、认知方式令其语言（词汇）存在“特性”，但有时只是人类自然语言在词汇层面的“共性”在该语言中的体现。词义类型学，特别是词汇的多义性和异质多义性研究，通过跨语言的语料收集、分析，能够一定程度上检验词汇“民族性”的研究结论，揭示词汇演化发展的共同特征，进而为语言学、社会学、人类学研究提供语言学依据。

参考文献

崔竹朝　2003　《词义的民族性》，《石家庄职业技术学院学报》第 5 期。

黄树先　2010　《汉语核心词探索》，武汉：华中师范大学出版社。

黄树先　2011　《词义发展论说》，《汉语学报》第3期。

黄树先　2012　《比较词义探索》，成都：巴蜀书社。

蒋冀骋、刘智锋　2017　《论词义引申的民族性》，《古汉语研究》第2期。

林宝卿　2000　《汉语与中国文化》，北京：科学出版社。

钱萌萌　2020　《论“语义场”在语义地图研究中的重要作用——以汉语“息”为例》，《外国语言文学》第6期。

苏新春　1997　《汉语词义学》，广州：广东教育出版社。

吴　昊　2014　《汉阿人体隐喻认知对比》，《外国语文》第2期。

朱立才　2004　《汉语阿拉伯语——语言文化比较研究》，北京：新世界出版社。

Haspelmath, Martin　2003　The Geometry of Grammatical Meaning: Semantic Maps and Cross-linguistic Comparison. In: Michael Tomasello, *The New Psychology of Language*. Mahwah, NJ: Psychology Press, 211－242.

Koch, Peter　2001　Lexical Typology from a Cognitive and Linguistic Point of View. In Martine Haspelmath et al. (ed.), *Language Typology and Language Universals: An International Handbook*. Berlin & New York: Walter de Gruyter, 1142－1178.

俄语核心词“肉”研究

王丽媛[1]　褚天歌[2]

1. 江苏大学文学院；2. 吉林财经大学语言文化学院

[摘要] 国内汉语核心词的研究已经形成一定的规模，但俄语核心词的研究很少有学者涉猎。本研究从类型学角度对俄语核心词“肉”进行研究，梳理俄语核心词“肉”的词源和词义发展，体现斯拉夫语的民族特性。

[关键词] 俄语　核心词　肉

一、“肉（мясо）”的语义场成员

“肉（мясо）”在斯瓦迪士《百词表》中位居第29位，在郑张尚芳《华澳语言比较三百词表（征求意见稿）》中居109位，加＊，为最核心的词。在黄布凡《藏缅语300核心词词表》中为一级核心词，且包括肌肉。具体关系见下表：

表1　一级核心词

人或动物的肉	мякоть［阴］	①（动物及人身上的）肉。
	мясо［中］	①（供食用的）肉；<转，藐，俗>一堆肉（指人的身体）。
	мясцо［中］	мясо1解的表爱。

续 表

人或动物的肉	тело［中］	② 身体，肉体；尸体，遗骸；［单］<俗>肌肉，肉。
	тельце［中］	① тело2，3 解的指小表爱。
	мышца［阴］	① <解>肌肉。
	мускул［阳］	① =мышца1 解；［复］<口语>（身上，主要是胳膊上）发达的肌肉。
	мускулатура［阴］	肌肉（常用语集合意义），肌肉组织。
食用的肉类	мясо［中］	①（供食用的）肉；<转，藐，俗>一堆肉（指人的身体）。② <口语>肌肉，筋肉。
	мясцо［中］	мясо1 解的表爱。
	телятина［阴］	① 牛犊肉。
	телятинка［阴］	<口语>телятина1 解的表爱。
	вырезка［阴］	③ 里脊肉，精肉。
	черепашина［阴］	龟肉，甲鱼肉。
	оковалок［阳］	①（牛胴的）骨盘附近的肉，紫盖。
	грудинка［阴］	（猪、羊、牛等的）胸肉，胸排。
	грудина［阴］	② =грудинка。
	корейка［阴］	（猪或小牛的）排骨肉；熏猪里脊。
	палтусина［阴］	鲽鱼肉。
	окорок［阳］	（整只的）腿肉；（整只）火腿。
	ссек［阳］	牛腱子。
	пашина［阴］	② 下腹部软肉。
	пашинка［阴］	пашина 的指小表爱。
	филе［不变，中］	① 脊肉，里脊肉；（禽类的）胸脯肉。②（去掉鳞、鳍、内脏的）鱼肉。

续　表

食用的肉类	свинина ［阴］	猪肉。
	свининка ［阴］	<口语>свинина 的表爱。
	баранина ［阴］	羊肉。
	баранинка ［阴］	баранина 的表爱。
	говядина ［阴］	牛肉。
	говядинка ［阴］	говядина 的表爱。
	собачина ［阴］	① 狗肉。
	оленина ［阴］	鹿肉。
	конина ［阴］	马肉。
	курица ［阴］	母鸡；鸡（总称）；鸡肉。
	курятина ［阴］	鸡肉。
	курятинка ［阴］	<口语>курятина 的指小表爱。
	человечина	③［阴］尸体；人肉。
	человечинка	② человечина3 解的指小表爱。
	солонина ［阴］	腌肉，咸肉（主要指牛肉）。
	солонинка ［阴］	<口语>солонина 的表爱。
	свеженина ［阴］	<口语>鲜肉。
	свеженинка ［阴］	<口语>свеженина 的表爱。
	свежина ［阴］	<方>= свеженина。
	свежинка ［阴］	<口语>① свежина 的指小表爱。
	рыба ［阴］	②［单］鱼肉，鱼制食品。
	шашлык ［阳］	串烤羊肉，烤羊肉串；明火烤肉；<转，口语>用铁杆明火烤的鱼、禽等食物。
	шашлычок ［阳］	<口语>шашлык 的指小表爱。

这是一个简单的列表，具体的词语及来源，我们将在下文中讨论。

二、“肉（мясо）”的来源及用法

“肉”语义场内的成员，基本是指、人或动物的肉，还有一部分指食用的肉，当然还包括果肉。在俄语中，表示“肉”这个基本意义最常用的词是 мясо。

（一）人或动物的肉

1. мякоть 具体语源不详，它指“（动物及人身上的）肉”，如 мякоть ладони（手掌的肉），Пуля попала в мякоть（一颗子弹打进肉里）。肉是人或动物体内红色柔软的组织。因此，在俚俗用语中它还可以指“（西瓜、橘子等的）瓤，（浆果、核果、地下茎的）肉；面包瓤；松软的东西”义，如：мякоть яблока（苹果肉），мякоть сливы（李子肉），在口语中还指“剔骨肉，去骨肉”，如：купить мякоти（买些剔骨肉）。

2. тело 除了指“肉体”外，如：торговать своим телом（出卖肉体），在俚俗用法中还指“肌肉，肉”，如：Тела на нём почти не было（<俗>他身上几乎没有肉），тельце 是其同根词。

3. мышца 和 мышь（老鼠）是同根词。在斯拉夫语词中有这样的一个认识，皮肤的肌肉收缩跳动让人联想到一只老鼠跑来跑去。更有趣的是，俄语词义为老鼠的 мышь 这个词，它来自拉丁语的 mus，两次借用导致俄语 мышца 和 мускул 这两个词成了几乎意义相同的同根名词。这个词指解剖学上的“肌肉”，如：сердечная мышца（心肌）。

4. мускул 指“肌肉”“人和动物由弹性纤维组织构成的，具有高度收缩，并积极参与动物机体运动的身体器官”，乌克兰语是 мускул，白俄罗斯语是 мускул，保加利亚语是 мускул，塞尔维亚-克罗地亚语很少用 мўскул，常用的是 мűшић 和 мűшица，波兰语是 muskuł，捷克语表示肌肉意义的词是 sval，在俄语词典中从 1731 年才有这个词，它来源于拉丁语

musculus 的音节减少的 mūs（即 мышь 老鼠），意大利语是 muscolo，法语是 muscle，德语是 Múskel，英语是 muscle。在俄语中它是个解剖学术语，来自拉丁语，可能在肌肉收缩时感觉不明显，但通过敏锐的观察可以看到，就像幼鼠玩耍时的轨迹，如同肌肉收缩移动一样。它的复数形式，经常用在口语中，指“（身上，主要是胳膊上）发达的肌肉”，如：шейные мускулы（颈肌），У него совсем нет мускулов（他的肌肉一点儿不发达）。

5. мускулатура 是 мускул 的同根词，常用于集合意义，指“指肌肉，肌肉组织”，如：богатырская мускулатура（大力士般的肌肉），мускулатура конечностей（四肢的肌肉）。

（二）食用的肉类

1. мясо 指“用于食用的屠宰后动物的胴体或胴体的一部分”。乌克兰语是 м’ясо，白俄罗斯语是 мяса，保加利亚语是 месо，塞尔维亚–克罗地亚语是 mêco，斯洛文尼亚语是 meso，捷克语是 maso，斯洛伐克语是 māso，波兰语是 mięso，高地卢日支语是 mjaso，低地卢日支语是 měso，11 世纪的古俄语就有了 мясо 和 мясьный 的形式，* męso 印欧语的词根是 * mēmso-，拉丁语 miesa 意义为“身体、躯体”，古普鲁士语是 mensā（肉），立陶宛语是 mėsà，它是古罗斯语后被改变进入古斯拉夫语，在斯拉夫古教会语时期 meso 鼻元音中的 o 被 я 替换，变成现在斯拉夫语言的这种形式。在拉脱维亚语言中也有类似这样的词 miesa（肉），哥特语 mims 和一些非斯拉夫语言中这样的印欧语词很多。它主要指供食用的肉，如：говяжье мясо（牛肉），Он не ест мяса（他不吃肉），这个词除了指食用的肉外，还转指带有藐视意味的俚俗用法的“（人的身体）一堆肉”，如：Она пришла сюда поразмять своё тяжёлое мясо（她到这里来活动活动她那堆沉甸甸的肉）。此外，口语中它还指“肌肉，筋肉”，如：Мальчик поранил не только кожу，но и мясо（男孩不仅把皮肤而且把肌肉也弄伤了），它在口语中有对比意义时指“牛肉”，如：Надо купить свинины，а не мяса（买猪肉，不要买牛肉）。虽然牛肉有单独的词表示，但这个词也指牛肉，不过现在一般它指猪肉。мясцо 是 мясо 的同根表爱形式，如：поесть мясца（吃一点儿肉）。

2. телятина 具体语源不详，它指“牛犊肉”，口语中它还指“傻子，呆子，窝囊废”，可能和汉语的“初生牛犊不怕虎”有点儿关系，出生的牛犊，不知道危险，对老虎也不惧怕，这样给人的感觉就像个“傻子，呆子”一样，这只是笔者的猜测，具体的关系还有待于考证。телятинка 是其同根词。

3. вырезка 是动词 вырезать（切下，割下）的动名词，指“里脊肉，精肉”义，如：свиная вырезка（猪里脊）。

4. черепашина 和 черепаха（乌龟）是同根词，它指“龟肉，甲鱼肉”。

5. оковалок 具体语源不详，它指“（牛胴的）骨盘附近的肉，紫盖”。

6. грудинка 和 грудь（胸）是同根词，它指“（猪、羊、牛等的）胸肉，胸排”，如：свиная грудинка（猪胸肉），копчёная грудинка（熏胸肉）。грудина 除了指解剖学上的“胸骨”，它和 грудинка 是同义词。

7. корейка 具体语源不详，它指“（猪或小牛的）排骨肉；熏猪里脊”。

8. палтусина 和 палтус（鲽）是同根词，指“鲽鱼肉”。

9. окорок 指“臀部肉”“猪的骨盆附近的肉”“火腿”。乌克兰语是 окорок，但常用的是 окіст，在其他斯拉夫语言中，这个意义的词形是有区别的。白俄罗斯语是 шыика 或者 кумпяк，相对于白俄罗斯语是 шынка，波兰语是 szynka，通常塞尔维亚-克罗地亚语是 шŷнка，它来自德语 Schinken，保加利亚语是 бут，捷克语是 kta，Срезневский 指出这个词在 1537 年的一个文件中出现，但总之 окорок 这个词在古俄语时代已经众所周知，这个词的词根 корок-来自 * kork-，通常在保加利亚语 крак 意义为“腿”，塞尔维亚-克罗地亚语 крâк 意义为“腿、小腿、分支”，斯洛文尼亚语 krak 意义为“大腿、小腿、肋”，波兰语和高地卢日支语 krok 意义为“脚步”，окорок 这个词最初的意义为“缠在腿上的东西”。现在的意义为

“（整只的）腿肉；（整只）火腿”，如：задний окорок（后腿肉），копчёный окорок（熏火腿）。

10. пашина 具体语源不详，它除了指“下腹部软肉”外，还指“腋（部）皮”义。пашинка 是它的同根词。

11. филе 指“脊部中间的柔软的肉”“去掉骨头和内脏的纵向的一半鱼脊肉”。乌克兰语是 філе，白俄罗斯语是 філе，保加利亚语是 филе，塞尔维亚-克罗地亚语是 фѝлē，捷克语是 filet，波兰语是 filet，俄语中这个词产生于18世纪中叶，法语词 filet 的本来意义是“线”，它借自于老法式英语词 fillet（窄长的带子、头巾）。19世纪法语 file 和 filet 的意义为“一块肉”，因为这样的一块肉是包装好缠上线亲自交给买者的。现在它除了指“脊肉，里脊肉；（禽类的）胸脯肉”外，还指“（去掉鳞、鳍、内脏的）鱼肉”义，如：тресковое филе（一块鳕鱼肉）。

12. свинина 和 свинья（猪）是同根词，它指“猪肉”，свининка 是它的同根词。

13. баранина 和 баран（羊）是同根词，乌克兰语是 баранина，白俄罗斯语是 бараніна，斯洛伐克语是 baranina，波兰语是 baranina。这个词产生于15世纪，它的意义为“羊肉”，如：жареная баранина（烤羊肉）。баранинка 是其同根表爱形式。

14. говядина 指“用于食用的公牛或母牛肉”。在乌克兰语和白俄罗斯语中关于母牛肉是有区别的，乌克兰语的母牛肉是 яловичина，白俄罗斯语中的母牛肉是 ялавічына，或者在特殊情况下通常用 мясо，在保加利亚语中牛肉是 говеждо，它一般表示大的有角的家养动物，由此还产生了 говедар（牧人），在塞尔维亚-克罗地亚语中是 гнведина：говеђина，捷克语是 bověžina，来自斯拉夫语的波兰语是唯一的完全失去了这一组词，通常 wołowina 包含有牛肉的意义，古俄语 говядина 指“牛肉”，говядо 指“公牛、公牛群、有角的牛”，* govędo 在拉脱维亚语中是 govs（母牛），立陶宛语是 gauja（一群），古高地德语是 chuo，通常在高地德语是 kuo，现代德语是 Kuh，英语是 cow（母牛），古英语是 cū，拉丁语是 bōs（公牛），希腊语是 βουτς（公牛），波斯语是 gāw（公牛），亚美尼亚语是 kov（母牛），古印度语是 gauh（公牛），印欧语的词根是 * g$^{\mho}$ou-，后缀为-ęd-o 在任何情况下都是不寻常的。这个词的意义为“牛肉”，如：варёная говядина（煮牛肉），щи с говядиной（牛肉菜汤），говядинка 是它的同根表爱形式。

15. собачина 是 собака（狗）的同根词，它不仅指“狗肉”，还可以指“狗皮”，这大概是看到了皮肉相连的一面，除此外，在口语中它可以指“狗的气味，狗毛的气味”。

16. оленина 和 олень（鹿）为同根词，它指“鹿肉”。

17. конина 和 конь（马）为同根词，它指“马肉”。

18. курица 指“家禽，可以繁殖的，能得到鸡蛋和肉的母鸡”。白俄罗斯语是 курыца，通常乌克兰语是 курка，这个词不用后缀-иц-а 构成或者在过去其他斯拉夫语中应用，斯洛文尼亚语是 kúra，捷克旧语和现代捷克语的方言中是 kura，斯洛伐克语是 kura，波兰语是 kura，低地卢日支语是 kura，通常这个意义在保加利亚语中是 кокошка，塞尔维亚−克罗地亚语是 ко̋ко̄ш，捷克语是 slepice，古俄语 курица 产生于 12 世纪（1144 年），15 世纪才产生 курятина 这个词，在俄语词典中 1780 年才记载这个词，它是由 куръ（公鸡）构成，后缀是-иц-а，* kurъ 是公鸡，* kura 是母鸡，词根是 * ku-或 * kur-，显然，拟声的形式像保加利亚语 кокошка，塞尔维亚−克罗地亚语是 ко̋ко̄ш，斯洛文尼亚语是 kokőš，捷克语是 kohout（公鸡），波兰语是 kogut，法语的构成是 coq（公鸡），波斯语是 käpk（公鸡），奥赛梯语是 kapk，古印度语是 kurkutah（公鸡），如果认为它的词根是 ku-，那么-r-就是后缀，印欧语的拟声词根是 * kau-：keu-：kū，现在的词义为“母鸡；鸡（总称）；鸡肉”，如：пирог с курицей（鸡肉馅大烤饼），курятина 是其同根词，意义为“鸡肉”，курятинка 是 курятина 的同根表爱形式。

19. человечина 在口语中指 человек（人），它的阴性形式，表示“尸体、人肉”。

20. солонина 是 соль（盐）的同根词。乌克兰语是 солонина，白俄罗

斯语是 саланіна，塞尔维亚－克罗地亚语是 сланина，斯洛文尼亚语是 slanina。这个词产生于 16 世纪，词根是* sol-n-，意义为“腌肉，咸肉（主要指牛肉）”，солонинка 是其同根表爱词。

21. свеженина 是由形容词 свежий（新鲜的）和 нина 构成的，意义为“鲜肉”，свеженинка 是其同根表爱词，这两个词都是口语词，свежина 是个方言词，свежинка 是口语词，是 свежина 的指小表爱形式，它除了指“鲜肉”义外，还指“一点鲜货”义，如：Я купил на рынке десять свежих луковиц и обед получился со《свежинкой》（我在市场买了十个新鲜的洋葱头，午饭就算有鲜货了）。

22. рыба 指“只在水中生活，用鳃呼吸，以鳍作为肢体，皮肤上覆盖着鳞片，不固定体温的会游泳的脊椎动物”。乌克兰语是 рыба，白俄罗斯语是 рыба，保加利亚语是 риба，塞尔维亚－克罗地亚语是 pŰба，斯洛文尼亚语是 riba，捷克语是 ruba，波兰语是 ruba，高地卢日支语是 ryba、rybojty，低地卢日支语是 ryba、rybaŕ，巴拉河斯拉夫语是 roibó，11 世纪的古俄语和斯拉夫语的形式是 рыба，* ryba（？）是不太明确的词，更通俗的解释是应该如何进行比照，-raupe<ruppo（通常在古高地德语 ruppa，虽然德国的语言学家怀疑这个德语词* ryba 来自拉丁语 rubēta，其他的词源更难以信服，尝试着联系这个词和词根* ryti，印欧语词根是* reu-：rou-：rб-，词缀是-(ъ)b-(a)，这个词的意义为动物学上的“鱼”。此外，它的单数还指“鱼肉，鱼制食品”义，如：заливная рыба（浇汁鱼），пирог с рыбой（鱼肉馅饼）。

23. шашлык 指“高加索的一种肉食，通常是烤羊肉，用金属杆串上和洋葱圈一起烤的食物”。乌克兰语是 шашлик，白俄罗斯语是 шашлык，其他的斯拉夫语言借用俄语，捷克语是 šašlik，波兰语是 szaszłyk，塞尔维亚－克罗地亚语是 pàжњиħ，保加利亚语是 шишкебан，它来自土耳其语 şiş kebabl，它前面的部分 шиш 和俄语有共同的部分，шашлык：şiş 在土耳其和其他的突厥语中的意义为“杆”。俄语中这个词产生于 17 世纪 20 年代左右，可以看出这个词开始使用时的意义为“杆”，有意思的是拼写形式反映在描写中，后来发现，Елчин 去格鲁吉亚描写了 шашлык，过了很多年在普希金的《Путешествии в Арзрум во время похода 1829 года》找到了这个词，现在这个意义的形式是 ш 后面是 a，这个词按着来源毫无疑问是高加索语，但它已经很少出现在现代的高加索语言中，Радлов 发现 шішлік 比较像克里米亚的鞑靼人和加勒比人的语言，引用 Дмитриев 的话，在阿塞拜疆 шишлик（şişlik）也就是“串起来烤的东西”的意义完全不能理解，而 шашлык 在阿塞拜疆语的意义是“小酒馆”，这样的词可以借助于后缀 lik 的帮助，后来在一些高加索语言中才有这样的形式，这个词大概来源于俄语，它的意义为“串烤羊肉，烤羊肉串；明火烤肉”，在口语中还可以指“用铁杆明火烤的鱼、禽等食物”，шашлычок 是其同根词。

（三）果肉

плоть 是个斯拉夫语词，在其他语言中也有一系列对应的词，如在拉脱维亚语中是 pluta，英语是 flesh。它除了指“果肉”外，还指“躯体；肉体（与灵魂、精神相对而言）”。精神和肉体是相对而言的，而过重于看重“肉体”，就有了“肉欲，性欲”，因此，它还有“肉欲，性欲”义。同样方言中，它还指“精液”。

三、“肉（мясо）”的语义演变

作为基本词汇中最核心的身体词虽然词义比较稳定，但历经若干年的演变和发展，词义也会发生一些变化。正如兹韦金采夫说：“词的词汇意义是一个词的必备要素，没有意义便不能有词，然而意义不是一成不变地赋予一个词的东西。”兹古斯塔也认为：“词本身并不是作为一个其定义一成不变的某个系统的一个单位而抽象地存在的，词是要使用的。上下文有时候给语义上没有虚化的词的意义明显地添加了内容，词义也有了新的变化。”

“肉”作为身体词的词义，在漫长的历史发展过程中也有自己的演变形式，主要表现为“相似性”和“相关性”两个方面的词义引申。

（一）相似性

1.“肉”与“松软的东西，果肉”

肉是人或动物体内红色的柔软组织。而一些食物，如西瓜、橘子等的瓤，一些水果的果肉，内部也是如肉般的松软，因此它在通俗用法上还可以指“松软的东西、果肉”，мякоть 指“（西瓜、橘子等的）瓤，（浆果、核果、地下茎的）肉；面包瓤；<俗>松软的东西”，如：мякоть яблока（苹果肉），мясо 指“果瓤，果肉”。

这是看到了“肉”的特性，看到了二者的相似性。英语 Pulp 指“动物柔软的肉质部分；果肉”。法语同源词 Pulpe 指“（古）人体上柔软的肉质部分；果肉；纸浆”。

2.“肌肉”与“老鼠”

人的肌肉在运动时，尤其是剧烈运动时，肌肉的跳动和老鼠的跳动有些相似，这从 мышца 的语源中可以看出来，而且这个词和老鼠（мышь）是一个几乎意义相同的同根名词，但《大俄汉词典》并没有收录这个词的“老鼠”义。虽然词典没有收录，但在其他语言中，却有这样的例证。如：英语 musculus 指“肌肉；小老鼠”，希腊语 mys“老鼠；肌肉”；德语 Maus“老鼠；肌肉”。

3.“肉”与“精液”

俄语中的这个词，除了指“（树的）木质；（果类的）肉”之外，还可以指“精液”。плоть 指“精液”，这个意义上它是一个旧词，大概是看到了树的木质和果类的肉是其整体的一部分，精液呈乳白色，而一些果肉也呈乳白色，二者之间有相似性。但在其他语言中，没有发现这样的例证。

（二）相关性

1.“肌肉”与“力量”

相对于原始的人类或动物，如果一个人或动物的肌肉发达，那么他在一个群体中就可能有别人或同类无法取代的地位，也就有了权力，因此，“肉”还有“力量”义。мышца 除了指“肌肉”外，还可以指“手（常用作力量的象征）”，мускул 除了指发达的肌肉外，它的复数形式往往指“军事威力”，这种意义，现在已经不常用了，尤其指“手”这个含义。

2.“肉”与“肉欲，情欲”

人的肉体是相对于精神和灵魂而言的，而过重于看重肉体，就会沉迷于“情欲、肉欲”之中，因此，二者之间也有一定的联系。плоть 指“肉欲，性欲”，如 умерщвлять плоть（禁绝肉欲），смирить свою плоть（抑制自己的性欲）。这种意义在俄语中还是比较特殊，其他语言中的例证不得而知。

四、小　　结

在俄语“肉”语义场中，斯拉夫语词占主导地位。“肉”的词义范围缩小，如：плоть 原来可以指“肉欲、情欲”和“精液”，现在这种意义一般上都不用了。而需要特别指出的是 мышца 这个词，它本是指“肌肉”，它和 мышь（老鼠）是个意义相同的同根名词，但《大俄汉词典》没有收录这个意义，在 мышь 的词条上也没有收录 мышца 的“肌肉”义，二者分道扬镳，在词典中找不到任何痕迹，只有在词源学词典中才有记录。

参考文献

Звегинцев В. А.　1957　Семасиология. Москва：Издательство Московского университета.

Меженко Ю. С.　2011　Популярный этимологический словарь современного русского языка. Украина：Издательство：БАО.

北京外国语学院《意汉词典》组编　2010　《意汉词典》，北京：商务印书馆。

陈振尧　2006　《新世纪法汉大词典》，北京：外语教学与研究出版社。

黑龙江大学俄语语言研究中心辞书编辑所　2006　《大俄汉词典》，北京：商务印书馆。

黄碧蓉　2009 《人体词语语义研究》，上海外国语大学博士论文。

［俄］捷·拉迪斯拉夫·兹古斯塔　1983 《词典学概论》，林书武等译，北京：商务印书馆。

黎金娥　2011 《英语核心词研究》，华中科技大学博士论文。

潘再平　2010 《新德汉词典》，上海：上海译文出版社。

汪榕培　2022 《英语词汇学研究》，上海：上海外语教育出版社。

王秉钦　2008 《对比语义学与翻译》，天津：南开大学出版社。

王丽媛　2013 《俄语身体词研究》，华中科技大学博士论文。

谢大任　1988 《拉丁语汉语词典》，北京：商务印书馆。

张志军　2000 《俄汉体貌范畴对比研究》，哈尔滨：黑龙江人民出版社。

赵爱国　2012 《20 世纪俄罗斯语言学遗产：理论、方法及流派》，北京：北京大学出版社。

赵　倩　2007 《汉语人体名词词义演变规律及认知动因》，北京语言大学博士论文。

土家语“羽毛”研究

熊　英　罗茗涵

中南民族大学文学与新闻传播学院

［摘要］土家语是汉藏语系藏缅语族中的一种语言，但其支属问题至今尚未定论。土家语内部存在方言分歧，大致可以划分为南、北两个方言，两个方言区在地理位置上分明，且不能通话。对于土家语南、北部方言的共时差异，有学者认为是由于语音演变和汉语的影响所造成。feather“羽”与 hair“发、毛”这两个核心词在汉语里是有区别的，在土家语里虽形式相同，但有方言差异。北部方言中，“羽毛，毛”为双音节词 si^{35}ka^{55}，而“头发”为 sa^{35}tɕhi^{55}；南部方言中，“羽毛，毛”与“头发”同为一个词 ʔa^{21}so^{21}。通过对比藏缅语族语言的同族词发现，土家语与这些语言有着比较规整的语音对应关系。早期土家语“发”tsa<s-kra，与缅彝语语音对应。土家语中“毛”与“发”密切相关，相互交叉，且在南部方言中不区分。南北方言分别与藏缅语族语言比较结果显示，南北方言语音形式与藏语支、羌语支的同族词语音形式对应规则，推测“毛发，羽毛”这个词在土家语里南北方言分化较早，各自有不同发展轨迹。

［关键词］土家语　核心词　羽毛　发

一

土家语是汉藏语系藏缅语族中的一种，这是迄今学界比较普遍认同的观点。但对于土家语在藏缅语族内的支属问题，至今尚未定论。“土家语是藏缅语中比较特殊的一种语言。它既有藏缅语的共同特点，又有许多不同于藏缅语的特点；既有与这一支语言相同的特点，又有与另一支语言相同的特点。对其系属归类，至今意见不一。”（戴庆厦 2000）

认为土家语可归入彝语支的学者有罗常培、傅懋勣（1954）、王静如（1955）、孙宏开（1998：658—659）等。何天贞（2003：88—97）认为：“从发生学关系上看，土家语是藏缅语族中属于羌语支的一个语言”。《土家语简志》（田德生等 1986：128—163）暂定土家语是“汉藏语系藏缅语族中的一个独立的语言”。

马学良等（1994：15）、戴庆厦（1998：15）主张将“藏缅语族”分为“北部语群”和“南部语群”两大类，土家语属于南部语群中的土家语支，跟彝缅语支和白语支并列。

土家语内部有方言分歧，大致可以划分为南、北两个方言，两个方言区所处的地理位置完全分明。两个方言虽然在语法上的差异较小，但在语音、词汇上的差异较大，方言之间不能通话。

对于土家语南、北部方言共时差异问题，有学者进行过探讨。徐世璇先生根据土家语两个方言之间的差异考察土家语语音演变的进程和流向，认为土家语两种方言语音的系统性差异是由于语音演变和汉语的影响所造成，汉语影响在土家语语音演变中有着重要作用。（徐世璇 2010：3—10）还有学者将湘西土家语、苗语和汉语方言进行对比，提出大量浊声母汉借词的进入强化了湘西土家语、苗语浊声母的语音特征，延缓了其清化进程。（瞿建慧 2012：53—58）从目前研究成果来看，学者们大多认为，汉语的影响是导致土家语南北方言差异的原因，南部方言保留的浊塞音、浊塞擦音是因为当地汉语方言浊音的影响，而北部方言浊塞音、浊塞擦音均已清化亦是因为北部方言地区的汉语方言也没有这两类浊音只有相应的清音的影响。

从当代土家语的共时状态来看，汉语对土家语的影响不小，尤其是从土家语南北两个方言的共时差异来看，土家语或是受不同汉语方言的影响造成差异。但是，从土家语语言历史的角度来看，土家语南、北部方言差异应该还有更重要的发生学因素。这些发生学因素导致的差异也是导致土家语系属归类意见不一致的重要原因之一。

二

核心词“feather 羽”“hair 发”分别居斯瓦迪士《百词表》的第 36 位、第 37 位。“feather 羽”“hair 发、毛”在汉语里也是有区别的两个词，在土家语里，这两个词并不区分，形式相同，但有方言差异。

1. 北部方言的“羽”与“毛”

“羽毛，毛”：坡脚 sɿ^{24} ka^{33}，他砂 sɿ^{35} ka^{55}，龙山 si^{35} ka^{55}，仙仁 ɕi^{33}ka^{33}，保靖 ɕi^{35}ka^{53}，永顺 ɕi^{24}ka^{44}，古丈 ɕi^{35}ka^{35}。

北部方言为双音节词，应该来自原始藏缅语的复辅音节 * sgr-// * skr-，“羽，毛” * s-kra< * s-gra。在北部方言的并存着腭化形式 ɕi^{35} ka^{35}。这个词与以下藏缅语中的同族词有语音对应关系：

“毛”：撒尼彝语 qɤ^{55}。

“羽毛”：藏文 sgro，拉萨藏语 tʂo^{13}，巴塘藏语 dʐʊ^{53}，夏河藏语 dʐo，阿力克藏语 rdʐo，错那门巴语 krɔ^{35}，墨脱门巴语 dʐo，道孚语 ɣra spə，却域语 pɕa^{13}dʐo^{55}。

“胡子”：藏文 kha spu，夏河藏语 kha χwə，道孚语 kha spə。

关于前缀 * s-，白保罗（1984：110—114）认为“藏-缅语的前缀 * s-一般出现在名词词根里”，“在有关身体部位和动物的一些词中，藏-缅语前缀 * s-可溯源于藏-缅语 * sya 吃的肉；动物’。在基兰提语里，前缀 * s-可以看成是一个独立的成分，偶而作为一个附加的成分出现在其他语言里，如怒语。这类藏缅语词根还包括*s-kra‘毛’”。白保罗的论述，支持以上土家语的拟测。

龚煌城（2004：25）把汉语*gwjag“羽”与藏文 sgro 进行对比。土家语*s-kra“羽毛，毛”可以跟藏语、汉语的“羽”比较。

2. 南部方言的“羽”与“毛”

“羽毛，毛”：ʔa^{21}so^{21}，a^{21}so^{21}，这个词同时也有“头发”的意思。南部方言中，“毛（动物身上的）”、“头发、汗毛（人身上的）”与“羽毛（鸟类身上的）”形式不区分，同为一个词 ʔa^{21}so^{21}。

依据白保罗对“毛”在藏语中分布的论述，这个词反映了藏-缅语*s<*ts 的语音发展规律。根据这个规律，土家语“毛”可构拟为*tsa，土家语里*o<*a 的情况很常见①，与藏缅语有语音对应关系。以下是白保罗（1984：26）的材料：

藏语 ʔag-tshom“下巴上的胡子”，卡瑙里语 tsam“毛，羊毛”，mik-tsam“眉毛”，马加里语 tśham“头发，毛”，藏拉语 tśam，巴兴语 tsam，缅语 tsham，卢舍依语 sam“头发”，迪马尔语 tśam“皮革，树皮”，加罗语 mik sam“眉毛”，但克钦语是 sam“头发”，怒语 əŋsam 是“皮革”，拉达克语 sam-dal，拉祜里语 yar-sam“唇上的胡子”，藏-缅语*tsam。

南部方言 ʔa^{21}so^{21}<*tsa 与以下藏缅语言有语音对应关系：

扎坝语 shu^{13}，贵琼语 tshõ^{31}，史兴语 sũ^{53}，绿春哈尼语 xɔ^{33}，克伦语 a^{31}tshu^{31}“毛”；

拉萨藏语 tʂo^{13}，夏河藏语 dʐo^{31}，错那门巴语 drɔ^{13}，墨脱门巴语 dʐo，贵琼语 tshõ^{31}，克伦语 a^{31}tshu^{31}，大方彝语 tshɯ^{21}，碧卡哈尼语 ɔ^{31}tshe^{55}“羽毛”；

九龙普米语 a^{55}sũ^{55}，木雅语 a^{33}tsuø^{53}，贵琼语 ə^{55}tsã^{55}，史兴语 a^{55}tsu^{53}“胡子”。

① 张军《土家语语音研究》（2006：166）认为，南部方言的元音 o，除了小部分保留早期土家语的元音 o，大部分是由早期土家语元音 a 演变而来。

李永燧（2011：872）认为，缅彝语古音“头发”为*tsham，可与土家语*tsa“羽毛、毛、发”比较。

3. 北部、南部方言的“头发”

“头发”：北部方言：坡脚 sa^{24}tɕhi^{55}，他砂 sa^{35}tɕhi^{55}，龙山 sa^{35}tɕhi^{55}，仙仁 sa^{35}tɕhi^{33}，保靖 sa^{35}tɕhi^{55}，古丈 sa^{35}tɕhi^{55}；南部方言：ʔa^{21}so^{21}。

“头发”南北方言均为双音节词，北部方言词根为 sa^{35}，南部方言带有 a-前缀，音节的喉塞可能是语音演变的结果，词根为 so^{21}。南部方言的前缀 a^{21}-在这里只充当了名词的词类标志，没有特殊的附加意义。（田德生等 1986：29）词头 a-在藏缅语族中广泛使用，具有区分类别、构词和构形作用，其来源是多方面的。（汪大年 1991：229—244）ʔa^{21}so^{21}的这个喉塞，在语言中，一般以元音起头的音节前自然地带有喉塞摩擦现象，在土家语里，这个喉塞摩擦不区别意义。

土家语南部方言元音 o 与北部方言元音 a 的对应规律，是南北方言元音三项核心对应之一。藏缅语中*a 演变为*o 是主要的，*o 演变为*a 是较少的。土家语 a 和 o 的演变能够印证此结论。（张军 2006：148—167）因此，推测土家语的演变是*s-kra>*tsa>*sa>so。

对比藏缅语族语言的同族词：

“头发”：藏文 skra，拉萨藏语 tʂa^{55}，巴塘藏语 tʂa^{53}，夏河藏语 htɕa，泽库藏语 rcça，错那门巴语 khra^{53}，墨脱门巴语 tsam，麻窝羌语 qə tɕu，大方彝语 o^{33}tshɯ^{33}，南华彝语 u^{55}tshɯ^{33}，傈僳语 o^{55}tshe^{44}，碧卡哈呢语 tshe^{55}khɤ^{55}，哈雅哈尼语 tshe^{55}kho^{55}，基诺语 tshɛ^{55}khɯ^{33}，缅文 shɑm^{2}pɑŋ^{2}，仰光缅语 shɑ̃^{22}pĩ^{22}，载瓦语 u^{21}tsham^{51}，浪速语 tshɛ̃^{31}，波拉语 tshɛ̃^{55}，勒期语 tsham^{35}，怒苏怒语 tsha^{33}，碧江怒语 tshɑ^{35}。

“羽毛”：藏文 sgro，拉萨藏语 tʂo^{13}，巴塘藏语 dʐʊ^{53}，夏河藏语 dʑo，阿力克藏语 rdʑo，错那门巴语 krɔ^{35}，墨脱门巴语 dʐo，道孚语 ɣra spə，却域语 pɕa^{13}dʐo^{55}。

通过比较可见，土家语与以上藏缅语族语言有着比较规整的语音对应关系。

李永燧（2011：872）认为，缅彝语“头发”的古音是*tsham。可以与土家语的“羽毛、毛、发”比较。

白保罗（1984：26）关于藏缅语“头发”的讨论是：藏语 ʔag-tshom“下巴上的胡子”，卡瑙里语 tsam“毛，羊毛”，miktsam“眉毛”，马加里语 tśham“头发，毛”，藏拉语 tśam，巴兴语 tsam，缅语 tsham，卢舍依语 sam“头发”，拉达克语 sam-dal，拉祜里语 yarsam“唇上的胡子”，藏缅语*tsam。

D. 布莱德雷（1992：334—335）认为，原始彝语支“头发”有两个形式：*ʔ-tsam^{1}//*kriŋ^{1}，共同拉祜语*tsuh∨//*hkeh：，依据缅语 hcam//hkrany、傈僳语 wu^{1}ku^{3}ma^{3}、普诺伊语 sham khə̃、姆比傈语 tàm khɯ́ŋ、阿卡语 tseh$^{∨}$kah$^{∨}$、姆比语 ŋ^{4}khɯ^{6}、共同拉祜语等同源形式。

结合 D. 布莱德雷对彝语支的研究论述，土家语南北方言与其构拟的原始彝语支“头发”的两个语音形式分别对应。

再对比汉语。“髟”，《说文》：“髟，长发猋猋也。从长，从彡。凡髟之属皆从髟。必凋切，又所衔切。”《集韵·笑韵》匹妙切：“髟，长髦。”《广韵·衔韵》“髟，屋翼也”，所衔切，*sroom//*sram。同族词“彡”*sloom//*sram，*săm，《说文》：“彡，毛饰画文也。”《广韵·衔韵》：“彡，毛长。”《汉书·高帝纪》注：“彡，毛发貌也。”所衔切、息廉切。

塞擦音擦音化，是缅彝语塞擦音声母演变的一个方向，（徐世璇 1995：65—70）在藏缅语族里也是比较普遍的音系演变规律。

根据以上分析，早期土家语“发”*tsa<*s-kra，与缅彝语语音对应。

对南北方言分别与藏缅语族语言比较结果显示，南北方言语音形式与藏语支、羌语支的同族词语音形式对应规则。由此可见，至少可以推测，“毛发，羽毛”这个词在土家语里南北方言分化较早，各自有不同发展轨迹。

三

土家语的“feather 羽”与“hair 发、毛”关系总结如下：

1.“羽、毛”与“发”

从以上语源分析来看，土家语里“毛”与“发”密切相关，相互交叉。南部方言中，ʔa²¹ so²¹既表示“羽毛”“毛”，还表示“头发”，三者为同一个词。而北部方言中，si³⁵ ka⁵⁵表示“羽毛”和“毛”，而“头发”则是另外一个词 sa³⁵ tɕhi⁵⁵。但北部方言中的另一个词 ka²¹ sie²¹“髻”却是由 si³⁵ka⁵⁵“羽毛，毛”发展而来。

除此以外，si³⁵ ka⁵⁵“羽毛，毛”还是可以泛化，表示“毛”状物，如 loŋ⁵⁵ si³⁵ ka⁵⁵麦芒。

2.“毛”与“发”

从“羽”条分析来看，土家语里“毛”与“发”密切相关，相互交叉。南部方言中，ʔa²¹ so²¹既表示“羽毛”“毛”，还表示“头发”，三者为同一个词。而北部方言中，si³⁵ ka⁵⁵表示“羽毛”和“毛”，而“头发”则是另外一个词 sa³⁵ tɕhi⁵⁵。但北部方言中的另一个与头发密切相关的词 ka²¹sie²¹“髻”却是由 si³⁵ka⁵⁵“羽毛，毛”发展而来。

参考文献

［澳大利亚］D. 布莱德雷　1992　《彝语支源流》，乐赛月、陈康、鲁丁译，成都：四川民族出版社。

［美］白保罗　1984　《汉藏语言概论》，乐赛月、罗美珍译，瞿霭堂、吴妙发校，北京：中国社会科学院民族研究所语言室。

戴庆厦　1998　《二十世纪的中国少数民族语言研究》，太原：书海出版社。

戴庆厦　2000　《〈泸溪土家语〉序》，北京：中央民族大学出版社。

戴庆厦、田　静　2005　《仙仁土家语研究》，北京：中央民族大学出版社。

龚煌城　2004　《汉藏语研究论文集》，北京：北京大学出版社。

黄布凡　1992 《藏缅语族语言词汇》，北京：中央民族学院出版社。

黄树先　2010 《汉语核心词探索》，武汉：华中师范大学出版社。

黄树先　2012a 《比较词义探索》，成都：巴蜀书社。

黄树先　2012b 《汉语身体词探索》，武汉：华中科技大学出版社。

金理新　2012 《汉藏语系核心词》，北京：民族出版社。

李敬忠　2000 《泸溪土家语》，北京：中央民族大学出版社。

李永燧　2011 《缅彝语音韵学》，北京：社会科学文献出版社。

罗常培、傅懋勣　1954 《国内少数民族语言文字概况》，《中国语文》第 3 期。

马学良、胡　坦、戴庆厦、黄布凡、傅爱兰　1994 《藏缅语新论》，北京：中央民族学院出版社。

瞿建慧　2012 《湘西土家语、苗语与汉语方言浊声母演变》，《民族语文》第 2 期。

孙宏开　1998 《20 世纪的中国少数民族语言文字研究》，载《20 世纪的中国语言学》，北京：北京大学出版社。

田德生等　1986 《土家语简志》，北京：民族出版社。

田恒金　2004 《清代〈永顺县志〉中的土家语词》，《民族语文》第 2 期。

汪大年　1991 《藏缅语“a-”词头探源》，载《彝缅语研究》，成都：四川民族出版社。

王静如　1955 《关于湘西土家语言的初步意见》，载《中国民族问题研究集刊》（第四辑），北京：中央民族学院研究部。

熊　英　2023 《土家语核心词“脚”》，载《燕京语言学》（第七辑），北京：学苑出版社。

徐世璇　1995 《缅彝语言塞擦音声母初探》，《民族语文》第 3 期。

徐世璇　2010 《土家语语音的接触性演变》，《民族语文》第 5 期。

许宝华、[日] 宫田一郎　1999 《汉语方言大词典》，北京：中华书局。

俞　敏　1999 《俞敏语言学论文集》，北京：商务印书馆。

藏缅语语音和词汇编写组　1991 《藏缅语语音和词汇》，北京：中国社会科学出版社。

张　军　2006 《土家语语音研究》，香港科技大学博士论文。

塔芒语核心词“肝”研究

李　敏

武汉体育学院新闻传播学院

[摘要] 文章以斯瓦迪士《百词表》为依据，对塔芒语核心词“肝”这一概念进行研究。“肝（liver）”在斯瓦迪士《百词表》中位居第53位。塔芒语中表达“肝”这一概念的词语不多，变化也比较少，主要有ŋet。塔芒语ŋet“肝”与汉语“热”*ŋjed可比较，汉语“烧”*hŋjew也可比较。词义发展上，塔芒语“肝”发展出了比较抽象的意义，可用来表示与“感情”“心情”有关的语义，这一词义发展在其他语言中也较为普遍，在不同的语言中，感情色彩稍有差异。

[关键词] 塔芒语　核心词　“肝”　历史比较　比较词义

一、引　言

塔芒人的语言称为塔芒语。塔芒语属汉藏语系藏缅语族，喜马拉雅南麓山区尼泊尔境内有130多万人操塔芒语，塔芒语是尼泊尔众多少数民族语言中最大的语言之一。据2011年的调查结果显示，在尼泊尔的123种语言中，塔芒语人口占5.1%，居第五位。塔芒语被归类为塔芒语组的一名成员。塔芒语组包括大约7种语言（Tamang 塔芒语、Gurung 固戎语、Thakali 塔卡利语、Manange 马南格语、Chantyal 尚蒂亚语、Nar-Phu 纳普语、Seke 塞克语），这些语言分布在喜马拉雅山脉中部的南山坡上。塔芒语组语言中，塔芒语和固戎语的关系最为密切。一般来说，塔芒语有两种方言，笼统地可以分为东部塔芒语和西部塔芒语。

国外学界对塔芒语的语音和语法问题已有了较多的研究，相比语音、语法的研究，对塔芒语词汇系统的研究较为滞后，有许多领域仍待展开。在国内，塔芒语的研究基本上是一个空白。塔芒语与喜马拉雅北麓中国境内的藏缅语族语言有着十分密切的亲缘关系，尤其与藏语有着紧密的联系。本文对塔芒语核心词“肝”进行研究，运用历史比较语言学、比较词义方法对汉藏语与塔芒语进行比较。语言比较的一个重要原则是选取基本词汇进行比较，最好是核心词汇，核心词是语言中比较稳定的词语，在进行历史比较的时候，历史语言学家常常拿它作为比较的对象。本文借助郑张尚芳、潘悟云汉语古音体系，对汉藏语和塔芒语进行比较，梳理塔芒语核心词“肝”的来源和语义演变。

本文所参考的主要工具书是塔芒族学者阿吉特曼·塔芒（Ajitman Tamang）主编的《塔芒语-尼泊尔语-英语词典》（2017）。这部词典共收录了6 000多个词目，词目下有多个释义。词目按照藏文文字的字母顺序排列，这些词目首先是用藏文文字写，然后用天城体文字写，再用国际音标转写。词类和词义用尼泊尔语书写，紧接着词义又给出了相应的英文释义。

二、词 源 分 析

塔芒语核心词“肝”为 ŋet，白保罗（1972：234）构拟原始藏缅语“肝”的形式为：*m-sin。吴安其（2002：185）拟原始藏缅语“肝”的形式为：*m-krin、*s-grin。观察白保罗和吴安其所构拟的“肝”的原始形式，塔芒语的 ŋet“肝”与它们都相差较远。塔芒语 ŋet“肝”与藏文 mtçin pa“肝”，汉语 *kaːn“肝”也都不一样。如果我们在比较时只是选择“肝”义，那么可能得出的结论是塔芒语 ŋet“肝”在汉藏语亲属语言中找不到可对应的形式。我们知道，有些词族其内部成员的语音形式是非常复杂多样的，这是因为汉藏语系诸语言分化的年代久远，可能在语音及语义上都已经发生了很大的变异。这时需要我们从不同的亲属语言或者同一亲属语言的词族内部尽可能地爬梳、搜罗出可用来比较的形式。

首先来看塔芒语组内部的情况，塔芒语组的马南格语 tshim“肝”与藏文 mtɕin pa“肝”相近。不过，韵尾稍有不同。张济川（2009：208）指出，藏文中有些词语的写法与读音不一致。例如：藏文“肝”，写为 mchin pa，读为/tɕhim pa/。这是由于 mchin pa 中-n 受后面 p-的影响而造成的。还有许多这样的词语：由 mchin 构成的 mchin dri“肝腥味”、mchin mdog“肝色”、mchin nad“肝病”等词中的-n 都读/m/。

塔芒语 ŋet“肝”与塔芒语组马南格语 tshim“肝”、藏文 mtɕin pa“肝”以及上面白保罗、吴安其两位学者构拟的形式都相差较远。但是塔芒语 tshap-pa“热”与它们的语音形式相近。塔芒语“热”还有一种形式：kro-pa，应该是早期形式。塔芒语 tshap-pa<kro-pa，声母的演变可能是：kr>kj>tsj>tɕ。

塔芒语组马南格语 tshe“热”与马南格语 tshim“肝”相近。藏文 mtɕin pa“肝”与藏文 tshan“热”（张济川 2009：62）也相近。与这些亲属语言的比较，我们推测塔芒语 ŋet“肝”可能与亲属语言的“热”有关系。词义上表示身体器官的“肝”与表示触觉的温度词“热”，看上去没有联系，仔细分析，其词义演变轨迹是很清晰的。下面简要分析。

塔芒语 ŋet“肝”跟汉语中表示“肝”义以及与“肝”有关的词之间的关系十分密切。受此启发，我们发现塔芒语 ŋet“肝”与汉语“热”*ŋjed的语音形式十分相近。塔芒语 ŋet“肝”有可能与汉语“热”*ŋjed 的说法有关系，“烤肉”与“烤”“热”有联系。

汉语中有个表示“肝”的词：膰*ban。“膰”字在先秦是指祭祀用的熟肉，《左传·成公十三年》：“祀有执膰，戎有受脤。”注：“膰，祭肉。”

而煮熟了的食物，可能来自动词“煮”。“燔”是烧烤，烧烤好了的肉也叫“燔”，字或作“膰”。《左传·襄公二十二年》：“与执膰焉。”释文：“燔又作膰，音烦，祭肉也。”（黄树先 2012a：267）《书·舜典》：“至于岱宗，柴。”传：“泰山为四岳所宗，燔柴祭天告至。”释文：“燔，扶袁反，又扶云反。”赵振铎先生说，扶云反读如焚。《集韵·文韵》：“焚、燔，火灼物也。古作燔。”（符分切）《集韵》编者以为“燔”为“焚”的古文。（赵振铎 2006：45）由此可知，汉语中“肝”最初是指祭祀用的熟肉。

王力（2014：555）指出，汉语“燔（烤）”“膰（烤熟的祭肉）”是同源关系。汤传扬、张美兰（2021：136）在《汉语“烘烤”义词的语义演变研究》一文中也指出，上古汉语“炙”有“烤熟的肉食”义，词义发生了从动作到由其产生的事物的演变。汉语“燔”通“膰”（古代祭祀用的烤肉），也发生了从动词到名词的词义演变，它们与“肉”搭配较多，都是基于转喻的词义引申所致。我们认同王力、黄树先、汤传扬、张美兰的观点。

俄语也有同样的词义发展。王丽媛（2013：203）指出俄语的“肝脏”义，是由其原始义“（作为食用的）肝”转指来的，而食用的“肝”则是从动词“烧烤”“煎炸”演变过来的。从语义上看，“肝”与“火”也相通。汉语方言中有许多“肝”与“火”的联系，具体见下文词义发展部分。

“烧”与“热”具有相同的语义特征。塔芒语 ŋet“肝”还可跟汉语“烧”* hŋjew 比较。“烧”，《说文》：“烧，爇也。”另外，白保罗（1984：82）也比较过藏缅语“肝”与“熟的”。缅语 ăsàṅ，卢舍依语 thin“肝”<藏缅语 * m-sin；缅语 hmáṅ ~ hmyáṅ，卢舍依语 hmin“熟的”<藏缅语 * s-min（白保罗）。

从汉语和俄语的情况来看，我们也可以选择塔芒语 ŋet“肝”与汉语“热”* ŋjed 比较。塔芒语 ŋet 跟汉语“热”* ŋjed 语音形式可对应。声母一样，韵尾一个是-d，一个是-t。浊音-d 与清音-t，浊音清化是汉藏语言语音历史演化的一种常见现象。我们认为塔芒语 ŋet 可能与汉语“热”的说法有词源关系。

综上所述，塔芒语 ŋet “肝”与汉语“热”* ŋjed 尽管在语义上差距比较大，甚至可以看成语义异常的比对，但是从语义上能够解释得通（具体可参见下文图 1 塔芒语“肝”义词语义演变示意图），通过跨语言词义比较也能找到平行的例证。因此，我们认为塔芒语 ŋet “肝”的词源与汉语“热”* ŋjed 的说法有关系应该还是可信的。

三、语 义 发 展

塔芒语 ŋet “肝”发展出了超出生理学上的意义，可以表示与“心情”有关的主观化语义。不过，在不同的语言中，感情色彩稍有差异（见下文图 1）。

（一）肝脏与（可食用的）肝

塔芒语 ŋet “肝”既指人体内的肝脏器官，也指可食用的肝。“肝脏”与“食用肝”常有联系，在其他语言中也类似的联系，例如：捷克语 játra “肝”；játrový salám “肝香肠”。西班牙语 asadura “肝和肺；（食用的）肝”。保加利亚语 дроб “肝脏；（食用的动物的）肝”。塞尔维亚-克罗地亚语 jëtra “肝脏”，jëtrica “肝（指用肝做的菜）”。雷布查语 ʔabet 表示“人或动物的肝脏”，也可以表示“（可食用的）肝”。

（二）肝与心情

塔芒语“肝”与塔芒语“喜悦的、舒畅的”词根相同，都是 ŋet。“肝”与表示“心情”“情绪”的语义之间有联系。其他语言中“肝”既有表示“急躁”的负面消极情感色彩义，也有表示“愉快、勇敢”的正面积极情感色彩义。例如：英语 liver “肝脏”，liverish “易怒的”。法语 foie “肝”，avoir les foie “恐惧，害怕”。葡萄牙语 fígadal “肝（脏）

的”，fígado“肝脏；勇气，胆量”，desopilar o fígado“使愉快；使舒畅”。印尼语 hati“肝；心情”。雷布查语 ʔabet 表示“人或动物的肝脏”，也可以表示“爱、欲望、勇气等的所在地”。

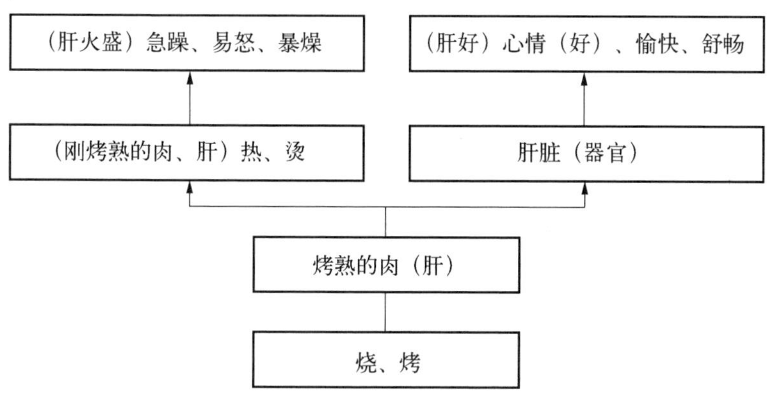

图1　塔芒语“肝”义词语义演变示意图

由此可见，通过跨语言的词义比较，可以让我们有效地避免在同源比较的择词上因一叶障目而造成遗漏的问题。从词义发展上来看，这些非亲属语言的词义演变也十分吻合。我们认为这些非亲属语言的语义演变模式相同绝不是巧合的，而是因为人类认识世界的方式是相同的，反映出了人类自然语言共同的发展结果。伍铁平（2011：97）是这样解释的：“人类的经验所遵循的途径大体上是一致的；在类似的情况下，人类的需要基本上是相同的；由于人类种族的大脑无不相同，因而心理法则的作用也是一致的。”

四、结　　论

塔芒语 ŋet“肝”与汉语“热”* ŋjed 可比较，汉语“烧”* hŋjew 也可比较。词义发展上，塔芒语“肝”发展出了比较抽象的意义，可用来表示与“感情”“心情”有关的语义。这一词义发展在其他语言中也较为普遍，不过，在不同的语言中，感情色彩稍有差异。印尼语 hati“肝；心情”的感情色彩是中性，英语 liver“肝脏”，liverish“易怒的”的感情带有消极色彩，葡萄牙语 fígadal“肝（脏）的”，desopilar o fígado“愉快；舒畅”，情感上则带有积极色彩。

参考文献

［美］白保罗　1984　《汉藏语言概论》，乐赛月、罗美珍译，瞿霭堂、吴妙发校，北京：中国社会科学院民族研究所语言室。

［美］包拟古　1995　《原始汉语和汉藏语》，潘悟云、冯蒸译，北京：中华书局。

戴庆厦　1990　《藏缅语族语言研究》，昆明：云南民族出版社。

戴庆厦、李洁　2007　《勒期语研究》，北京：中央民族大学出版社。

龚煌城　2004　《汉藏语研究论文集》，北京：北京大学出版社。

黄布凡　1992　《藏缅语族语言词汇》，北京：中央民族学院出版社。

黄布凡　1998　《从藏缅语同源词看藏缅族群的史前文化》，《民族语文》第5期。

黄布凡、尹蔚彬　2012　《多续语概况》，《汉藏语学报》第6期。

黄树先　2003　《汉缅语比较研究》，武汉：华中科技大学出版社。

黄树先　2005　《从核心词看汉缅语关系》，《语言科学》第3期。

黄树先、郑春兰　2006　《试论汉藏语系核心词比较研究》，《广东技术师范学院学报》第2期。

黄树先　2007　《汉藏语论集》，武汉：华中师范大学出版社。

黄树先　2010　《汉语核心词探索》，武汉：华中师范大学出版社。

黄树先　2012a　《比较词义与历史比较》，《民族语文》第4期。

黄树先　2012b　《汉语身体词探索》，武汉：华中科技大学出版社。

黄树先　2012c　《比较词义探索》，成都：巴蜀书社。

黄树先　2015　《比较词义再探》，成都：巴蜀书社。

黄树先、付　妮　2023　《语义异常的汉藏比较——从比较词义看俞敏先生的〈汉藏同源字谱稿〉》，《语言科学》第1期。

黄　行　2001　《确定汉藏语同源词的几个原则》，《民族语文》第4期。

江　荻　2002　《藏语语音史研究》，北京：民族出版社。

江　荻、龙从军　2010　《藏文字符研究》，北京：社会科学文献出版社。

江　荻、李大勤、孙宏开　2013　《达让语研究》，北京：民族出版社。

全广镇　1996　《汉藏语同源词综探》，台北：台湾学生书局。

施向东　2000　《汉语和藏语同源体系的比较研究》，北京：华语教学出版社。

宋金兰　1998　《词族比较法对汉藏语同源词研究的价值》，《青海民族学院学报》第1期。

汤传扬、张美兰　2021　《汉语“烘烤”义词的语义演变研究》，《语言研究集刊》第二十八辑，上海：上海辞书出版社。

王　力　2004　《汉语史稿》，北京：中华书局。

王双成　2012　《藏语安多方言语音研究》，上海：中西书局。

汪维辉　2018　《汉语核心词的历史与现状研究》，北京：商务印书馆。

吴安其　2002　《汉藏语同源研究》，北京：中央民族大学出版社。

吴安其　2017　《亚欧语言基本词比较研究》，北京：中国社会科学出版社。

伍铁平　1984　《比较词源初探》，《福建外语》第1期。

俞　敏　1989　《俞敏语言学论文集》，哈尔滨：黑龙江人民出版社。

赵振铎　2006　《集韵研究》，北京：语文出版社。

张济川　2009　《藏语词族研究》，北京：社会科学文献出版社。

张永言　2015　《语文学论集》（增订本），上海：复旦大学出版社。

郑张尚芳　2003　《上古音系》，上海：上海教育出版社。

郑张尚芳　2012　《语言学论文集》，北京：中华书局。

Dixon, R & A. Aikhenvald　2004　*Adjective Classes: A Cross-Linguistic Typology*, Oxford：OUP.

Glover W. W., Glover J. R., Gurung D. B.　1977　*Gurung-Nepali-English Dictionary, with English-Gurung and Nepali-Gurung Indexes*, Dept of Linguistics, Research School of Pacific Studies, The Australian National University.

Thomas Owen-Smith & Nathan W. Hill　2013　*Trans-Himalayan Linguistics: Historical and Descriptive Linguistics of the Himalayan Area*, Walter de Gruyter：De Gruyter Mouton.

Thurgood G., LaPolla R. J.　2016　*The Sino-Tibetan Language*, Routledge.

Van Driem G.　2022　*Languages of the Himalayas: Volume 2*, Brill.

R. M. W. Dixon & Alexandra Y. Aikhenvald 2003 *Word: A Cross-Linguistic Typology*, Cambridge：Cambridge University Press.

Benedict P. K, Goodenough W. H. 1975 *Austro-Thai Language and Lulture*, *with a Glossary of Roots*, New Haven：HRAF Press.

尼瓦尔语核心词“胸”研究

张　倩

信阳师范大学教师教育学院

［摘要］文章以斯瓦迪士《百词表》为依据，对尼瓦尔语中重要的身体部位词“胸”展开研究。尼瓦尔语中表“胸、乳”义的固有词 nuga 作为构词词根保留在 nugalam“心脏”一词中，可与藏语 nu-“乳房”，缅文 no[1]“乳房”，汉语“乳”* njoʔ 比较。dudupa“乳房”的词根 pa，也是表“胸”义的固有词，可与羌语 pa“乳房”对应。词义方面，尼瓦尔语“乳”“胸”“心”有语义交叉，不仅是因位置较近，可能也有避讳的因素；“胸、乳”与“吮吸”“乳母”“胸怀”也有语义纠葛。这些语义联系在其他自然语言中均有体现。

［关键词］尼瓦尔语　核心词　“胸”　历史比较　比较词义

一、引　言

尼瓦尔语是喜马拉雅南麓尼泊尔境内尼瓦尔人的母语。14—18 世纪，尼瓦尔语曾是尼泊尔的官方语言。加上尼瓦尔族在历史上的拥有较高的社会地位，他们的母语尼瓦尔语，很早就引起了学者们的关注。然而，尼瓦尔语的研究现状并不理想。白保罗（1984：10）在《汉藏语言概论》中指出，尼瓦尔语如同藏语、缅语，是有文字的语言，但学界对尼瓦尔语描写得如此之差，以至于有关它的材料只能有限地加以使用，他对此深感遗憾。

从研究内容上看，学者们对尼瓦尔语的研究多集中在语音、语法部分，词汇的研究更显薄弱。在长期与异族语言的接触过程中，尼瓦尔语中有大量的借词。日本学者桥本万太郎（Mantaro J. Hashimoto 1977：1）指出，尼瓦尔语是研究语言接触的最理想的语言样本。尼泊尔学者坎萨卡（Tej R. Kansakar 1981：1—18）也认为，尼瓦尔语确实是尼泊尔境内受印欧语系语言影响最深刻的语言，没有之一。

我们知道，传统的历史比较研究尤其注重语音，从语音规律求证语言的历史演变，但就语法（形态）简单的语言而言，词汇的比较十分重要（梅耶 2008：27；白保罗 1984：1）。如果能够把研究的重心从语音、语法延伸到该语言的词汇系统，尤其是核心词，其中的一些研究发现，对继续探究和确定尼瓦尔语的系属定位，或有一定的参考价值。

通过与亲属语言的历史比较，不仅可以弄清尼瓦尔语核心词的词源关系，也有助于我们了解一些语词的被定名的缘由。在语言词汇系统的早期面貌中，原本只有核心词和核心义。核心词尽管数量不多，却具有旺盛的生命力，词汇数量的由少到多，语义的由简到繁，跟核心词的引申和裂变有密切关系。归纳、总结核心词词义的引申，也是认识尼瓦尔语词汇演化的极佳视角之一。

本文以尼瓦尔语中重要的身体词“胸”（breast）为例，将历史比较法和词义比较相结合，对“胸”的来源和语义演变进行梳理。

“胸”在《百词表》中居第 51 位。尼瓦尔语中“胸”与“乳房”有密切联系，汉语中也存在这样的情况。黄树先认为，其中的原因主要有两点：一是“胸”跟“乳房”的部位相近，二是“乳房”平时羞于出口，故用“胸”来代指“乳房”。（黄树先 2012b：249）本节所讨论的属于“胸”语义场的语词，都兼有“乳房”义。

尼瓦尔语中与“胸”义有关的语词①有：नुगः nugaː“心脏”（词典，

① 均取自 A Dictionary of the Classical Newari，以下均用“词典”指称。

第131页）；दुदुपा dudupa“（女人的）乳房”（词典，第112页）；चुचु tsu tsu“母乳”（儿童语言）（词典，第62页）；चुचुप्यात tsu tsu pjatə“吮吸”（词典，第62页）；तुतु tu tu“奶、乳房”（儿童语言）（词典，第95页）。

二、词 源 分 析

下面，我们来看这几个词的词源：

（一）नुगः nugaː

नुगः nugaː<nugala 表示“心脏”，谢飞（Robert Shafer 1952：92—109）拿它与藏文 nu-，缅文 nuí，库基语-hnu 比较。塔莫特（Kashinath Tamot 2002：16）曾讨论过尼瓦尔语“胸”，但在择词上，塔氏拿尼瓦尔语 ŋe-mo 与藏文 nu-ma 以及白保罗构拟的原始藏缅语“乳房、奶”*nuw 比较。

尼瓦尔语 ŋe-mo，塔氏在比较时标注是“哺乳”之义。由名词“乳房”发展出动词“哺乳”义，是很自然的。只是，我们在所参考的几本词典以及塔氏（2002）所编写的词汇表中均未找到该语词。鉴于对该词无更多了解，故暂不讨论塔氏的这一择对。

谢飞拿尼瓦尔语 nugal“心脏”与藏文、缅文的“乳”比较，是可信的。尼瓦尔语 नुगः nugaː<nugala“心脏”也是省略形式。据其离格形式 नुगालां nugalãː（词典，第132页），我们把它的未省略形式构拟为 nugalãː<*nugalam。*nugalam“心脏”是一个并列结构的复合词，词根 lam 也有“心”义，详见核心词“心”条；词根 nuga 则有“胸、乳”之义。

在讨论尼瓦尔语 nuga“胸、乳”的词源之前，先来看学者们对原始藏缅语“乳房”的讨论。白保罗（1984#419）将藏语 nu-ma“乳房”，缅语 nuí“乳”在内的原始藏缅语“乳房、奶”的语音形式构拟为*nuw。吴安其（2002：185）的构拟，与白氏稍有不同：藏文 nu ma，道孚语 nu nu，浪速语 nuk<*nu-k，那加语坦库尔方言 naror，哈克钦语 huuk。PTB *nu-g，*na-r。“乳房”，独龙语 nuŋ^{55}<*nuk，缅文 no^{1}<*noʔ，景颇语

ʧu̱ʔ<* k-nuk[55]。（吴安其 2002：151）

吴安其构拟的原始藏缅语“乳房”* nu-g 中有-g 尾。我们推测，尼瓦尔语 nuga“乳房”的早期形式中也有-g 尾，只是后来才滋生出元音 a，故演变成了一个双音节词。

藏语 nu-ma“乳房”，缅文 no[1]“乳房、乳汁”在汉语中的对应情况，学界讨论颇多。龚煌城（2000：16）、柯蔚南（1986：48）、俞敏（1999：70）、全广镇（1996：150）、邢公畹（2001：38）、郑张尚芳（2024：278）等学者都拿汉语“乳”与之比较。马提索夫也拿汉语“乳”和藏缅语* nəw 对应。（白保罗 1984 注#483）

汉语“乳”* njoʔ，可作“乳房”讲，《史记・扁鹊仓公列传》：“意告之后百余日，果为疽发乳上。”也可指“乳汁”，《魏书・王琚传》：“常饮牛乳，白如处子。”还可用作动词，表示“喂奶”，《左传・宣公四年》：“䢵夫人使弃诸梦中，虎乳之。”

尼瓦尔语 nuga“乳房”，在音义上均可与汉语“乳”* njoʔ 比较。

（二）दुदुपा dudupa

复合词दुदुपा dudupa“（女人的）乳房”中，词根 dudu“乳汁、（树的）汁液”，借自梵语 dhudhu“乳房”；词根 pa，我们推测是尼瓦尔语中表“乳房”义的固有词。

从构词方式上看，尼瓦尔语中固有词与借词并列的构词方式非常普遍，如：la～la-hathə“手”、su～su-paʦə“云”等。符号“～”之前的是固有词形式；之后的复合词是受梵语等语言的影响后起的。

金理新（2012：189）曾注意到，在藏缅语中，“乳房”还有分布比较狭窄的一些形式，如：羌语 papa，彝语武定方言 pa̱[22]，基诺语 po[42]，纳西语 po[21]，白语 pa̱[21]。

尼瓦尔语पा pa“乳房”或能与上述羌语型的“乳房”对应。

（三）तुतु tu tu//चुचु ʦu ʦu//चुचुप्यात ʦu ʦu pjatə

चुचु ʦu ʦu“乳”，तुतु tu tu“奶、乳房”是尼瓦尔语中表“乳、乳

房”义的最常用的语音形式。从来源上看，均借自梵语 dhudhu“乳房”；它们之间的语音发展关系大概是：dhu>du>tu>ʦu。不少语言中，“乳房”与“吮吸”有语义纠葛，尼瓦尔语 चुचुप्यात ʦu ʦu pjatə“吮吸”（pjatə 动词，变湿、打湿）、चुचु ʦu ʦu“乳”也体现了这一语义关系。

“胸、乳”是非常重要的身体词，然而，在尼瓦尔语中表示这一语义的最常用的、最普遍的形式是外来语借词形式。我们推测，这是一种比较委婉的表达手法。朝鲜语中也有这种婉指方式。在涉及生殖器、性器官、排泄物等羞于启齿的事物时，一些知识分子尤其是大、中学生会借用外来词来替代朝鲜语固有词，吕春燕（2004：47—50）认为，其原理在于利用了母语与外语之间的距离。“胸、乳”是身体比较隐私的部位，平时羞于说出口，故借用一个外来词来表示，这种使用心理，是可以理解的。

三、词 义 发 展

下面我们来看尼瓦尔语“胸”的语义发展：

（一）胸和乳房

“胸”跟“乳房”部位相近，又因“乳房”是身体比较隐私的部位，平时羞于出口，故用“胸”来代指，是比较普遍的语言现象。尼瓦尔语表“胸”义的语词都兼有“乳房”义。还可比较：西班牙语 domingas“乳房，女子胸部”；pecho“胸，乳房”（《新西汉词典》2012：551，1149）。德语 Brust“胸，（妇女的）乳房”（《德汉词典》1983：234）。土耳其语 göğüs“胸，乳房”（《土耳其语汉语词典》2008：716）。

（二）胸和心脏

胸部和心脏位置邻近，因此在语义上有交叉。尼瓦尔语 नुगालां nugalãː<*nugalam“心脏”中的词根 nuga，是该语言中表“胸、乳”义的固有词。汉语方言，吴语、闽语、土家话中“心头”即指“胸脯”（许宝华

1999: 937)；闽语“心肝”也可指“胸脯”（许宝华 1999: 938）。还可参考：法语 coeur“心脏，胸脯”（《法汉词典》1982: 234）。土耳其语 sadir“胸，心”（《土耳其语汉语词典》2008: 1574）。印地语कलेजा“心，胸”；छाती“胸，心”（《印地语汉语大词典》2000: 313，515）。

（三）乳与吮吸

“吮吸”是动物的幼崽吃奶时的动作，因此，很容易理解尼瓦尔语चुचु tsu tsu“母乳”和चुचुप्यात tsu tsu pjatə“吮吸”之间的音义关系。吴安其（2017: 758）研究认为，亚欧许多语言中表“乳房”义的语词都可派生出“吸、喝”等语义。汉语“咂”，一般常用作动词，有“吃”之义，而在东北、北京、冀鲁官话中，“咂儿”“咂咂”常用作名词，既可指“妇女的乳房”，也可指“乳汁、奶水”。（许宝华 1999: 3352）藏文 nu-ma“乳房、奶头”，nu-ba“咂奶”。还可参考：意大利语 ciucciare“吸、吮”；ciuccio“奶头”（《意汉词典》1997: 167）。葡萄牙语 chucha“吮吸，乳房”（《葡汉词典》1999: 223）。塞尔维亚-克罗地亚语 sȉsa“乳房、乳头”，sȉsati“吸、吮、咂”（《塞尔维亚-克罗地亚语汉语词典》1997: 562）。

（四）胸与胸怀

尼瓦尔语चाति tshati“胸部”是印地语借词，也可指“心胸，胸怀”，如复合词चातिदु ह्मा tshati duhma“胸怀宽广的人”（du 动词，存在、是；hma 有生命度的名词词缀）。汉语“胸”也可指“胸怀”“胸襟”。还可参考：德语 Busen“胸脯，胸怀”；Brust“胸，胸襟”（《德汉词典》1983: 234，238）。西班牙语 pecho“胸；胸怀”（《新西汉词典》2012: 1149）。意大利语 pètto“胸，胸怀”（《意汉词典》1997: 561）。土耳其语 sine“胸，胸怀、怀”（《土耳其语汉语词典》2008: 1655）。乌尔都语 chhātī“胸，慷慨”（《乌尔都语汉语词典》2014: 557）。

（五）乳与乳母

尼瓦尔语दुदु dudu“奶，乳汁”，加上表示“女性”的名词मा ma，构成复合词दुदुमा duduma“乳母、保姆”。汉语“奶”，既可指“乳房、乳汁”，又可指“祖母”；汉语“妳”，《玉篇》：“妳，母也；乳也。”既可指“乳汁”，也可指“母亲”（黄树先 2012b：255－256）。在河南信阳方言中，“妈”可以指祖母、姑妈、妈妈等女性，也可指“乳房、乳汁”。还可参考：拉丁语 mamma“乳房，妈妈（儿语）”（《拉丁语汉语词典》1988：337）。西班牙语 chiche“女人的胸脯，乳母、奶妈”（《新西汉词典》2012：300）。

四、小　结

尼瓦尔语中表“胸、乳”义的固有词 nuga 作为构词词根保留在 nugalam“心脏”一词中，可与藏语 nu-“乳房”，缅文 no^1“乳房”，汉语“乳”*njoʔ 比较。dudupa“乳房”的词根 pa，也是表“胸”义的固有词，可与羌语 pa“乳房”对应。词义方面，尼瓦尔语“乳”“胸”“心”有语义交叉，不仅是因位置较近，可能也有避讳的因素；“胸、乳”与“吮吸”“乳母”“胸怀”也有语义纠葛。这些语义联系在其他自然语言中均有体现。

参考文献

［美］白保罗　1984　《汉藏语言概论》，乐赛月、罗美珍译，瞿霭堂、吴妙发校，北京：中国社会科学院民族研究所语言室。

［美］包拟古　1995　《原始汉语与汉藏语》，潘悟云、冯蒸译，北京：中华书局。

北京外国语学院《意汉词典》编写组　1997　《意汉词典》，北京：商务印书馆。

北京大学东方语言文化系印地语语言文化教研室，解放军国际关系学院多语种教研室编　2000　《印地语汉语大词典》，北京：北京大学出版社。

陈用仪　2001　《葡汉词典》，北京：商务印书馆。

《德汉词典》编写组编　1983　《德汉词典》，上海：上海译文出版社。

《法汉词典》编写组编　1982　《法汉词典》，上海：上海译文出版社。

龚煌城 2002 《汉藏语研究论文集》，台北："中研院"语言所筹备处。

黄树先 2003 《汉缅语比较研究》，武汉：华中科技大学出版社。

黄树先 2012a 《比较词义探索》，成都：巴蜀书社。

黄树先 2012b 《汉语身体词探索》，武汉：华中科技大学出版社。

汉语大字典编辑委员会编纂 2010 《汉语大字典》（第二版 九卷本），成都：四川辞书出版社；武汉：崇文书局。

金理新 2012 《汉藏语系核心词》，北京：民族出版社。

孔菊兰 2014 《乌尔都语汉语词典》，北京：高等教育出版社。

吕春燕 2004 《朝鲜语的委婉方式》，《民族语文》第3期。

［法］梅 耶 2008 《历史语言学中的比较方法》，岑麒祥译，北京：世界图书出版公司北京公司。

全广镇 1996 《汉藏语同源词综探》，台北：台湾学生书局。

孙义桢 2012 《新西汉词典》，上海：上海译文出版社。

吴安其 2002 《汉藏同源研究》，北京：中央民族大学出版社。

吴安其 2017 《亚欧语言基本词比较研究》，北京：中国社会科学出版社。

吴福祥 2015 《汉语语义演变研究的回顾与前瞻》，《古汉语研究》第4期。

吴福祥 2017 《试谈语义演变的规律》，《古汉语研究》第1期。

吴福祥 2019 《语义演变与词汇演变》，《古汉语研究》第4期。

萧鼎章等 1997 《塞尔维亚-克罗地亚语汉语词典》，北京：商务印书馆。

邢公畹 2001 《汉藏语同源词初探》，载孙宏开、丁邦新主编《汉藏语同源词研究（二）——汉藏、苗瑶同源词专题研究》第1—128页，南宁：广西民族出版社。

许宝华、［日］宫田一郎 1999 《汉语方言大词典》，北京：中华书局。

谢大任 1988 《拉丁语汉语词典》，北京：商务印书馆。

［美］谢 飞 1980 《汉藏语系语言的分类》，高尔锵译，载民族语言学术讨论会秘书处编《汉藏语系语言学论文选择》第28—44页，北京：中国社会科学院民族研究所语言研究室。

俞 敏 1999 《俞敏语言学论文集》，北京：商务印书馆。

周正清等 2008 《土耳其语汉语词典》，北京：商务印书馆。

郑张尚芳 2024 《华澳语系同源词根研究》，上海：上海教育出版社。

Hans Jørgensen 1936 *A Dictionary of the Classical Newari*. Copenhagen：Levin &

Munksgaard.

Kashinath Tamot 2002 *Some Characteristics of the Tibeto-Burman Stock of Early Classical Newari.* Piats 2000：Tibetan Studies：Proceedings of the Ninth Seminar of the International Association for Tibetan Studies, Leiden 2000. Edited by Christopher I Beckwith-Leiden；Boston；Köln：Brill.

Kamal P. Malla 1985 *The Newari Language: A Working Outline.* Tokyo：Institute for the study of Languages and Cultures of Asia and Africa.

Mantaro J. Hashimoto 1977 *The Newari Languge: A Classified Lexicon of its Bhadgaon Dialect*. Mo-mentica Serindica No. 2. Tokyo：Institute for the Study of Languages and Cultures of Asia and Africa. i.

Robert Shafer 1952 Newari and Sino-Tibetan. *Studia Linguistica*, 6.

Thakur Lal Manandhar 1986 *Newari- Englishi Dictionary-Modern Language of Kathmandu Valley*. Agam Kala Prakashan, Delhi.

Tej R. Kansakar 1981 Newari Language and Lingnistics：A Conspectus. *Contributions to Nepalese Studies*, 8（2）.

Weldon South Coblin（柯蔚南） 1986 *A Sinologist's Handlist of Sino-Tibetan Lexical Comparisons.* Monumenta Serica Monograph Series XVIII. Nettetal, Steyler Verlag.

雷布查语核心词“圆”

邹珊珊

首都师范大学文学院

[摘要]“圆（round）”是语言中最基本的核心词，居斯瓦迪士《百词表》中的第98位。文章运用历史比较法、比较词义法以及认知语言学的方法，考察雷布查语“圆”语义场的成员、来源和词义演变。雷布查语“圆”语义场共有6个成员：ʔapljɔk，blam，klak，ʔakor，vuŋ，rɯl rel。

[关键词] 雷布查语　核心词　“圆”

一、引　　言

语言中的核心词是词汇系统中最稳定、使用频率最高的那部分词，是观察词汇、词义发展变化的重要窗口。本文运用历史比较法、比较词义法以及认知语言学的方法，对雷布查语核心词“圆”来源和演变进行梳理。同时在语义类型学的视野下，将雷布查语“圆”与亲属语言进行比较，探索雷布查语核心词“圆”词义演变规律以及人类语言发展的共性。

“圆（round）”是语言中最基本的核心词，居斯瓦迪士《百词表》第98位。雷布查语“圆”语义场下有 ʔapljɔk“圆的，圆形的”，blam“圆的，圆形的”；klak“圆形的，环形的”；ʔakor“圆圈，圆形物体”；vuŋ“环绕，使圆，包围”；rɯl rel“圆形的，环状的”等6个成员。

二、词 源 分 析

1

雷布查文	国际音标	意　　义	页　码
	ʔapljɔk	（1）<形>圆的，圆形的； （2）<形>肥胖的； （3）<名>圆形的物体	363

ʔapljɔk 通常在家中或和朋友交谈时使用。由 ʔapljɔk 构成的例句如下：

（1）

kursuk　ʔapljɔk　ɲi

地球　　圆的　　是

地球是圆的。

（2）

hɯ nɯn fat ka　ʔazɯk　ʔapljɔk kat　zukmʌ

3S. ABL 地 处所格 很　圆的　-　画 AST

他在地上画了一个很圆的圈。

（3）

sʌrɔŋ sa　lavo　ʔapljɔk　lɔŋŋan　ɲi

今天 GEN　月亮　圆的　月亮发光　是

今晚的月亮很圆。

由 ʔapljɔk 组成的词组如：tapljɔk 圆形的；apljɔk zuk 圆形；pi pljɔk 火球。

黄树先（2010：62）指出“圆”系列的字不少字带-r-或-l-介音，这种介音应是形态的一种反映，带-r-或-l-介音的字大多都是名词性的词。雷布查语-j-有使役中缀的作用，当-j-作使役中缀时，可以出现-rj-、-lj-等复合介音，如雷布查语 plăk“圆的”，a-plăk“圆的”，a-plăk“球，片，块”；plyăk“弄圆”，tʔam-plyăk“球（玩弄用的）”。（包拟古 1995：181）因此，雷布查语 ʔapljɔk 中 j 可能是中缀，不是词根的一部分，ʔapljɔk 的词根为 plɔk。

在人们的认知中，“洞，孔”通常为圆形，因此“圆形”与“洞”语义联系密切。白保罗（1984：78）根据藏语 kor“圆的，圆形”，西部藏语 kor“坑，洞”，卢舍依语 kor“溪谷，深谷”，加罗语 a-khol，迪马萨语 ha-khor“山洞”，博多语 ha-khor“洞，山洞”（a ~ ha“土地”）等拟原始藏缅语“圆”为 *kor。雷布查语 ʔapljɔk 可以比较藏缅语“洞”：

“洞”	藏文	缅文	林布	阿沃	帕塔尼	姆比
	bug-pa	a pok	pak	tapok	phug tʃa	poʔ^{4}
“打孔”	巴塘					
	phuʔ^{53}					

大多数嘉绒语方言“洞”也使用类似形式，如：

“洞”	小金达维话	甘孜丹巴半扇门话	马尔康龙尔甲话	金川马尔邦话
	kha’bok⌝	kha’bok	kə ’spok⌝	kho ’pok⌝
	小金汗牛话	马尔康沙尔宗话	马尔康大藏话	
	khə’pok⌝	kə ’ʂpoɤ	kə ’ʂpoɤ	

圆是一个“始则终，终则始”的封闭系统，起点亦是终点，运动一圈后回到的仍是原点，“圆”与“回”在语义上联系密切，雷布查语 ʔapljɔk 可以与藏缅语“回”比较：

“回”	古隆	切邦	独龙	缅语	马南格	基诺
	ebaq	payk-	blăʔ^{55}	pjã^{22}	bɛː^{4} ba	pho^{42} lɔ^{42}

雷布查语 ʔapljɔk 可对比汉语 *bug“复”，*bugs ~ *bug“復”。《说文》：“复，往来也。”《仪礼 · 大射仪》：“扬触捆复。”《易 · 复》：“反复其道。”《诗经 · 豳风 · 九罭》：“公归不复。”

2

雷布查文	国际音标	意　　义	页　码
	blam	（1）<形>圆的，圆形的； （2）<名>圆形的物体	540

blam 通常在学校或办公室等正式场合使用。由 blam 构成的例句如：

（1）

hɯdo sa　ʔamlem ʔablam ʔun　phɔkkɯdo ʔarjam ɲi tho mʌ

3S OBL　脸　　圆的　此外 非常　　可爱　是 EXH AST

她的脸圆圆的很可爱。

（2）

bɯrju　　ʔablam ɲi tho

西红柿　　圆　　是 EXH

西红柿的形状是圆的。

（3）

sndrɔŋ sa　lavo　ʔapljɔk lɔŋŋan　ɲi

今天 GEN 月亮　圆的　　月亮发光 是

今晚的月亮很圆。

由 blam 构成的词组如： ʔablam mʌzuknndbu 不圆的； ʔablambu 圆形； ʔablamzʌŋ 圆形的东西； blam zuk 圆形的； mɔrblam 黄油球。

雷布查语 blam 这一形式在藏缅语中较为常见，多位学者为其构拟了原始形式，代表性观点如下：

* bwam	“肿胀的，圆的，胖的”	藏缅语族	白保罗（1984）
* s-bwam	“肿胀的，肥胖的”		马提索夫（2003）

续 表

* phum	“圆的”	北部那加语	French（1983）
* pum	“圆的”	钦语	VanBik（2009）
* pəm	“肿胀的”	中部那加语	Bruhn（2014）

白保罗（1984：43）拟原始藏缅语“肿胀的，圆的，胖的”为 * bwam，参考语料如下：藏语 sbom-pa“厚，强壮的，粗糙的”，克钦语 bom“肿”，bom-bom“隆起的，圆的，圆胖的”，缅语 phwám“胖，肥胖的”，卢舍依语 puam“肿的，肿”（藏缅语 * bwam）。VanBik（2009）拟原始钦语“圆的”为 * pum，参考语料如：库基钦语 beam hī，塔多钦语 bêem，穆恩钦语 pum。马提索夫（2003：341）根据藏文 sbom-pa“厚强壮的”，景颇语 bōm“肿胀的”～bòm“圆的，丰满的”，缅文 phwam“丰满的；肥胖的”，卢舍依语 puam“肿胀的”，将原始藏缅语“肿胀的，肥胖的”构拟为 * s-bwam。雷布查语 blam 显然与上述形式相关。

对比藏语 zlum-po，克钦语 lum，缅语 lùm“圆形的，球形的”，卢舍依语 hlum“球”（藏缅语 * s-lum）（白保罗 1984：143）早期藏缅语“圆的”可能还存在 * -l-介音。雷布查语 blam 与上述形式同源，还可以比较其他藏缅语言：

“圆的” 因宗格鲁 bum 洛塔 bɯm 乔语 pum 尼姆耶 pu lum

“肿胀” 梅特黑 pom bə 洛塔 pəm^{1} 库基 apoom 铁丁 poːm$^{1}_{因浸泡而肿胀}$

潘悟云（2005a）指出侗台语“扁”词根以-p 或-m 结尾，-m 大多在唇音声母的异化下变为-n。雷布查语 blam 还可以比较侗台语“扁圆”：

“扁圆” 泰语 pɔːm 泰语 pɛːn^{3} 老挝语 pɔːm^{4}

“扁平” 泰语 pɛːn^{2} 布依语 pɛm^{3} 壮语 pen^{2}

“滚圆” 泰语 pum^{3}

南亚语佤语 lɔ̱m le̱“圆的，圆”，高棉语 klom“圆而饱满，正圆”或许也可与之对应。

3 [illegible]

雷布查文	国际音标	意　　义	页　码
[illegible]	klak	（1）<形>圆形的，环形的； （2）<动>围绕，环绕，包围	223

klak 主要表示“围绕”义，由 klak 组成的词如：[illegible] ʔaklak 围绕；[illegible] tʌklak 绕过，绕行；[illegible] tʌklak bam 绕过；[illegible] tʌklak mat 环绕，包围。

雷布查语 klak 在藏缅语中多表示“弯，弯曲”，多位学者为其构拟了原始形式，代表性观点如下：

* gjuk～* khjuk	汉藏语系	柯蔚南（1986）
* guk～* kuk		周法高（1972）
* guk～* kuk	藏缅语族	白保罗（1984）
* gok～* guk～* kuk		罗仁地（1987）
* gu（ː）k～* m-ku（ː）k		马提索夫（2003）
* kuk		Mortensen（2012）

白保罗（1984：287）拟原始藏缅语“弯，歪扭”为* guk～kuk，主要参考汉语：* g̑ʼiuk～* g̑ʼiwok“局”（压缩；弯曲，“曲”身，“卷”发），* g̑ʼiuk～* g̑ʼiwok“跼（屈身）”，* k̑ʼiuk～* k̑ʼiwok“曲”（弯、曲，弯扭的）。雷布查语 klak 可以与之比较，还可以对比藏文 ɦgugs“弄弯”，gug-po“屈身”，缅文 kok“弯”。周法高（1972：228）拟原汉藏语“弯曲，弯曲的”为* guk-* kuk。柯蔚南（1986：42）将原始藏缅语“弯曲，弯曲的”构拟为 gjuk～khjuk，并用汉语* gjuk“局”，* khjuk“曲”与之对应。

马提索夫（2003：57）拟原始藏缅语“弯曲，返回，后退”为*ʔuk～*kuk。亚欧语言“圆”多与“弯曲”有关（吴安其2017：2150），雷布查语 klak 可以与上述“弯曲”比较，还可以对比其他藏缅语言：

“弯曲” 瓦尤 guk　　巴兴 kuk-　　错那 chɔk^{53}　　傈僳 giʔ^{21}

仙岛 khoʔ^{35}　　巴塘 kuʔ^{53}　　萨胡^{2}kuː　　拉萨 ku^{52}

龚煌城（2002：17）用古汉语 khjuk“曲”对比藏文 'gug(s)“弄弯”；kug“弯的，钩子”；缅文 kauk < kuk“被弄弯，弯曲”。包拟古（1995：189）用藏语 gyog-pa“曲，弯”比较汉语*gyok，*giok～*gjwok“局”；藏语 kyag-kyog“弯”，khyog-po“弯，曲”对比汉语*khjok～khjwok“曲”。施向东（1999：34—124）用汉语“局”比较藏文 gug-po“弯的”；用*khjuk“曲”比较藏文 khugs-pa，lhug-cig，bkug-zin“曲折，弯曲”。邢公畹（2001：121—122）用*gjuk“局”对比藏文 sgu-bo，dgug-bya，vgugs-byed“弯曲，弯”。俞敏（1999：85）、施向东（1999：124）、潘悟云（2000：208—209）、马提索夫（2003：362）、黄树先（2003：212）、郑张尚芳（1995/2012：203）等学者均用汉语*khog～*khlog“曲”，*gog“局”，*gog“跼”等对应藏缅语*guk～*kuk“弯曲”。雷布查语 klak 也可与之比较。《说文》：“曲，象器曲受物之形。”《诗经·小雅·采绿》：“予发曲局。”又《小雅·正月》：“不敢不局。”毛传：“局，曲也。”《广韵·入声·烛韵》：“跼，曲也。”三者均表示“弯曲，不直”。更多同系列的字参见黄树先（2010：66—67）。

马提索夫（1985：16）拟原始澳泰语“弄弯，弯曲”为*（〔i〕(ŋ) kuŋ）～*〔i〕ŋkuk（231）。其中原始藏缅语为*kuk～*guk，原始孟高棉语为*gok“被弄弯、弯曲、跛的”。雷布查语 klak 还可与南亚语对应：

“弯曲”　佤语 kɔ̱k　巴那尔 kɔk　坎姆元 kóːk　德昂 gʌuʔ

沙加尔（2004：86）认为上古汉语及物动词与不及物动词的清浊交替是显著形态现象，及物动词通常被认为带清辅音声母（不论是否送气），通过清音浊化派生不及物动词。不及物动词前存在鼻冠音*N。*bN-lhok>

gjowk“局”（弯下，弯曲的），*bkhok>khiwk“曲”（弯，弯曲的）。原始苗瑶语*ŋkhok“弯曲，弯曲的”。原始南岛语*-kuk“弯曲”。（沙加尔1995：93）

4

雷布查文	国际音标	意　义	页　码
	ʔakor	<名>圆圈；圆形物体	6

由 ʔakor 组成的词组如： ca kor 圆形的，环形的， nam kor 循环， tshɯ kor 生命周期， sɯkdɯm korbu 环球旅行者。

白保罗（1984：78）拟原始藏缅语“圆”为*kor，参考语料如下：藏语 kor“圆的，圆形”，西部藏语 kor“坑，洞”，卢舍依语 kor“溪谷，深谷”，加罗语 a-khol，迪马萨语 ha-khor“山洞”，博多语 ha-khor“洞，山洞”（a～ha“土地”）。吴安其（2002：189）根据藏文 sgor，道孚语 ʁar，景颇语 tin^{31}<*lin-g，那加语坦库尔方言 aŋum 等，将其构拟为*ɢlor。藏文 sgor 存在多个变体：skor ba“圆圈”，rna kor“耳环”，gor gor“圆的”，hor ba“饼子”。（张济川 2009：14）雷布查语 ʔakor 显然与上述形式同源。还可以比较：

“圆的”	马南格	麻玛	墨脱	文浪
	^{4}kwor	$chir^{55}$ mo^{53}	khir khir	gor^{35} $pɑ^{55}$
	嘉绒	米里	塔芒	尼瓦尔
	ka’gargar	go kɯr	^{3}kor$_{圆形物体}$	golo

龚煌城（2002：59—60）用汉语*gwjan“圆”对应藏文 gor<*gror 圆形，球形，sgor-mo“圆形”。柯蔚南（1986：153）用汉语*kwjəd> kjwei“归”，*gwjəd>jwei“圆”，*gwəd>ɣwəi“回”，对应藏文 hhkhor“圆形”等。潘悟云（2000：231）认为汉语*ɢŏn>ɦ-“圆”对应藏文 gor“圆块，

圆石子，圆形”；* sɢŏn>z-“旋”对应藏文 sgor“旋绕”。* sɢwan/sɢwans“旋”是甲骨文中出现的唯一一个描述“圆”的形状词。（邓春兰 2007：185）郑张尚芳（2024：307、319）用汉语 *ɢron“圆”、* gwraan ~ *ɢwran“圜”对应藏文 skor“圆的”，h̲kor“圆形”，sgor-ma“圆形”；缅文 wanh“圆形，围绕”；泰文 wong“圈，圆形，圈起”。

梅祖麟（1992）指出“汉语有个词族，字形都是以‘睘’为声符，基本义是‘圆’”，如：還、環（玉環）、鐶（指鐶）、圜（圜围）、圜（天体）、還棂（圜案）。汉语鱼部对应藏文 o，则声母属圆唇的多（黄树先 2010：60）。雷布查语 ʔakor 与上述词语都或多或少存在语音和语义上的关联，我们赞同郑张先生的观点，并认为雷布查语 ʔakor 也可与汉语 *ɢron“圆”、*gwraan ~ *ɢwran“圜”等相对。《说文》：“圆，圜全也。”《周礼·掌次》：“王大旅上帝。”注：“祭天于圆丘。”孙诒让正义：“经注例，凡圆字当作圜。”（黄树先 2010：60）“圆”与“圜”为同源字，二者构成同义关系。（王力 1982：527）《周礼·大司乐》：“冬日至于地上之圜丘奏之。”圆和圜都具有“圆的，圆形的”义。

5 ᰚᰪᰵ

雷布查文	国际音标	意　义	页　码
ᰚᰪᰵ	vuŋ	<动>环绕，使圆，包围	829

由 vuŋ 组成的词组如：[illegible] ʔavuŋ 弯曲、围绕，[illegible] kʌlɔt vuŋ 转动，[illegible] kʌvuŋ 转手，[illegible] kam vuŋ 旋转，[illegible] ca vuŋ 转身。

白保罗（1972：49、140、266）拟原始藏缅语“环绕，围绕，绕圈，圆形的”为 * hwaŋ。参考语料如下：斯戈语 wɔ“围绕，环绕”，kəwɔ“环绕，围绕，绕圈”，kwɔ（k-wɔ）“环绕，弯成圆圈或曲线；圆圈，曲线”，普沃语 wạ“围绕，绕圈”，khwwạ（k-hwwạ）“绕圈”。唐吐语

kwaŋ，帕拉奇语 kwɔ。卢舍依语 huaŋ“院子，围墙”，克钦语 waŋ“包围，环境，围墙篱笆”，śəwaŋ“围住，围拦”，怒语 waŋ“围”，缅语 wàŋ“精致材料做的篱笆，形成一圈”，基兰提语 *waŋ-waŋ“圆形的”（巴拉利语 waŋ-waŋ，洛霍龙语 weŋ-weŋ）。

马提索夫（2003：269）参考景颇语 wāŋ，缅文 ŵaŋ，卢舍依语 huaŋ 等，将原始藏缅语“环绕，包围”构拟为 *hwaŋ。雷布查语 vuŋ< *hwaŋ。还可以比较：

切邦语	wingh“围绕”	汉语	*wèng，
缅文	wuing“包围”		ɦwjeng/jwäng^{4}“营”
	ə-wûing“圆圈”		
景颇语	wāng“院子，围栏”		*swèng 或 *ʔwèng，
	šəwāng“围住”		*ʔwjeng/ʔjwäng^{4}“萦”

（引自包拟古 1995：74）

黄树先（2003：113）用缅文 wɯŋ^{3}“围成圆圈，包围”，a^{1}wɯŋ^{3}“圆，包围”对应汉语 *ɢwlěŋ“营”和 *qwlěŋ“萦”。雷布查语 vuŋ 也可与 *ɢweŋ“营”和 *qweŋ“萦”对应。《说文》：“营，帀居也。”段玉裁注：“帀居，谓围绕而居。”桂馥义证：“营谓周垣。”《说文》：“萦，收卷也。”《广韵》：“萦，绕也。”

黄树先（2010：70）用汉语“枉”系列比较藏缅语 *hwaŋ。雷布查语 vung 也可以对比汉语 *qwaŋʔ“枉”，《说文》：“枉，衺曲也。”段注：“枉本谓木衺也，因以为凡衺曲之偁。”

陈孝玲（2011：337）用泰语 woŋ^{2}“包围，围拢”，wɛːŋ^{2}“围成圈”，huːaŋ^{5}“环，圈”比较汉语 *qwaŋʔ“枉”和藏缅语 *hwaŋ。付妮（2022：396—397）认为老挝语 voŋ^{2} 可以比较藏缅语 *hwaŋ“环绕，围绕，绕圈，圆形的”。雷布查语 vuŋ 或许还可以与侗台语比较：

“圈（一圈绳子）”	泰语 waŋ^{2}	傣语$_{德宏}$koŋ^{4}	壮语 kwaŋ^{4}	布依 kuːŋ^{4}
	毛南 kwɛːŋ^{4}	锦语 kwaŋ^{4}	黎语 hwaŋ	

“圆，环”　　布依 kɔŋ²　　黎语 hwaŋ²

“围，拦”　　版纳 văŋ

6 ᰛᰧᰯ ᰛᰬᰯ

雷布查文	国际音标	意　义	页　码
ᰛᰧᰯ ᰛᰬᰯ	rɯl rel	（1）<形>圆形的，环状的； （2）<副>精力旺盛地，轻快地	659

雷布查语 rɯl rel 可以对比藏文 ril-ba“圆的，包裹”，尼古拉斯（2022：925）指出藏语 ril 源自中部藏语，通常可以重叠 ril ril，其他方言中也存在这一词缀，如优尔慕语 ril mu。

金理新（2001）指出藏语 ril 可以对比汉语“圆”。员（圆），云母。云母和藏语 r-的对应关系如：*ɢunʔ 陨（郑张拟音），《说文》：“从高下也。”藏语 ril-ba“坠落”。*ɢwan 垣，《说文》：“墙也。”藏语 ra-ba“城墙、围墙”。*ɢwɯʔ 友，《说文》：“同志为友。”藏语 rogs“朋友”。*ɢwɯs佑，《广雅》：“助也。”藏语 rogs“帮助、援助”。雷布查语 rɯl rel 也可与*ɢon“圆”对比。《说文》：“圆，圜全也。”《诗经·商颂·玄鸟》：“景员维河。”

三、词义发展

上文我们讨论了“圆”语义场的词源。下面我们根据雷布查语的语言材料词义比较理论以及认知语言学的理论对“圆”语义场的语义演变进行考察。词义上，雷布查语“圆”发展出了：①“肥胖的”，②“圆形物体”，③“围绕、旋转”，④“绕开、周旋”，⑤“循环、周期”，⑥“头晕”，⑦“精力旺盛地”等义项。

1 和

【1】圆与肥胖的。圆在外形上给人丰满饱满的印象，投射到外貌域可以表示“丰满，肥胖”，雷布查语 ʔapljɔk 和 blam 还具有“肥胖的”义，如 mɔrblam 黄油球，胖子。汉语中“圆”也有此类用法，《吕氏春秋·审时》：“其粟圆而薄糠。”高诱注：“圆，丰满也。”还可以比较其他语言：

蒙古语 бомбог“圆圆的；丰满的”（MG：171）；

葡萄牙语 redondo“圆的，圆形的；<转>肥胖的，胖乎乎”（PTY：909）；

乌克兰语 округлятися“变成圆形；变胖，发胖”（WKL：689）；

英语 rotund“圆形的；（人）圆胖的”（YY：2007）；

捷克语 baculatý“胖乎乎的，圆圆的”（JK：22）。

【2】圆与圆形物体。圆是指从中心到四周任意一点距离均相等的形状，投射到物体域中，ʔapljɔk 和 blam 可以指圆形物，如 pi pljɔk 火球； ʔablam 圆盘； ʔablam zʌŋ 圆形物体； kawoʔablam 圆柱； po blam 竹竿。汉语“圆”也可指圆形物体，冯贽《云仙杂记·竹节中神水》：“沥取和獭肝为圆，治心腹块聚等疾。”具他语言也有此类引申：

土耳其语 daire“圆；圆形物”（TEQ：436）；

乌尔都语 hɑlqɑh“圆圈；纽扣；圆形耳饰”（WED：585－586）；

葡萄牙语 redondeza“圆，圆形；圆形物，球形物”（PTY：909）；

乌克兰语 круг“圆（形），圆圈；圆形物”（WKL：487）。

2 和和

【3】圆形与围绕、旋转。圆形为封闭的形状，四面围住，投射到动作域，容易与“环、绕、围”等圆周运动产生语义联系。雷布查语 klak 具有围绕义，vuŋ 围绕具有旋转义。由其组成的词复合词如： tʌklak 绕

行；tʌklakbam 周旋；tʌklak mat 环绕、包围；ʔaklak 围绕。ʔavuŋ 弯曲、围绕，kʌlɔt vuŋ 转动，kʌ vuŋ 转手，kam vuŋ 旋转，ca vuŋ 转身，pɯr vuŋ 纺车；tɯkcap vuŋ 旋转木马。汉语“圆”也可表“旋转”，《晋书·王述传》：“尝食鸡子，以筯刺之不得，便大怒掷地，鸡子圆转不止。”这一义项在其他语言中也十分常见：

藏文 ɦkor“圆形，围绕”；skor-ba“包围、围绕”；缅文 wanh“圆形、围绕”；

布依语 gongz“圈儿，圆圈”；gongzgox“围绕”（BY：193）；

葡萄牙语 cerco“包围；圆圈，圆环”（PTY：213）；

蒙古语 дугариг“圆的”；дугаригдах“画圆圈；围绕；迂回”（MG：434）；

土耳其语 müdevver“圆的，圆形的；转动的，旋转的”（TEQ：1335－1336）。

【4】圆形与绕开、周旋。圆形是围绕一个点，以一定长度为距离旋转一周所形成的封闭曲线，可以引申出“绕过、周旋”等动作义。klak 和 kor 都可以表示“绕过，周旋，迂回”，如 tʌklak 规避绕过，tʌklakbam 周旋；ca kor 圆形的；lakorluŋ 迂回的；sɯkdɯm korbu 环球旅行者；kor da 迂回。这种语义演变在其他语言中也可以见到：

蒙古语 дугариг“圆的”；дугаригдах“画圆圈；围绕，迂回”；蒙古语 тойрох“绕着……走，围绕，环绕；绕开，绕道走”；тойрохн явах“迂回”（MG：434、1063）；

保加利亚语 обикàлям“绕圈；绕过，迂回”（BJLY：662）；

乌克兰语 круговúй“圆的；绕远的”（WKL：488）。

【5】圆形与循环、周期。圆是前后相接的连续体，终点处也是起点，

圆本身浑然一体，圆周路线按周既定轨道循环往复，可以引申出循环与周期义。kor 可以表示循环、周期义，如 nam kor 循环；tshɯkor 生命周期。汉语“圆”与“环”语义也存在关联。《庄子·庚桑楚》：“吾闻至人尸居环堵之室。”陆德明释引《广雅》：“环，圆也。”（付妮 2022：399）还可以比较：

土耳其语 dolaşmak“逛，游玩，散步，漫步；流通，循环”（TEQ：521）；

保加利亚语 кръг“圆形；循环”（BJLY：467）；

葡萄牙语 circular“圆的；循环的，环绕的”（PTY：227）；

英语 circle“圆；循环，周期”（YY：388）；

西班牙语 circular“圆的，圆形的；循环，环流”（XBY：318）。

【6】使圆与头晕。圆是围绕一个点进行的曲线运动，引申到人物活动上，人们在小范围内转圈时易产生头晕的生理现象，“圆”可以引申出头晕义，如 vuŋ“头晕”。还可以比较：

乌尔都语 chɑkkɑr“圆环；旋转；头晕”（WED：541）；

葡萄牙语 rodar“旋转；围圈子；（头）晕”（PTY：941）；

意大利语 girare“使转；绕一圈”；mi girala testa“我头晕”（YDL：286）。

3

【7】圆形的与精力旺盛地。圆是一个“始则终，终则始”的封闭系统，周而复始，没有断口，流动不息。映射到人物上可以指不止不休的运动，体现出人物的精力旺盛。rɯl rel 可以指精力旺盛地。葡萄牙语中也存在此类引申：

葡萄牙语 cheio“圆圆的”；pessoa cheia de vigor“精力充沛的人”（PTY：220）。

四、结　　语

雷布查语“圆”语义场有：ʔapljɔk、blam、klak、ʔakor、vuŋ、rɯl rel 等六个成员。ʔapljɔk 为日常用语，与藏缅语“洞”“回”等关系密切，对应汉语 * bug “复”，* bugs ~ * bug “復”。blam 为正式和书面用语，源自藏缅语 * bwam “肿胀的，圆的，胖的”，还可以对比侗台语“扁圆”。ʔapljɔk 和 blam 使用分工较为明确。klak 主要表示“围绕”义，源自藏缅语 * guk ~ * kuk “弯，歪扭”，对应汉语 * khog ~ * khlog “曲”，* gog “局”，* gog “跼”。还可与原始孟高棉语 * gok “被弄弯，弯曲，跛的”，原始苗瑶语 * ŋkhok “弯曲，弯曲的”，原始南岛语 * -kuk “弯曲” 比较。ʔakor 源自藏缅语“圆”为 * kor，与汉语 * ɢron “圆”、* gwraan ~ * ɢwran “圜” 等相对。vuŋ 源自藏缅语 * hwaŋ “环绕，围绕，绕圈，圆形的”，对应汉语 * ɢwlěŋ “营”，* qwlěŋ “萦” 和 * qwaŋʔ “枉”，还可与比较侗台语“围；圆；环，圈”。rɯl rel 可以对比藏文 ril-ba “圆的，包裹”。词义上，雷布查语“圆”发展出了：①“肥胖的”，②“圆形物体”，③“围绕、旋转”，④“绕开、周旋”，⑤“循环、周期”，⑥“头晕”，⑦“精力旺盛地”等意义，演变路径与其他语言中的“圆”基本相同。

参考文献

[美] 白保罗　1984　《汉藏语言概论》，乐赛月、罗美珍译，瞿霭堂、吴妙发校，北京：中国社会科学院民族研究所语言室。

[美] 包拟古　1995　《原始汉语与汉藏语》，潘悟云、冯蒸译，北京：中华书局。

[美] J. A. 马提索夫　1985　《澳泰语系和汉藏语系有关身体部分词接触关系的检验》，王德温译，载中国社会科学院民族研究所语言室编《民族语文研究情报资料集》（第 6 集），北京：中国社会科学院民族研究所。

陈孝玲　2011　《侗台语核心词研究》，成都：巴蜀书社。

付　妮　2023　《老挝语基本词研究》，首都师范大学博士论文。

龚煌城　2002　《汉藏语研究论文集》，台北：“中央研究院”语言所筹备处。

黄树先　2003　《汉缅语比较研究》，武汉：华中科技大学出版社。

黄树先　2010　《说“圆”》，载戴昭铭、［美］J. A. 马提索夫主编，《汉藏语研究四十年——第40届国际汉藏语言暨语言学会议论文集》，哈尔滨：黑龙江大学出版社。

金理新　2001　《从核心词看汉语和藏语缅语的亲疏关系》，《民族语文》第6期。

梁　敏、张均如　1996　《侗台语族概论》，北京：中国社会科学出版社。

梅祖麟　1992　《汉藏语的“歲、越”“還（旋）、圓”及其相关问题》，《中国语文》第5期。

潘悟云　2000　《汉语历史音韵学》，上海：上海教育出版社。

潘悟云　2005　《对华澳语系假说的若干支持材料》，王士元主编、李葆嘉主译，《汉语的祖先》第242—287页，北京：中华书局。

［法］沙加尔　1995　《论汉语、南岛语的亲属关系》，郑张尚芳、曾晓渝译，《汉语研究在海外》北京：北京语言学院出版社。

［法］沙加尔　2004　《上古汉语词根》，龚群虎译，上海：上海教育出版社。

施向东　1999　《汉语和藏语同源体系的比较研究》，北京：华语教学出版社。

王　力　1982　《同源字典》，北京：商务印书馆。

吴安其　2002　《汉藏同源研究》，北京：中央人民大学出版社。

吴安其　2017　《亚欧语言基本词比较研究》（卷2名词），北京：中国社会科学出版社。

邢公畹　1999　《汉台语比较手册》，北京：商务印书馆。

俞　敏　1999　《俞敏语言学论文集》，北京：商务印书馆。

张济川　2009　《藏语词族研究：古代藏族如何丰富发展他们的词汇》，北京：中国社会科学出版社。

郑张尚芳　2012　《郑张尚芳语言学论文集》，北京：中华书局。

郑张尚芳　2024　《华澳语系同源词根研究》，上海：上海教育出版社。

周法高　1972　《上古汉语和汉藏语》，《香港大学中国文化研究所学报》第12期。

Bruhn Daniel W.　2014　*A Phonological Reconstruction of Proto-Central Naga*. Ph. D. Dissertation，University of California，Berkeley.

Matisoff 2003 *Handbook of Proto-Tibeto-Burman: System and Philosophy of Sino-Tibetan Reconstruction*. London：University of California Press.

Tournadre N，Suzuki H. 2023 *The Tibetic Languages: An Introduction to the Family of Languages Derived from Old Tibetan*. Villejuif：LACITO Publications.

Weldon South Coblin 1986 A Sinologist's Handlist of Sino-Tibetan Lexicalcomparisons. *Onumenta Serica Monograph Series XVI*，Nettetal Steyler Verlag.

老挝语核心词“树”

付　妮

广西警察学院公共基础教研部

［摘要］文章利用历史比较与比较词义相结合的方法对老挝语核心词“树”进行了研究。研究发现老挝语 mai^4“树”与 mai^3“燃烧”有同一来源，来自原始澳泰语“稻，蔗，竹，树”这一概念，和南岛语“柴火”也可以比较。kok^{7}指“树，树干”，和汉语“脚”“足”对应。ton^{4}指“树木，树根”，可以比较汉语“端”。ton$^{1'}$“身体、躯体”与ton^{4}有同一来源。在词义上，老挝语“树”可以引申指木材、棍棒、根基、砍伐等，这与其他语言中“树”的词义发展路径是相同的。

［关键词］老挝语　核心词“树”　历史比较　比较词义

一、引　　言

在词汇系统里，核心词处于词汇系统的中心地位，是语言中其他词汇的基础和来源，属于语言词汇中最重要、最稳定的部分。核心词的研究对梳理词汇的早期基本面貌，进行亲属语言之间的历史比较有着重要的意义。

本文选取老挝语核心词“树”作为研究对象，将历史比较法和比较词义法相结合，对老挝语核心词“树”的来源与演变进行梳理。具体做法是，将核心词“树”作为一个语义场，搜集老挝语表达“树”这一概念的核心词。运用历史比较法，梳理这些核心词的来源与演变。然后分析老挝语核心词“树”的语义演变，对老挝语内部词汇系统进行整理。在这过程中，注重结合比较词义理论，运用人类语言词义引申发展的普遍规律，为老挝语“树”在亲属语言分化过程中和内部发生的语义演变提供类型学的例证支撑。

树是最常见的植物之一，斯瓦迪士《百词表》中第 23 位是“树”，老挝语表达“树”这一概念的词有 mai^{4}、kok^{7}、ton^{4}。

二、来　　源

（一）mai^{4}

老挝文	转写	老挝语	汉义	页码
ໄມ້	maiC2	mai^{4}	树，树木	1065

侗台语内部：“树木”泰语 mai^{4}，老挝语 mai^{4}，西双版纳傣语 mai^{4}，德宏傣语 mai^{4}，壮语 fai^{4}，布依语 fɐi^{4}，侗南 mai^{4}，侗北 məi^{4}，仫佬语 mai^{4}，水语 mai^{4}，毛南语 mai^{4}，佯僙语 məi^{4}，锦语 mai^{4}，莫语 mai^{4}，标语 mai^{4}，黎语 tshai^{1}。老挝语 mai^{4}与泰语 mai^{4}等明显同源。李方桂（1977/2011：66）认为北支以 f-代替 m-，可以暂时构拟原始台语声母为 *mw-。

邢公畹（1999a：473）用汉语“木”*muk꜀（郑张 *moog）对应台语“树”*mw-。杨遗旗（2017：82）认为邢公畹的观点值得商榷，因为侗台语族中有些语言，同时存在两个不同的词。比如，壮语表示“木”这一概念的有 fai^{4}和 mok^{8}，而临高话“树”与“木”分别为 dun^{3}、mok^{8}，毫无疑问 mok^{8}为汉语借词“木”的读音。陈孝玲（2011：51）也认为“树木”标语 muk^{8}，侗语 mok^{31}可能是汉语借词。

白保罗（1975：364）认为印尼语 ** imay = *［ʔ］imay“稻”（Toba-Batak 语），台语 * may“树，木，（阿含语）竹子”，台湾 * ćumay（普悠玛语“稻秧”、巴则海语“米饭”）同源。构拟原始澳泰语“稻，蔗，竹，树”为 *［ć］umay。

老挝语ລູກໄມ້［luːk^{10}mai^{4}］指“竹笋”，luk^{10}有“孩子”义，这说

明 mai^{4}也同时可以指“竹子”。罗美珍（1994）也用傣-泰语中的“竹子”傣语 mai^{4}，mai^{4}bo^{5}（竹科），侗语 məi^{4}（树）对应汉藏语中的藏文 smjug ma，普米语 mɐ^{53}，史兴语 miɛ^{55}，彝语 ma^{33}，缅文 wɑ^{35}，拉祜语 vʌ^{53}，僜语 mǎi^{55}bla^{53}“树”。

王辅世（1986）认为白氏将“稻”“甘蔗”“竹子”“树”四个词列为一个条目是欠妥的。这四种植物有很大的区别，古澳台人应该分得开这四种植物。中国华南和东南亚地区种植水稻和甘蔗的历史十分悠久，竹子也是这一地区常见的植物，从外形上来看，甘蔗与竹子相像，而甘蔗苗和稻秧也非常相似。甘蔗苗和甘蔗相比虽然有大小形状的变化，但是称呼还是相同的，所以体现在语音形式上就是这几个词都能联系起来了。

“甘蔗”老挝语 ʔɔːi^{4}，泰语 ʔɔːi^{4}，壮语 ʔoːi^{3}，布依语 ʔoi^{4}，与临高语 mai^{3}、黎语 may^{3}语音形式相差较远，应该有不同来源。黎族早在 5 000 年前左右就开始从南方古越族地区迁往了海南岛，（鞠斐 2012）临高人则在秦朝以前就从大陆迁居至海南。（梁敏 1981）远比泰-佬民族离开中国南方的时间要早。黎语和临高语中的“甘蔗”或许保留了原始语言未分化时的形式。

老挝语 mai^{4}还可以跟南岛语“柴火”比较。吴安其（2008a）根据“树”泰语 mɑi^{4}，龙州壮语 mɑi^{4}，仫佬语 mai^{4}，黎语 tshai^{1}，仡佬语贞丰话 mo^{42}tai^{42}，构拟古侗台语 * m-taj，认为可能来自南岛语“柴”。“柴火”，马达加斯加语 kitai，巴布亚塔几亚语（Takia）ai，托莱语（Tolai）dəvai。具体的词义对应，在词义发展部分讨论。

老挝语中“树，树木”是 mai^{4}，与“新的，新出现的”mai^{5}语音形式非常接近。我们推测可能有来源上的联系。具体在基本词“新”一节中讨论，这里暂不展开。

（二）kok^{7}

老挝文	转写	老挝语	汉义	页码
ກົກ	kokD1S	kok^{7}	树，树干，根基部分	70

老挝语 kok^{7}在侗台语内部的同源词有：泰语 kok^{7}“根基”，西双版纳傣语 kok^{7}“根”，壮语 kok^{7}“根基、根底、树蔸”，布依语 kɔk^{7}“根，根源”。

陈孝玲（2011：51）认为印尼语 pokok“树，树干；根源；根本的”，词义与老挝语最接近。“脚”临高语 kok^{7}，黎语 khok^{7}，村语 khok^{7}，陈孝玲认为这与老挝语等语言中的 kok^{7}可以联系起来。树干与脚都处于下方，可以产生语义联想，语言中二者经常会有语义联系，具体见词义发展部分讨论。

汉语“脚”*kag 也可以用来跟老挝语 kok^{7}对应。潘悟云（1995）就用“脚”印尼语*kaki，武鸣壮语、临高话 kok^{7}，黎语 khok^{7}，对应汉语“脚”*kag。罗美珍（1994）也用汉语“脚”对应傣语 kok^{7}“根底”。

（三）ton^{4}

老挝文	转写	老挝语	汉义	页码
ຕົ້ນ	tonC1	ton^{4}	树木，树干	658

老挝语 ton^{4}在侗台语内部的同源词有：“树干”泰语 ton^{3}，西双版纳傣语 tun^{3}，德宏傣语 ton^{3}，临高语 dun^{3}，侗语 tən^{3}，水语 tən^{3}，毛南语 tən^{3}。这一词在这些语言中还可以用作量词“棵”。梁敏、张均如（1996：142）构拟原始侗台语这一词为*ton“棵（一棵树）”。

邢公畹（1999a：280）用汉语“端”*꜀twan（郑张*toon）对应与老挝语 ton^{4}同源的“棵，茎”傣雅语 tən^{3}，西双版纳傣语 tun^{3}，德宏傣语 ton^{3}，泰语 ton^{3}<*t-。泰语 ton^{3}有“端”“根”“本”“始”等义。《说文·耑部》：“耑，物初生之题也。上象生形，下象其根也。”《广雅·释诂一》：“耑，末也。”老挝语 ton^{4}除了指“树干，木”外还有“本源，根基，开始，开端”义（《老挝语汉语词典》658 页中列为同音词，但是联系泰语 ton^{3}，这两个词之间应该有语义引申的联系，可以列为同一个词的不同义项），用汉语“端”来比较是合适的。

三、词 义 发 展

上文对老挝语“树”的来源进行了讨论，下面梳理其发生的语义演变，运用比较词义理论，为老挝语“树”在亲属语言分化过程中以及内部的词义引申发展寻找类型学的支撑。

（一）树木与柴火。上文讨论到老挝语 mai⁴“树”可以与南岛语“柴火”比较，这是很自然的语义演变。在人类社会很长一段时期，做饭取暖的“柴火”主要来源就是树木。《庄子·达生》：“柴立其中央。”成玄英疏：“柴，木也。”“树木”与“柴火”产生语义上的联系很正常。其他语言中也有平行的例子：荷兰语 stek“树苗，小树；柴火，劈柴”。意大利语 bòsco“树木，森林；【诗】柴火”。

（二）树木与燃烧。老挝语 mai³指“燃烧”，与 mai⁴“树木”语音形式十分相近，应该有同一来源。在人类社会早期，树木是燃烧的主要材料，二者产生语义联系是很正常的。如黄树先（2008b）考察到汉藏系许多语言中，“木柴”跟“火，烧”都是一个词。如汉语“烧”对应“荛”，《说文》：“荛，薪也。”侗台语里“点火”跟“柱子”是共用一个形式，苗瑶语“木柴”跟“火，烧”是同一个词，并且跟汉语“柱、炬”同源。这种语义联系在其他自然语言中也可以见到：葡萄牙语 togueira“火堆，篝火；（施火刑的）柴垛”。荷兰语 brand“燃烧，起火；燃料”。英语 brand 本义是“燃烧的木头”，可追溯到日耳曼语词根 *bran-，*bren-，这个词派生出英语 broil“烧”、burn“燃烧”，德语 brennen“燃烧，着火”，荷兰语 brinna“燃烧”。（黎金娥 2012）老挝语 mai³“燃烧”、mai⁴“树木”与 fai²“火”也有词源关系，具体在“火”一节讨论，这里不展开。

（三）树木与木材。树木的用途之一是用作木材。老挝语 mai⁴就发展出“木材、木料”义。如ໄສໄມ້［sai¹ mai⁴］（刨+树木）“刨木头”。ເລື່ອຍໄມ້［lɯːai⁵mai⁴］（锯+树）“锯木”。还进一步可以引申指“木制的”。如ເກີບໄມ້［kəːp^{8}mai^{4}］（鞋+树）“木屐”。ຂົວໄມ້［khuːa^{1}mai^{4}］（桥+树）“木桥”。可以比较：英语 wood“木，木材；树林”。俄语 лес“林，树林；木材”。

（四）树与棍棒。树木是做棍棒的最常见的材料。老挝语 mai^{4}还可以引申指“棍棒”。如ໄມ້ຄ້ອນ［mai^{4}khɔːn^{4}］（树+棒）“棍棒”。可以比较：土耳其语 ağaç“树木；木棍，木棒”。荷兰语 boom“树木；【船】桅杆，桅木”。

（五）树根与脚。上文讨论到老挝语 kok^{7}“树根”可以与汉语“足、脚”对应。树根和脚一样都位于底部，起到支撑作用，可以建立语义联系。这种语义演变在自然语言中是很常见的，如：法语 pled“（人的）脚，足；（树干近地面的）根部；（菜蔬等）近地面的茎部”。俄语 лапа“（兽、大禽）爪，脚掌，（人的）大手，大脚；［方言］带根的原木或树墩”。英语 foot“脚；花梗，发状根”。西班牙语 pie“足，蹄；根部”。

（六）树根与根基。老挝语 kok^{7}由指“树根”可以进一步引申指“根基，基础，根源”。如ກົກເສົາ［kok^{7}sau^{1}］（树根+柱子）“柱子的根基部分”。ກົກອາຊີບ［kok^{7}ʔaː$^{1'}$siːp^{10}］（树根+行业）“基业”。因为根基、根源是最开始的部分，所以老挝语 kok^{7}还引申出“开端，起始”“第一，初次”“头等的”义。如ແຕ່ກົກ［dɛː^{5}kok^{7}］（树根+自从）“从最初，一开始”。ລູກກົກ［luːk^{10}kok^{7}］（孩子+树根）“头生儿”。ເຂົ້າກົກ［khau^{3}kok^{7}］（米+树根）“上等米，头等米”。可以比较：古希腊语 ΠΡΕ’ΜΝΟΝ“树干，树根；［喻］底部，根基”。

（七）树木与泛指草木类植物。老挝语 kok^{7}还可以引申泛指草木类植物，经常用作草木类植物的词头，如ກົກພ້າວ［kok^{7}phaːu^{4}］（树+椰子）“椰子树”。ກົກຢາ［kok^{7}jaː$^{1'}$］（树+烟草）“烟草”。汉语中也有这种语义演变，如：汉语“木”指树木，可以与亲属语言中的“草”对应（黄树先 2012a：118）。还可以比较：塞尔维亚-克罗地亚语 hàluga“茂密的大森林；杂草”。

（八）树木与砍伐。语言中“树木”可以发展出“砍伐”义。如汉语文献中，“科”字本是名词，表示树木，枝桠。作动词，当砍去枝桠讲（黄树先 2012a：120）。老挝语 kok^{7}，也由指“树木”发展出“砍伐”义。如ກົກ ຍອດ［kok^{7} ɲɔːt^{10}］（树+尖端）“打尖，打顶”。ກົກ ກິ່ງ［kok^{7} kiŋ^{5}］（树+分枝）“剪枝，整枝”。还可以比较：德语 Holz“木；小树林”，holzen“伐木”。葡萄牙语 lenha，lenho“木柴，柴火”，lenhar“砍柴”。

（九）树干与根。老挝语 ton^{4}由指“树干”引申出“树根，根基”义，并进一步发展出“根源”“开端”义。如ຕົ້ນ ເລື່ອງ［ton^{4} lɯːaŋ^{5}］（树干+事情、事件）“事情的起因，缘起”。ຕັ້ງ ຕົ້ນ［daŋ^{4}ton^{4}］（创立+树干）“起头，开始”。黄树先（2012a：121）说，汉语“本”“柱”都有树干、根两个意思。和老挝语 ton^{4}相同，汉语“本”在指树根的基础上也引申出根源义，如“本源”。还可以比较印尼语 pohon“树木，树干；［喻］根源，根本”。

（十）树干与躯体。老挝语中ຕົນ［ton$^{1'}$］“身躯，躯体”应该和 ton^{4}“树干”也有联系。“树干”和“躯体”一个位于树的中间部位，一个位于人体的中间部位，位置相似，可以发生语义的联想。这符合人类普遍的认知规律，其他语言中也有类似的词义发展：拉丁语 truncus“树干，躯体”。塞尔维亚-克罗地亚语 stâs“身体；树干”，trûp“躯干，树干”。意大利语 fusto“树干；（人体的）躯干”。ton$^{1'}$与 ton^{4}声韵一致，属于声调屈折构词。

四、小　　结

老挝语 mai^{4}“树”与 mai^{3}“燃烧”有同一来源，来自原始澳泰语“稻，蔗，竹，树”这一概念，和南岛语“柴火”也可以比较。kok^{7}指“树，树干”，和汉语“脚”“足”对应，体现了树根与脚之间的语义关联。ton^4指“树木，树根”，可以比较汉语“端”。$ton^{1'}$“身体、躯体”与ton^4有同一来源。在词义上，老挝语“树”可以引申指木材、棍棒、根基、砍伐等，这与其他语言中“树”的词义发展路径是相同的。

参考文献

北京外国语学院《意汉词典》组编　1985　《意汉词典》，北京：商务印书馆。

陈孝玲　2011　《侗台语核心词研究》，成都：巴蜀书社。

陈用仪　2001　《葡汉词典》，北京：商务印书馆。

黑龙江大学俄语语言文学研究中心辞书研究所编　1995　《大俄汉词典》（修订版），北京：商务印书馆。

［英］霍恩比　1995　《牛津高阶英汉双解词典》（第7版），王玉章等译，北京：商务印书馆。

黄　冰　2000　《老挝语汉语词典》，昆明：国际关系学院昆明分部。

黄树先　2012a　《比较词义探索》，成都：巴蜀书社。

黄树先　2012b　《汉语身体词探索》，武汉：华中科技大学出版社。

鞠　斐　2012　《海南黎族族源及入琼时间研究》，《海南大学学报》第4期。

孔　泉　2002　《现代荷汉词典》（修订版），北京：世界知识出版社。

黎金娥　2012　《英语核心词“树”语义研究》，《语言研究》第3期。

李方桂　1984　《汉语和台语》，王均译，载中国社会科学院民族研究所语言室编《民族语文研究情报资料集》（第4集）第1—9页，北京：中国社会科学院民族研究所语言室。

梁　敏　1981　《“临高人”——百粤子孙的一支》，《民族研究》第4期。

梁　敏、张均如　1996　《侗台语族概论》，北京：中国社会科学出版社。

罗念生、水建馥　2004　《古希腊语汉语词典》，北京：商务印书馆。

罗美珍　1994　《三论台语的系属问题》，《民族语文》第6期。

孙义桢　2012　《新西汉词典》，上海：上海译文出版社。

王辅世　1986　《苗瑶语的系属问题初探》，《民族语文》第1期。

吴安其　2008　《侗台语语音的历史演变》，《语言研究》第4期。

萧鼎章、郝长福等　1997　《塞尔维亚-克罗地亚语汉语词典》，北京：商务印书馆。

邢公畹　1999 《汉台语比较手册》，北京：商务印书馆。

薛建成　2001 《拉鲁斯法汉双解词典》，北京：外语教学与研究出版社。

叶本度　2000 《朗氏德汉双解大词典》，北京：外语教学与研究出版社。

潘悟云　1995 《汉藏语、南亚语和南岛语——一个更大的语言联盟》，《云南民族语文》第1期。

Paul K. Benedict（白保罗） 1975 *Austro-Thai: Language and Culture*, *with a Glossary of Roots*. Hart Press.

印尼语核心词“火”

肖璟怡

首都师范大学文学院

［摘要］在人类进化与日常生活中，“火”都扮演着重要的角色；在人类语言中，“火”亦是一个核心的需要表达的概念。本文采用历史比较法对印尼语“火”api 的词源关系进行了梳理，罗列了从南岛语内部到汉藏语、日琉语和朝鲜语中能够对应的有关词汇；同时运用比较词义法，在类型学的辅助下得出印尼语“火”的两条词义发展路径：火、工具火与燃烧；火与精神。

［关键词］印尼语　“火”　南岛语　历史比较　比较词义

一、引　　言

在人类进化与日常生活中，“火”都扮演着重要的角色；在人类语言中，“火”亦是一个核心的需要表达的概念。

元工具①手、火、语言三个形态的出现对应人类进化的三个阶段性标志，在第二个阶段，人科动物驯服野火使自身真正成为“人”；火的使用，

① 元工具，即制造工具的工具，表现为手（前趾掌→手：肢体工具→手足分化）、火（野火→工具火：原态工具→强大力量）和语言（动物发声→语言：动物工具→社会模式）三个形态；元工具的出现和人类的诞生是同时的，互为依据的。（高剑平、张正华 2011：53—58）

改变人类的饮食结构，延长了人类的劳动时间，扩张了人类的活动范围。（张正华 2017：124—125）

在美国语言学家斯瓦迪士基于人类语言认知创建的核心词表中，“火”居于《百词表》的第 82 位，207 词表的第 167 位。印度尼西亚语（下文简称为“印尼语”）系属于南岛语系下马来-波利尼西亚语族中西马来-波利尼西亚语支的巽他语群（Blust 1978），或马来-占语群（Blust 2013）；总体来讲，印尼语属于南岛语系下马来-波利尼西亚语族（后文简称为马-波语）的西支没有争议。在新西兰语言学家为研究太平洋诸语言（以南岛语为主，包含部分临海国家与地区的语言）特征及其流变与扩散而建立起来的概念性 210 词词表“Austronesian Basic Vocabulary Database（南岛语基本词汇数据库）”中，“火”居于第 143 位。《华澳语言比较三百核心词表（征求意见稿）》中，“火”居于词表第 10 位，且为华澳语最核心 100 词。

Comparative Austronesian Dictionary（《南岛语比较词典》）中“火”无下位概念词条，其中用于比较的印尼语词为：

概念编码	概念词条	所收印尼语词	备　注	卷：页码
01.810	fire（火）	api	核心词	Part2；P98

“火”概念相关的印尼语词在 *KAMUS LENGKAP INDONESIA-TIONGHOA*（《印度尼西亚语汉语大词典》）中的主要义项情况如下所示：

印尼语	汉　　义	页　码
api	① 火，火焰； ② 起火，着火，失火； ③［口］火柴，打火机； ④ 精神，烈焰。	P45

本文采用历史比较法，从南岛语内部①到外部侗台语②、南亚语、日韩语和汉语中对印尼语“火”api 的词源关系进行了梳理；同时运用比较词义法，在类型学的辅助下观察印尼语“日”的词义发展路径。

二、印尼语“火”api 的来源

印尼语“火”api 在南岛语的内部和外部都能找到广泛的对应词。

（一）南岛语内部：马-波语（巽他语群/马来占语群）、台湾南岛语、大洋洲语

爪哇	米南卡保	巴塔克	马都拉	巴厘	萨萨克
［古］apuy	api	api	apuy	api	api

*apuy

① 主要为印尼及周边巽他语群内的 5 个代表性语言：爪哇语（Javanese）、米南卡保语（Minangkabau）、巽他语（Sundanese）、巴塔克语（Batak Toba）、马都拉语（Madurese）；菲律宾地区系属于梅苏菲律宾语群（Meso Philippines）的他加洛语（Tagalog）；占语群（系属马-波语族）：分布在印度尼西亚苏门答腊地区的亚齐语（Aceh）、海南三亚的回辉语（Tsat）、与回辉语颇为密切的越南拉德语（或译为“雷德语”，Rhade/Rade）；以及台湾南岛语中泰雅（Atayalic）、邹（Tsouic）和排湾（Paiwanic）3 个语群（排湾语群中实际又包含了 3 个不同来源的语群，后面称为排湾①群、排湾②群和排湾③群，）的 10 个语言：泰雅语群中选择的是泰雅语和赛德克语（Kari Seediq）；邹语群中选择的是邹语、卡那卡那富语（Kanakanavu）和沙阿鲁阿语（Saaroa）；排湾语群中，排湾①群选择了阿美语（或译为“阿眉斯语”，Amis）和布农语（或译为“布嫩语”，Bunun），排湾②群选择了邵语（Thao）和赛夏语（Saisiyat），排湾③群选择了排湾语和卑南语（Puyuma）。排湾②③群有较多存古的特征，所以排湾语群一般以②③群中的语言为代表（何大安 1999：77）。马-波语族语言语料整理自“南岛语基本词汇数据库”（https://web.archive.org/web/20170503020518/http://language.psy.auckland.ac.nz/austronesian）与《南岛语比较词典》（含 Zorc1995 构拟的原始南岛语和原始马-波语），占语群语料同时参考 Thurgood（1999）；台湾南岛语语料整理自“台湾南岛语言丛书”，同时参考李壬癸（Li 1981：235—301）、Tsuchida（1975）和何大安（1978、1999）。

② 语料整理自《壮侗语族语言词汇集》（1985）、陈孝玲（2009）《侗台语核心词研究》与相关语言简志。

巽他语群诸语的“火”有共同的来源，且形式较为统一。其中大多数语言的第二音节为单元音 i，马都拉语的第二音节为双元音 uy，与原始巴塔克语和古爪哇语的形式一致，uy>i 呈现双元音单化的现象。Adelaar（1992：136）构拟的原始马来语“火（fire）”为 *api，标准马来语 api，班贾尔马来语 api，中期马来语 api，伊班语 api，雅加达马来语 api。

亚齐	拉德	加莱	朱鲁	洛嘉莱	回辉	哈罗伊
apui	pui	pui	apui	apui	pui^{33}	apoi
	apui	ʔapui				

占语群诸语的“火”与印尼语 api 也是一样的来源。Thurgood（1999：281）所拟的原始占语“火（fire）”为 *ʔapuy，西部占语 pui，藩朗占语 apuy/puy，书面占语 apụĕi。原始占语“火” *ʔapui 第一节的喉塞音 ʔ<h，但在所展示的占语群诸语言中的第一音节该表现均已失落。占语群诸语较好地展现了“火”一词第一音节的不断弱化直至完全失落：

原始占语 *ʔapuy>加莱 ʔapui>藩朗 apuy>亚齐 apui、拉德 pui>回辉 pui^{33}

蒙斯牧（1992：104—105）比较印尼语、拉德语和回辉语时认为，印尼语“火” api 发展到拉德语 pui，是第一个音节 a-脱落，后一个音节保留下来，变为单辅音单音节词；拉德语发展到回辉语仍保持为单辅音双元音的单音节词 pui。

泰雅	赛德克			
puniq	puniq			
邹	卡那卡那富	沙阿鲁阿		
puzu	apúru	apuɬu		
布农	邵	赛夏	排湾	卑南
sapuz	apuy	hapoy	sapuy	apuy

印尼语 api 在台湾南岛语的三个语群均能找到同源词。李壬癸（Li 1981：283）构拟原始泰雅语“火”为 *hapuy，现代泰雅语和赛德克语

“火”只能反映第二音节*-puy，泰雅汶水话“火”hapu-niq/hapuy。Tsuchida（1975：321）构拟原始邹语“火”为*apúžu，Tsuchida 构拟的原始形式的第一音节没有擦音，但从现代卡那卡那富语“火”还存在 ʔapuru 这一形式①，如此原始邹语的第一音节应该存在一个 ʔ-或 h-。何大安（1999：10）构拟原始排湾语“火”为*sapuy，排湾群较好地保留了南岛语“火”的较古的形式，第一音节保有擦音，第二音节保有双元音；他还将“火”一词归为同时见于泰雅、邹、排湾三群的 A 类同源词。

吉图阿	努巴米	莫图	纳卡奈	莫塔	塔斯玛特	吉尔伯特
yap	yawi	lahi	havi	av	apu	ai
沃莱亚	汤加	夏威夷				
yaf	afi	ahi				

大部分大洋洲语都与印尼语 api 同源。Ross 等人（2003：72）构拟原始大洋洲语“火”为*api，与印尼语“火”形式一致；他同时指出，在部分大洋洲语中反映为原始大洋洲语*api 的词也用作动词意为“着火，燃烧（be on fire，burn）”，但在原始大洋洲语中并不存在这种情况。

Blust（1999：86）所拟的原始马-波语“火”为*hapuy，与李壬癸构拟的原始泰雅语“火”的形式一致；其构拟的原始南岛语“火”为*ʃapuy，与何大安构拟的原始排湾语“火”大体相似，*ʃapuy>*hapuy。Zorc（1995：1163）构拟的原始南岛语的形式为*ʃapúy 与 Blust 的构拟基本相同。由此，我们可以排列出南岛语“火”的演变序列：

> 原始南岛语*ʃapuy（>原始排湾语*hapuy>赛夏 hapoy）>原始马-波语*hapuy（>原始占语*ʔapuy>加莱 ʔapui >马都拉 apuy>亚齐 apui>拉德 pui>pui^{33}｜ 原始马来语*api>**印尼 api**）>原始大洋洲语*api（>塔斯玛特 apu，汤加 afi、夏威夷 ahi>吉尔伯特 ai，莫塔 av）

印尼语 api 这一形式在南岛语“火”的演变中处于中间阶段的形式。

---

① 见于《卡那卡那富语语法概论》附表。

（二）南岛语外部：侗台语、日语、朝鲜语

视线转向南岛语外部，在侗台语中，印尼语“火”api 在四个语支中均存在同源词。

壮	布依	临高	傣（西）	傣（德）	泰	老挝	石家
fai^{2}	fi^{2}	vəi^{2}	fǎi^{2}	fai^{2}	fai^{2}	fai^{2}	vī^{4}
侗	仫佬	水	佯僙	莫	拉珈	标	
pui^{1}	fi^{1}	wi^{1}/vi^{1}	vi^{2}	vəi^{1}	pūi^{1}	pai^{1}	
黎							
fei^{1}							
普标	布央						
pei^{51}	pui^{54}						

“火”一词在侗台语中的一致性很高。倪大白（1988：55—57）指出，印尼语“火”api 的第二个音节-pi 与侗台语中壮傣、侗水、黎三个语支诸语言相通。本文进一步补充了仡央语支的同源材料。吴安其（1995：16）也指出古南岛语重音可能多数都在词的末音节，南岛语词的末音节大多数情况下都能与侗台语的单音节词对应，如：

> “火”古南岛语*apuj、印尼语 api、菲律宾语 apoy、壮语 fai^{2}、傣语 fai^{2}、侗语 pui^{1}

蒙斯牧（1990：57）梳理了印尼语到侗台语 p>p、f 的语音对应规律，比较了：

> “火”印尼 api>侗语 pui^{1}、普标语 pei^{51}、泰语 fai^{2}、黎语 fei^{1}

加入其他南岛语进行对比，我们还可以发现，拉德语 pui、回辉语 pui^{33}、侗语 pui、拉珈语 pūi^{1}和布央语 pui^{54}形式基本相同。

吴安其（2002：308，315）认为侗台语“火”的来源有二：泰语等声母为 f-的 fai^{2}<*ber，原始汉藏语*mər，侗、水等声母为 p-和 v-的 pui^{1}、vi^{1}<*pui，源于南岛语；阿美语“火”的第二个音节-mal 与汉藏语的读法

相近：

“火”阿美语 namal、lamal，上古汉语* C-mər，原始藏缅语* məl，原始侗台语* ber，原始苗瑶语 djuʔ，原始汉藏语* mer。

澳泰语假说下，Benedict（1975：290）构拟“火”的原始澳泰语形式为*[ś]apuy，印尼语** apuy = * Wapuy：尼亚拉语（分布在皮鲁湾）wai，查莫罗语（分布在马里亚纳）gwafe。原始波利尼西亚语** afi，台湾南岛语（东部、邹语群、泰雅群）* sapuy；泰雅语“火”hapuniq，同时还存在 hapui ~ pə/hapui“烹（to cook）”，pə/hapuy/an“壁炉（fireplace）”。台语* vay ~ * vi（掸语的重叠形式表示“壁炉”），来源于* pway< *(a)puy，壮语 fi（低声调）来源于* vi<* pw(u)y，石家语 vi（参见壮语）。侗水语* pwi：侗语 pwi，水语 wi ~ vi ~ vui，莫语 vəi，佯僙语 wi，临高语 vəi/bei，均来源于 v[ə]y<* pw [ə] y。黎语* pwey：南部黎语 pei 以及西南黎语和北部黎语 fei 都来自* pw(a)y（参见台语）。普标语 pəi，北部仡佬语 pai，南部仡佬语 phi，都来源于仡佬语* p(h)əy，送气特征可能来源于一个原始形式* ś[ ]pəy。拉缇语：曼庞方言 pu；班蓬方言 pe/pie，都来源于* puey（参见黎语）。

日	朝鲜
hi 火；太阳；灯	
［古］pwi 火	pur 火
［古］pi 太阳；白天	hɛ 太阳
* poi	

日语和朝鲜语的“火”也存在和印尼语 api 对应的可能。早期日琉祖语“火”被构拟为* pi，Pellard（2016：13）重新构拟的为* poi，联系上文提到的侗台语“火”（以水语为例），可以整理出可能性的音变序列：

原始日语* poi>古日语 pwi>日语 pi、水语 wi^1/vi^1>现代日语 hi

Benedict（1990：192）构拟了原始澳日语的上一个层级的原始澳加岱语的

“火”一词为 *śa(m)puy，指出关联的现代日语“火，太阳”hi，古日语 pi<pui，古日语（东部方言）pu< *pu-i①。吴安其（1994：5）早期研究中联系了朝鲜语“火”pur 与南岛语中毛利语 kāpura、汤加语 afi 和印尼语 api；后又进一步指出，朝鲜语“火”pur< *ber，与日语“烟”kemuri< *kemuri 存在对应关系（吴安其 2017：473，476）。这里值得注意的是，纳入比较的除了日语和朝鲜语中的“火”还有“日，太阳”。“日（sun）”也是斯瓦迪士《百词表》的成员之一，印尼语“日，太阳”matahari，“日，白天”hari。

上古汉

火　　*qphālʔ

火　　*qhwālʔ

焜/燬　*hmɯlʔ

在华澳语假说下，我们还可以寻找可能性的汉语对应词。陈孝玲（2011：209）讨论了用来与侗台语对应上古汉语词：“火”*qphālʔ（龚群虎 2001：150，郑张尚芳构拟为 *qhwālʔ）、“焜”“燬”*hmɯlʔ（郑张尚芳 2003）。《说文·火部》：“燬，火也。”“焜，火也。”陈孝玲赞同段注和王力（2002：397）的观点，认为“焜”“燬”是一字异形，而“火”与“燬（焜）”有共同的来源，但是不同的方言词。上古汉语“火”“焜”“燬”与印尼语“火”api 的形式确实存在部分差异，但既然能够系联上侗台语，应该还是存在一定的联系。

三、印尼语“火”api 的词义演变

自发利用火到自觉使用火，是人类在漫长的进化过程中对火认识的结果。（张正华 2017：125）在 18 世纪末 19 世纪初以前的西方思想史中，

① 原文系联材料为：现代日语 fi，古日语 fi< *fui，古日语（东部方言）fu< *fu-i。本文依据现代日语情况与相关构拟研究对该材料进行了一定程度的调整。

“火”是一个重要的哲学概念；而后随着科学的兴起，“火 ”的认知意义经由哲学让渡给近代科学，又被科学在自身的概念框架中逐渐消解了；到了现代科学，已经鲜有人去深究“火”究竟是什么。（李文靖 2013：85）以“火”的认知过程为线索，下文阐述了印尼语“火”api 的两条词义发展路径：“火、工具火与燃烧”以及“火与精神”。

（一）火、工具火与燃烧

人类祖先最早对自然力的利用应该就是从天然火开始。天然火的存在形式主要有三种：雷电引燃、草木自燃和火山熔岩；火的显现形式是单一的发光发热的燃烧，相比风雨雷电水等自然力，火更直观也更容易被控制，所以是最容易成为工具的自然力。（张正华 2017：124）“燃烧”是“火”的显现形式，或能直接说是存在形式，亦是被利用或被使用的方式，所以这两个概念很自然地会被关联，“火”即是“燃烧”。印尼语“火”api，有作为“工具火”使用的意义，即表示“［口］火柴，打火机”（实际上应该是指“能够被使用的火源；引火物”，相比单纯的“火”，工具意味更浓），如：

punya api? 有火吗？ *minta api* 借个火

可以比较的其他语言中的平行例子：英语 fire“（燃烧状态的）燃料；引火物”；（陆谷孙《英汉大辞典（第 2 版）》第 699 页）法语 feu“引火之物（指火柴、打火机等）”；（《法汉词典》第 524 页）日语 hi“炭火；炉火”。（宋文军《现代日汉大词典》第 1448 页）印尼语“火”api 也有“起火，着火，失火”这种表示“燃烧”的意义，如：

ada orang berte-riak: “api! api!” 有人大声喊着：“着火了！着火了！”

bahaya api 火灾

很多语言中都有相同语义发展路径，如：梵语 agni“火；燃”；（林光明《梵汉佛教语大辞典》第 74 页）英语 fire“着火，开始燃烧，发出火焰；（内燃机气缸）点火，发火”；（陆谷孙《英汉大辞典（第 2 版）》第 699

页）法语 feu“火灾”；（《法汉词典》第 524 页）德语 Feuer“火灾”；（《德汉词典》第 415 页）日语 hi“火灾；火事”。（宋文军《现代日汉大词典》第 1448 页）

（二）火与精神

“火”作为一个重要的哲学概念，它是思考者在认识自然、审视人类自身的诉求中急迫解决的首选问题之一，承载了特殊的认识意义；“火”是思想史上的独特施动者，它促使变化发生，主导变化过程；古代自然哲学中代表驱动力和塑造力的“火”，到了中世纪开始成为对神力的比喻，随着启蒙运动的开展，削弱了神抬高了人，人的主体地位提升，“火”的“主导性”“主动性”不再单单用来比喻神，而是更多地和人性联系起来，这个时期“火”不再只是指上帝的慈悲，而是去表达人的情欲、人的活跃。（李文靖 2013：84—86）“火”具有热烈、主动、有生气、引发变化等多种特质，这些特质能让人联想到一些感情或精神，从而发生转喻。印尼语“火”api 就可以表示“精神；烈焰”，如：

api revolusi　革命精神　*api asmara*　爱情烈焰

其他语言中相同语义发展路径的例子非常多，如：梵语 daːha“大热；火”，（林光明《梵汉佛教语大辞典（上）》第 475 页）tṛṣṇā-dāha“爱火”；（林光明《梵汉佛教语大辞典（下）》第 1599 页）英语 fire“热情；激情；强烈的感情；生气；生动的想象”；（陆谷孙《英汉大辞典（第 2 版）》第 699 页）法语 feu“激情，热情；（感情、情欲的）热烈，剧烈；强烈的想象；灵感；［书］情欲”；（《法汉词典》第 524 页）德语 Feuer“激昂，冲动；火性，暴躁”；（《德汉词典》第 415 页）日语 hi“愤怒之火”。（宋文军《现代日汉大词典》第 1448 页）

四、结　语

南岛语“火”一词的一致性很高，印尼语“火”api 在马-波语、台湾南岛语和大洋洲语中都能找到丰富的同源词；南岛语外部，尤其是侗台语，api 在其四个语支里基本都能找到对应，与日语和朝鲜语中的“火”“太阳”以及上古汉语“火”“焜”“燬”也有一定联系。这些大面积的同源对应能够很好地为华澳语系假说提供有力证据。词义发展上，印尼语“火”存在两条词义发展路径，可以用下图表示：

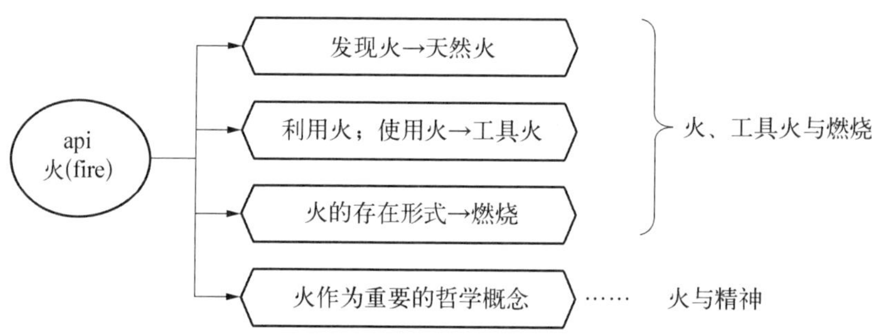

图 1　印尼语核心词“火”的词义演变路径图

参考文献

陈　康、马荣生　1986 《高山族语言简志（排湾语）》，北京：民族出版社。

陈孝玲　2009 《侗台语核心词研究》，华中科技大学博士论文。

邓芳青　2018 《卑南语语法概论》，新北：“原住民族委员会”。

《德汉词典》编写组编　1989 《德汉词典》，上海：上海译文出版社。

《法汉词典》编写组编　1988 《法汉词典》，上海：上海译文出版社。

高剑平、张正华　2011 《元工具概念的界定》，《自然辩证法研究》第 6 期。

龚群虎　2001 《汉语泰语关系词的时间层次研究》，华东师范大学博士论文。

何大安　1999 《论原始南岛语同源词》，载石锋、潘悟云编《中国语言学的新拓展：庆祝王士元教授六十五岁华诞》，香港：香港城市大学出版社。

何汝芬、曾思奇等　1986a 《高山族语言简志（布嫩语）》，北京：民族出版社。

何汝芬、曾思奇等　1986b 《高山族语言简志（阿眉斯语）》，北京：民族出版社。

黄慧娟、施朝凯　2018 《布农语语法概论》，新北：“原住民族委员会”。

黄美金、吴新生　2018　《泰雅语语法概论》，新北：“原住民族委员会”。

简史朗　2018　《邵语语法概论》，新北：“原住民族委员会”。

林光明、林怡馨、林怡廷　2011　《梵汉佛教语大辞典（上）》，台北：嘉丰出版社。

陆谷孙主编　2007　《英汉大词典（第2版）》，上海：上海译文出版社。

梁　敏、张均如　1995　《侗台语概论》，北京：中国社会科学出版社。

李文靖　2013　《“火”的思想史和化学史》，《自然辩证法研究》第4期。

蒙斯牧　1990　《印尼语和侗泰语的关系词》，《民族语文》第6期。

蒙斯牧　1992　《澳泰语发展的三个历史阶段——印尼语、雷德语和回辉语》，《语言研究》第1期。

蒙斯牧　1995a　《澳泰语发展的三个历史阶段（续）——印尼语和回辉语在语音语法上的差异与联系》，《语言研究》第1期。

蒙斯牧　1995b　《侗泰语与南岛语的历时比较研究》，《贵州民族研究》第2期。

蒙斯牧　1998　《汉语和壮侗语的密切关系及历史文化背景》，《民族语文》第4期。

倪大白　1988　《中国的壮侗语与南岛语》，《中央民族学院学报》第3期。

宋丽梅　2018a　《赛德克语语法概论》，新北：“原住民族委员会”。

宋丽梅　2018b　《卡那卡富那语语法概论》，新北：“原住民族委员会”。

宋文军　1987　《现代日汉大词典》，北京：商务印书馆；东京：小学馆。

王　力　2002　《同源字典》，北京：商务印书馆。

吴安其　1994　《论朝鲜语中的南岛语基本成分》，《民族语文》第1期。

吴安其　1995　《从汉印尼几组词的对应看汉南岛的关系》，《民族语文》第4期。

吴安其　2002　《汉藏语同源研究》，北京：中央民族大学出版社。

吴安其　2009　《南岛语分类研究》，北京：商务印书馆。

吴静兰　2018　《阿美语语法概论》，新北：“原住民族委员会”。

叶美利　2018　《赛夏语语法概论》，新北：“原住民族委员会”。

张秀娟　2018　《排湾语语法概论》，新北：“原住民族委员会”。

张永利、潘家荣　2018　《邹语语法概论》，新北：“原住民族委员会”。

张正华　2017　《火的元工具特征探析》，《自然辩证法研究》第2期。

郑贻青　1997　《回辉话研究》，上海：上海远东出版社。

郑张尚芳 2003 《上古音系》，上海：上海教育出版社。

Adelaar K. 1992 *Alexander Proto-Malayic: The Reconstruction of its Phonology and Parts of its Lexicon and Morphology*. Canberra: the Australian National University.

Benedict P. K. 1975 *Austro-Thai Language and Culture, with a Glossary of Roots*, New Haven: HRAF Press.

Benedict P. K. 1990 *Japanese/Austro-Tai*, Ann Arbor: Karoma.

Blust R. 1999 Subgrouping, Circularity and Extinction: Some Issues in Austronesian Comparative Linguistics. In Elizabeth Zeitoun, Paul Jen-kuei Li (eds.). *The 8th International Conference on Austronesian Linguistics*. pp 31 – 94, Taipei: Institute of History and Philogy, Academia Sinica.

Blust R. 2013 *The Austronesian Languages*, Canberra: the Australian National University.

Li, Paul Jen-kuei 1981 Reconstruction of Proto-Atayalic Phonology. In Li, Paul Jen-kuei (ed.) *Formosan Languages*. Taipei: Institute of Linguistics, Academia Sinica

Ross M., Pawley A., Osmond M. 2007 *The Lexicon of Proto Oceanic: The Culture and Environment of Ancestral Oceanic Society: Volume 2 Environment.* Canberra: the Australian National University.

Thurgood G. 1999 *From Ancient Cham to Modern Dialects*, Honolulu: University of Hawaii Press.

Tsuchida Shigeru 1975 *Reconstruction of Proto-Tsouic Phonology*. Yale University Doctoral Dissertation.

Tim Perkamusan Indonesia-Tionghoa, Universitas Peking 2000 *Kamus Lengkap Indonesia-Tionghoa*, Jakarta: pt elex media komputindokelompok gramedia.

Tryon D. T. 1995 *Comparative Austronesian Dictionary: An Introduction to Austronesian Studies*. Berlin, New York: De Gruyter Mouton.

Pellard, Thomas 2016 《日琉祖語の分岐年代》. 载田窪行則・ホイットマン ジョン・平子達也（編）《琉球諸語と古代日本語：日琉祖語の再建に向けて》pp. 99 – 124，東京：くろしお出版。

满语核心词“一”“二”研究

丁　楠

首都师范大学文学院

［**摘要**］本文主要对满语数词“一”“二”及语义场相关成员展开研究。运用历史比较法、比较词义法等方式探讨“一”“二”的词源，并在词义类型学的指导下梳理数词“一”“二”的语义发展脉络。得出的结论一方面证明满语词语“一”“二”是继承原始阿尔泰语而来的古老词语，为阿尔泰语系诸语言间亲属关系的确定提供个案证明；另一方面，核心词“一”“二”的词义演变路径亦说明人类的认知存在共性，满语亦不例外。

［**关键词**］数词　历史比较　比较词义　词义演变

一、以往对阿尔泰语系数词的讨论

人类学研究指出，数词产生的基础是社会生活的进步，数学知识的产生与发展应该在天文知识之后，具体来说是在原始社会初期（林耀华 1984：380）。换句话说，数字是人类思维抽象化到一定程度的产物，数词很有可能是从其他词发展而来的。许多学者也注意到了这个问题，并就阿尔泰语系的数词关系提出了自己的看法。

（一）兰司铁

兰司铁（1981：63—65）认为，阿尔泰语数词的不同可以从历史文化及社会方面得到解释。满语 emu ~ emun（一，一个）及通古斯语 umun（一个）与蒙古语* emün（前面的）及卡尔梅克语 ömnö（在前面，往南边）同源。满语 ǯue，ǯuwe（二）则与蒙古语 ǯiči（再，又一次），ǯirmesün（怀孕的），ǯitüger（第二的，下一个的）等表示“二”的词语有“连带关系”。

本文认为，兰司铁对蒙古-满-通古斯语的“二”分析较为准确。原始词首辅音* d-在元音 i 前变为 ǯ-是该语系的普遍规律。本文还能为兰司铁的假设提供一例证据：蒙古语 ǯusăg “二岁母羊”。由此可见，至少在蒙古及满-通古斯语族中存在* di->* ǯi-~* ǯu-，表示“二，两个；再；下一个”等与“二”有关的概念。

除兰司铁以外，斯塔罗斯汀（2003：505）也将满-通古斯语族的“一”与亲属语言的“前面”进行比较。就语音来说，两者对应关系十分密切。例如，蒙古语族巴林右旗 ɵmən（前面，南边）；达斡尔语 əməl（同上）；东部裕固语 ølmø：（同上）；突厥语族喀尔喀语 ömgen（前胸，胸部上方）；吉尔吉斯斯坦语 ömgök（同上），等等。

（二）哈斯巴特尔

哈斯巴特尔（2006：35—81）从词源入手，详细论证了阿尔泰语系“一”“二”的来源及对应关系。哈斯巴特尔认为，蒙古语 nigen（一）与满语 emu（一）及其派生词 eiten（所有，一切）以及 imata（都是，唯独）具有同源关系，二者来源于“母亲”，即“一份食物”。① 具体来说，原始蒙古-满-通古斯语族共同语* emüken（一）在蒙古语族中增生了词首辅音* n-，经历元音 ü>i，辅音 m>i（* emüken>* nemüken>* nemiken>* neyiken>* ni：ken>niken>nigen）等语音变化，发展为蒙古语 nigen“一”，而满语还保留了早期的词根形式 emu。该词根原本是“击打、狩

① 哈斯巴特尔认为，蒙古语词根 ni-有表示“一”的词汇意义，但它与词缀结合得较为紧密，已经不能独立使用。蒙古语 nigen（一）在语族内部与 neyigen（全、全部、整个），neyite（总、合计），neyile-（合在一起）具有同源关系。

猎”义，后来演变成“（食物）供养者”，再经历性别分化，分别表示“父亲”或“母亲”。而早期社会母亲就代表着“一份食物”，即“一”。

本文认为，哈斯巴特尔的分析在语音部分具有一定的合理性，但其构拟的语音演变形式过于复杂，且没有亲属语言可以提供过渡形式的证明，所以需要审慎参考。就语义来说，“母亲” = “一份食物”，进而指代数量“一”的说法有待考证，还需要找到更多的证据才能证明这种语义关联。

（三）吴安其

吴安其（2012）表示，阿尔泰语诸亲属语言的数词来源各异，“一”“二”来源于“少”。吴安其认为，满语 emu（一）<*ʔəmu-/*ʔəmu，dʒuwe（二）<*duru。进一步来说，赫哲语 qomtçoe，满语*qum->komso 与 emu（一）具有同源关系，而*duru（二）与蒙古语*qudur>*qulur 以及朝鲜语*dur 有同源关系。

（四）其他学者对阿尔泰语数词的看法

力提甫·托乎提（2004：488—494）也就阿尔泰语基本数词的来源展开讨论。就满语来说，力提甫对兰司铁“前面的” > “一”的看法质疑，并提出了自己的观点：满-通古斯语族 emu ~ emuken 更有可能与突厥语言的ʊm<*em（共同的，统一的，齐心协力的）有共同起源。Э. К. 艾尔尼茨（1992）对力提甫的看法持否定态度。在讨论突厥语数词“一”的来源时，Э. К. 艾尔尼茨提到，原始人的思维较为具体，共同性的表示是后于数词的，即“一起，一块儿”等概念起源与“一”。

对于“二”的对应关系，力提甫赞成兰司铁的看法。这也是本文较为认同的观点。

额尔敦巴根（1992）也曾就满蒙数词展开比较。不同于以上几位学者，额尔敦巴根认为，在满-通古斯语与蒙古语族分化之时还没有“数”的概念，二者之间的相似主要基于语言接触及借用。然而，就上述各家的观点来看，阿尔泰语基本数词“一”“二”具有或多或少的对应关系，二者之间的联系更倾向于同源。因此，本文不再过多讨论额尔敦巴根的看法，仅列于此处，为读者提供另一种思路。

二、满语核心概念"一""二"与亲属语言的对应关系

基本数词的不对应一直是部分语言学家反对阿尔泰语系具有亲缘关系的重要证据之一。从表面上看，阿尔泰语系诸语言的数词的确不存在对应关系。试比较：

表1 阿尔泰语系数词"一""二"展示表

Turk	**塔 Ta.**	**图 Tu.**	**撒 S.**	**裕 Y.**	**维 U.**	**柯 Ka.**
一	bɨr	bir	bər	bər	bir	bir
二	ekɨ	iji	igi	ʂigə	ikki	eki
Mong	**蒙**	**达**	**东裕**	**土**	**东**	**保**
一	nəg	nək	niɣe	nəge	niə	nəgə
二	xojər	xojir	ɢuːr	ɢoːr	ɢuɑ	ɢuɑr
Tung	**满**	**锡**	**克**	**春**	**赫**	**女**
一	əmu	əmu/əmukən	əmʉŋ	əmʉn	əmun/əmuhun	əmu
二	dʐ̥uwə	dʐ̥u	dʒʉʉr	dʒʉʉr	dʒuru	dʒo

这种比较采取的是等义比较、一一对应的手段，该手段不应该成为否定亲属关系的依据。

历史比较是在印欧语系的基础上得以发展的。"同源成分的确定必须要满足语义上相同或相近，语音上存在完整的、成系统的对应关系的要

求。由于语言的发展，这种相同或相近可能会变得模糊不清，因而需要用可靠的材料、科学的原则予以证明。”（徐通锵 1996：31）

关于如何证明语义上相同或相近，以闻宥为代表的学者在确定同源成分时采用等义比较的方法，得到的结果并不尽如人意。Л. Г. 赫尔岑贝格（1990：50—51）曾在《从印欧语言学家的观点看阿尔泰学》一文中指出，“阿尔泰学家的障碍是被称为稳固词汇的词，它们仿佛必定应该对应，然而，实际上却变现出统一语系的差别……上举印欧语词是在一系列语义场和语义群范围中音变的结果，例如：星星—扩展，眼神—光亮—明亮—星星点点，地点—顶点—尖叫—……；水—海—波浪—河—雨—急流—……毋庸置疑，阿尔泰语的对应也应充分考虑到广泛的语义变体”。

黄树先（2012：5）提出了“比较词义”，该方法较前人的理论研究更进一步，能够较为科学地解决历史比较中的择词问题。所谓比较词义，“就是看语言中某一个核心概念，会有哪些共同演变。我们运用‘比较词义’目前主要解决两个问题：研究汉语词义引申，系联同族词；解决历史比较语言学中的择词问题”。因此，我们主张从基本数词“一”“二”语义场的相关成员入手，探究核心概念“一”“二”的词源及发展路径。

综合上文方家的研究结果，本文认为，满语核心概念ᡝᠮᡠ emu（一）及ᠵᡠᠸᡝ juwe（二）与阿尔泰隶属语言具有一定的对应关系。

（一）满语核心概念 emu（一）的对应

表 2　满语 emu（一）对应表

Turk	Mong	Tung-Man
öŋ（在前面的，东方） 乌：oŋ（右边） 哈：oŋ-tystɨk（南） 塔：øm-lɛʃ（齐心协力）	蒙：omŏn（南，前面）； 卡：ömnö（在前的；在……以南）	满/女：əmu/əmkə； 锡：əmu/əmukən； 赫：əmun/əmuhun

关于阿尔泰语系数词“一”的对应关系，各家的看法莫衷一是。总体说来，数词“一”在满-通古斯语族内部的形式较为一致，与蒙古语和突厥语的差距较大。

本文暂时对兰司铁的观点持认同态度，并将亲属语言中“前面”“东方”“右”“南方”等方位词语与满语“一”进行比较。但必须要指出的是，虽然二者的语音对应关系较为明确，但“前面”等词语与“一”的语义联系并不明确。一方面，满语“一”与“前面”语义关系并不密切，我们暂未在其他语言中找到“一”与“前面”具有语义联系的语例。进一步来说，世界语言共词化数据库（CLICS）也未出现数词“一”与“前面”共词的现象。但另一方面，Э. К. 艾尔尼茨（1992）认为，突厥语数词“一”的最初含义是指代离说话者很近的事物，这与其他亚欧语言具有类型学方面的共性特征。“前面”等方位词在某种程度上也与“离说话者距离较近的”这一概念语义相关。例如，汉语“跟前”指面前、附近；黎语 di^3（前面，在……附近）；等等。基于此，在未发现更准确的对应词前，本文用“前面”等方位词语与满语数词 emu（一）比较。

（二）满语核心概念 juwe（二）的对应

满语 juwe（二）在亲属语言中的对应关系较 emu（一）来说更为广泛，在突厥、蒙古等语族中都能找到较为确定的对应词语。

表 3　满语 juwe（二）对应表

Turk	Mong	Tung-Man
维：dʒyp（双）； dʒypti（配偶）； jörä（配对物，伴随人）	达：dʒuːru（对偶）； 蒙 ǯiči（再，又一次）；ǯusăg（二岁母羊）； 东裕、土：dɑlə（对偶）	满：dʐuwə 赫：dʒuru

满语 juwe（二）与亲属语言的对应关系较 emu（一）明确许多。本文主要用亲属语言中表示“双”“对”等词语与满语 juwe（二）进行对

应。由数词“二”发展出“成对、成双”“配偶”等语义在人类语言中较为常见。如汉语“双”指“两个，一对”；古英语 twegen（二，双）；等等。

三、满语核心概念“一”“二”的词义演变

满语核心概念 emu（一）及 juwe（二）在词汇系统中较为稳定，但也通过隐喻、转喻等手段发展出与其基本义相关的其他义项。具体来说，包括以下几个方面。

（一）满语核心概念“一”的词义演变

1.“一”与“同样的，相同的”

满语核心词 emu 除基本义“一”外，还有义项表示“一样的，相同的”。（胡增益 1994：228）例如，emu doro uhe mujin（直译为“一个道理，统一的想法”，即“志同道合”）；emu mujilen emu gūnin（直译为“一个心思一个想法”，即“同心同德”）；emu akū（直译为“不是一”，即“不一样，不同”）。

“一”由数词发展出“同样的，相同的”语义符合人类语言的共性规律。上古汉语数词“一”就有形容词“同样的”用法，《管子·形势》有“天不变其常，地不易其则，春秋冬夏不更其节，古今一也”。海涅及库特夫（2012：303）也在其著作中指出，阿尔巴尼亚语 një（一）与斯瓦西里语-moja（一）也有“一，数词”>“同样”的演变路径。值得说明的是，该著作的译者在脚注中讨论了数词“一”语法化路径的演变方向问题。译者提到匿名审稿人认为俄语数词 один（一）来源于 одинаков-（同样），并根据数词“一”在语言中的实际情况，认为实际演变路径正相反。这与Э. К. 艾尔尼茨的观点相呼应。除海涅及库特夫提供的例证外，朝鲜语 hana（数词一；一样）；蒙古语 nige（数词一；同样的）；法语 un（一）/ uniforme（一样的）等也有此用法。

2.“一”与“一起，共同”

部分以 emu-/em-为词根的派生词，有“共同、一起”之义，如副词/后置词 emgi（一起，一同），动词 emgilembi（共同，联合）。

tere-i emgi goida-ki se-ci
他-属 一起 久-祈 想-从
要和他天长地久的（清·刘顺《满汉成语对待》）
hūng da ye omi-re jete-re dari, inu boo dai be gaji-fi emgil-mbi.
洪大业 喝-未 吃-未 每 也 宝带 宾拿来-顺 一起-现
洪一饮食，亦使宝带共之（《择翻聊斋志异》）

这种语义发展也见于其他语言。例如，上古汉语“愿比死者一撒之”中“一”用作副词“一起”；斯瓦西里语 moja（一）/pamoja（一起）；保加利亚语 edno（一）/zaedno（一起）；埃维语ḍeká（“一”，数词>“一起”）（海涅、库特夫，2012：307—308）。另外，蒙古语 nige（一）/nigedü-（统一，联合）；法语 un（一）/unifier（统一）等都有此表现。

3.“一”与“单，单的”

满语 emu-rsu 指“单的，单层的”，如 emursu etuku（单衣）；em-hun 有“独身，单独”之义。不止满语，由“一”引申出“单的、不成双”具有类型学的特征。例如，俄语 одинéц（独生子）одинóчный（单个的，不成双的）；蒙古语 nige orogesun（单的，不成对的）；德语 ein（一）/einaktig（独幕的），einarmig（单臂的）；法语 un（一）/uni-（一，单）；等等。

4.“一”与“孤单、独自”

上文谈到，满语词根 emu-/em-演变出“单，不成双”之义。进一步来看，该语义演变路径还在不断延长，“数词，一”>“单的，不成双”>“孤单的，孤独的”。例如，满语形容词 em-teri（孤独，孑然），em-hukesaka（孤零零的，孤孤单单的）。

要说明的是，“数词一”一般不能直接引申出“独自”的用法，需要通过添加标记成分等手段方能得以实现。（海涅、库特夫 2012：298—299）俄语

один（一）／одинēхонек（单独的，独自的）одинóкий（孤独的，孤零零的）。

5.“一”与“一（件），一（个）”

海涅及库特夫（2012：301）指出，“一（数词）”能发展为不定代词，其条件是“一”用作代词而非名词性修饰语。满语数词“一”亦有此趋势。《新满汉大词典》认为 emu（一）的派生词 emke/emken（一个，一件，一只等）仍为数词。但在语料中能见其代词用法：

age-de kejine jalahi jui bi-kai，yaya emke sonjo-me gaji-fi hūwaša-
阿哥-与 许多 叔伯的孩子有-叹 凡 一个 挑选-并 领来-顺 抚养-
bu-me，uji-ci ya sira-bu-re enen waka ni.
被-并 养育-从 哪 继承-使-未子嗣 不是 呢

阿哥有许多的侄儿，不拘挑了谁来抚养着，那不是子嗣呢？（清·宜兴《庸言知旨》）

ahūn deo i dorgi-de emken kokira-ha se-he-de，uthai gala bethe emke
兄 弟 属 中-位 一个 伤-完 说-完-位，就 手 脚 一个
bija-ha adali，dahū-me baha-ci o-mbi-o？
折-完 一样 再-并 得到-从 可以-现-疑

兄弟里头要说是伤一个，就像手足折了一只，岂可再得呢？（清·佚名《清文指要》）

emu 在例句的语境中已有充当不定代词的趋势。除 emke/emken（一个，一件）以外，满语词汇系统中还有 emgeri 表示“一回，一遭”。该词是对动作的计数词，《清文启蒙》有 yaya baita be emgeri waqihiyabuci sain dabala（凡事一遭完毕了好罢咧），si emgeri jonohode（你一次提起来），等等。该词做副词使用，表示“业已，已经”。例如，si emgeri baharai teile gamahabi（你已经尽量儿拿了去了）。

（二）满语核心概念“二”的词义演变

juwe（二）的词义演变模式在很大程度上与 emu 一致。emu（一）> emursu（单，单的）；juwe（二）其派生词 jursu（双，双层）。emu >

emugeri（一次，一遭）；juwe-nggeri（两次，两遭），等等。因此，本文着重分析核心概念“二”在词汇系统中特有的词义演变，即“二”与“怀孕”。

满语词语 jursu 除“双层”外，还有“怀孕”这一义项。由“二”引申出“怀孕”这一义项的理据或许能在汉语得以彰显。汉语方言中原官话中“双身子”“双身人”指“孕妇，怀孕”。由此可见，“二，双”先是在与“身体”概念结合，用“两个身体”转指“两个人”，即“怀孕”。在此基础上才有“双”>“怀孕”的发展。蒙古语 dabqur（双的，双层的；怀孕的）也有此用法。

四、小　　结

综上所述，虽然满语核心概念“一”“二”在阿尔泰语系的对应十分有限，但就多位学者探讨的结果来看，阿尔泰语系基本数词具有或多或少的对应关系。本文也倾向于满语基本数词 emu 与 juwe 能够与亲属语言相对应，并主张将 emu 与亲属语言“前面”等方位词语，juwe 与“双”“对”等词语相比较。基本数词 emu（一）与 juwe（二）的词义演变大多反映了人类语言词义发展的共性规律，符合词义类型学的基本特征。本文以满语 emu 为代表，将其词义引申路径整理为如下图示，以此作为总结。

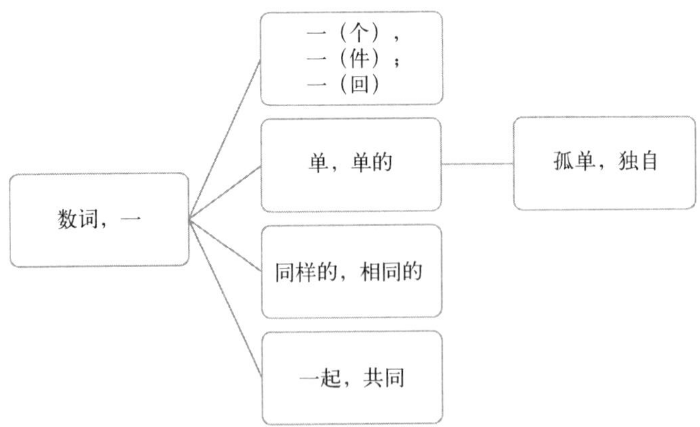

图 1　满语核心概念“一”词义演变模式图

参考文献

朝　克　2014a 《满通古斯语族语言词汇比较》，北京：中国社会科学出版社。

朝　克　2014b 《满通古斯语族语言词源研究》，北京：中国社会科学出版社。

哈斯巴特尔　2006 《阿尔泰语系语言文化比较研究》，北京：民族出版社。

哈斯巴特尔　2011 《关于满语辅音 k、h、g》，《满语研究》第 1 期。

［德］海涅、库特夫　2012 《语法化的世界词库》，龙海平、谷峰、肖小平译，北京：世界图书出版公司北京公司。

黄树先　2012 《比较词义探索》，成都：巴蜀书社。

胡增益　1994 《新满汉大词典》，乌鲁木齐：新疆人民出版社。

［芬］兰司铁　2003 《阿尔泰语言学导论》，周建奇译，呼和浩特：内蒙古教育出版社。

力提甫·托乎提主编　2004 《阿尔泰语言学导论》，太原：山西教育出版社。

林耀华　1984 《原始社会史》，北京：中华书局。

麻赫默德·喀什噶里　2001 《突厥语大词典》，校仲彝等译，北京：民族出版社。

孙竹主编　1990 《蒙古语族语言词典》，西宁：青海人民出版社。

吴安其　2012 《阿尔泰语的数词》，《语言研究》第 3 期。

徐通锵　1996 《历史语言学》，北京：商务印书馆。

许宝华、［日］宫田一郎　1999 《汉语方言大词典》，北京：中华书局。

中国社会科学院民族研究所　1990 《中国突厥语族语言词汇集》，北京：民族出版社。

［苏］Э. К. 艾尔尼茨　1992 《突厥语数词“一”的来源》，米海力译，载中国社会科学院民族研究所语言研究室编《民族语文研究情报资料集》（第 14 集），北京：中国社会科学院民族研究所语言研究室。

［苏］Л. Г. 赫尔岑贝格　1990 《从印欧语言学家的观点看阿尔泰学》，王远新译，载中国社会科学院民族研究所语言研究室编《民族语文研究情报资料集》（第 13 集），北京：中国社会科学院民族研究所语言室。

Starostin, Sergei, Anna Dybo, Oleg Mudrak　2003 *Etymological Dictionary of the Altaic Languages*, Leiden: Brill Academic Publishers.

В. И. Цинциус　1975　Сравнительный словарь тунгусо-маньчжурских языков Ленинградское отдельные ленинград.

民族语言文化历史研究

林布族族源探源

邹学娥　严广亚

温州大学国际教育学院

［摘要］林布族（Limbu）是尼泊尔古老的少数民族，聚居在尼泊尔东部。历史上曾被称为基兰提人、赖人，现在通行的称呼是林布人，但他们自称是 Yakthungba。本文梳理了这些历史称呼的来源，厘清了各类称呼的基本含义。对其民族迁徙路线和语音历史演变层次做了初步探讨。

［关键词］林布族　基兰提　Yakthung

一、林布族概况

林布（Limbu）族是尼泊尔联邦民主共和国（简称尼泊尔）的少数民族。林布人属于蒙古人种，居住在尼泊尔东部的山区，该地区传统上被称为林布湾（Limbuwan），意为“林布人的土地”，也被称为帕洛·基兰提（Pallo Kirat），意为“远基兰提”，是基兰提的三块土地之一。历史上对林布族聚居区的划分略有不同，但总体而言，林布族的整体区域没变，这些地区隶属于现代尼泊尔东部的科希区（Koshi）和梅奇区（Mechi）。

林布族的原始居民是一个定居的农业民族，除了尼泊尔东部的科希和梅奇地区，林布人还散居在尼泊尔的许多地区，主要分布在东部的莫朗（Morang）平原、桑萨里（Sunsari）和贾帕（Jhapa）；尼泊尔中部的加德满都、帕坦（Lalitpur）和巴德冈（Bhaktapur）也有少量的林布人。在尼泊尔以外，印度的锡金和大吉岭等地、缅甸和不丹也有少量林布族居民。尼泊尔的林布族人口总数随着社会的发展在不断增长，20 世纪七八十年代，林布族中最大的一部分人居住在尼泊尔东部，大约有 18 万讲林布语的人（Subba 1976：142）；1991 年尼泊尔全国人口普查，林布族的总人口为 297 186 人，占全国总人口的 1.6%；2011 年尼泊尔全国人口普查，林布族人口总数为 387 300 人，占尼泊尔总人口的 1.46%；2021 年尼泊尔全国人口普查，林布族人口总数为 414 704 人，占人口总数的 1.42%①。

二、从基兰提到林布

（一）基兰提（Kiranti/Kirant/Karati）

关于基兰提的早期历史文献主要存在于《吠陀经》（*Veda*）中，这个时代被称为印度的吠陀时期（公元前 1500—前 700）。在《阿达婆吠陀》（*Atharvaveda*，约成书于前 900—600 年）中有关基兰提族的记载，诗中描述了一个年轻的基兰提族的少女在山岭上挖掘的情景：

> 基兰提族的年轻少女，一个小丫头，在高高的山脊上用金子锻造的铁铲挖药。

马克唐纳（MacDonell）等人（1920：Vl.1：157—158）说基兰提人在吠陀时期位于尼泊尔东部。查特吉（Chatterji 1951：26）进一步指出，在《耶柔吠陀》（*Yajurveda*）中，基兰提或基兰特（Kirant）被用来指代生活在东北地区的高山洞穴里的人种——蒙古族。

在稍后约公元前 4 世纪至公元 4 世纪之间成书的《摩诃婆罗多》（*Mahabharata*）、《罗摩衍那》（*Ramayana*）、《毗湿奴往世书》（*Visnu Purana*）和《基兰特尔吉尼亚》（*Kiratarjuniya*）等著作中，都把基兰提

① 数据来源尼泊尔国家统计局：www.nsonepal.gov.np.

人描绘成生活在喜马拉雅山东部茂密森林地区的凶猛、好战、英俊的野蛮猎人，他们金色的肤色使他们的外表与恒河平原上的印度雅利安居民大不相同。所以查特吉（1951：37—38）认为，“基兰提”这个词是生活在印度次大陆东北边缘的所有蒙古族人的通称。这些记载证明，基兰提人是这片土地上的古代定居者。

因此，在上述古籍中提到的“基兰提”是一个有别于雅利安人种的种族，以狩猎为生，生活在山丘、森林和洞穴中。他们的语言有鲜明的特点，比如有不同的词来表示“从上面来、从下面来、从对面来”（uŋma、kɛpma、phɛmma），相应地，在尼泊尔语中只有一个词 aunu（来），原因可能是说尼泊尔语的人，特别是婆罗门（Bahuns）人和刹特利（Chhetris）人来自平原地区，没有像山地人那样感知到位置上的差异。林布人最初是以狩猎为主，对切肉有不同的说法，例如 sa cɛpma 的意思是“用匕首割肉”，sa khɛkma 的意思“用匕首把肉切成片”，sa hɛkma 的意思是“抓住一块肉的两端，用剑或匕首或任何切割工具切肉”。而这些概念在尼泊尔语中只用 masu katnu 来表达。另外，林布人还保留着一些原始习俗，会把动物献给神灵和女神来祭祀，在神灵和女神的祭坛上制作弓箭，建造成泥塑神像。事实上，“林布”一词仍有“（竹制的）弓箭”一义。

在其他学者的描述中，阿普特（Apte 1963：149—150）将“基兰提”定义为“登山者”，马克唐纳（1965：68）将“基兰提”定义为“一个野蛮的山地猎人部落”；拉尔（Lal 1980：382）指出，《摩诃婆罗多》中的“基兰提”是指“森林居民和猎人的部落”；莫尼尔（Monnier 1899：283）将基兰提描述为“一个退化的山地部落，居住在森林和深山，以狩猎为生，因忽视所有规定的宗教仪式而成为首陀罗（Sudras，印度种姓等级中的最低等级），也被视为蔑戾车（Mlecchas），意指“外国人或边境上的未雅利安化的部落”。（吴于廑、齐世荣 2011：145）

（二）Rai（赖）、Subba（苏巴）

1774 年，尼泊尔廓尔喀王朝普利特维·纳拉扬·沙阿（Prithivi

Narayan Shah）国王统一全境。在与东部王国的坎布族、雅克族和林布族人交战中，由于他们英勇善战，国王为了安抚被征服的敌人，采取了怀柔政策，这几个民族被允许在他们祖先的土地上行使权力，管理各自的地区，并对坎布人（Khambus）中最有影响力的人授予“Rai”的头衔，所以坎布人现在也被称为赖人（Rais）；对林布族中最有影响力的人授予“Subbah”的头衔，所以现在很多林布人也称自己为苏巴人（Subbahs）。

坎布族、雅克族和林布族都自称是独立的民族，但是长期以来相互之间可以通婚，他们的礼仪、习俗、宗教仪式和外表几乎是一样的，因此这三个民族名义上是分开的，实际上已经融合为一个民族了，也因此一同被称为基兰提人。

但是细分起来，这几个称呼的所指仍有一些区别。范西塔特（Vansittart 1906：99）说，根据1774年沙阿国王时期确定的社会阶层和各民族的权利，“基兰提”这个词应该只适用于坎布人；而麦克杜格尔（McDougal 1979：1）将坎布族和雅克族都认定为赖族，并说赖族和林布族是古代基兰提族的后裔；麦克杜格尔（1979：8）指出，在对抗沙阿国王的进攻时，林布人比赖人更英勇——言下之意林布人并不属于赖人。根据甘当瓦（Kandangwa 1990）的解释，“Raya”是统治者赋予基兰提族首领的一种头衔，“Raya”后来变成了“Rai”，基兰提人因此被称为“Rais”（赖人），而居住在阿伦河以东的赖人在廓尔喀统治者吞并帕洛·基兰提后，被称为林布人。

此外，还有一种更广泛意义上的说法：蒙古族、汉族和坎布族（赖族）都属于基兰提族。这种说法来源于林布族最负盛名的宗教经典《蒙杜姆》（*Mundhum*）。林布族有着悠久的诵经传统，《蒙杜姆》是林布人灵感、信息和思想的来源，林布人的生活方式、风俗习惯和仪式祷告都受其影响。（伊曼·辛格·彻姆炯 Chemjong 2003：3）这种说法，或许更多地反映了这几个民族历史上的同源关系。罗仁地（Randy J. LaPolla）在《东亚：汉藏语言史、全球人类移民的百科全书》提到藏缅语族群的迁徙路线，其中之一是从中国中原地区向西进入西藏，然后向南进入尼泊尔、不丹和印度北部。他的观点可以与这种说法相印证。

（三）Tsong（宗）

范西塔特（1906：104）引用萨拉特·钱德拉·达斯（Sarat Chandra Dass）的话说，西藏人、尼泊尔的菩提亚人（Bhotiyas）和锡金人称林布人为“宗”（Tsong），可能是由于他们从西藏的后藏（Tsang）移民到林布湾，所以才会用“宗”这个名字。不过，在尼泊尔并不存在用这个名字称呼林布人的习俗，只有在锡金和大吉岭才有这样的称呼。（Subba 1999：32）

三、Limbu（林布）与 Yakthung

（一）林布

关于“林布（Limbu）”一词的来源，早期学者的解释大都带有明显的神话色彩，语源的解释也是俗语源，可信程度较低。因此我们还是从文献的角度来考证。

前文说到，林布族最重要的宗教经典是《蒙杜姆》，其作用不可替代，但是其中并没有“林布”这个词。直至公元 1775 年，沙阿国王将拉莫哈尔（Lal Mohar，一种象征权力的红色封印）赐予林布人时，首次使用了“林布”这个词。之前的任何文献中没有这个词。由此可见，用“林布”称呼林布族人始于公元 1775 年。

在后期的文献中，学者们都沿用了这一称呼。坎贝尔（1840：31）说，“林布”这个词是廓尔喀人对自称 Ekthoomba 的贬称（corruption）。范西塔特（1906：100）引萨拉特·钱德拉·达斯（Sarat Chundra Das）的话说：“阿伦河和坦巴尔地区之间的国土被尼泊尔土著人称为林布阿那（Linbuana），自古以来居住在那里的土著人被指定为林布人，他们自称 Yakthumba。”范·德里姆（Van Driem 1987：xix）说，“林布”一词是尼泊尔的民族地名，尼泊尔东部的林布人家园在尼泊尔语中被称为林布湾，居住在阿伦河以东的赖人在其土地帕洛·基兰提被廓尔喀统治者吞并后，被称为林布人。

综上所述，“林布”一词不是林布族的自有名称，而是尼泊尔的其他民族对林布族及其原始聚居地的称谓。

（二）Yakthung

现代林布人自称为 Yakthung，意为“山地之王”①。男性叫 Yakthungba，女性叫 Yakthungma，是在词根上添加了“性别”标记（pa/ma）。当表达非人称名词时，一般用 Yakthungba 来指代，例如，Yakthungba pangbhe“林布村”、Yakthungba pan“林布语”。Yakthung 这个词在《蒙杜姆》中自古以来就有使用。沙阿国王在授予林布族首领荣誉和权力时，将其称为 Yakthung Hang，意为“林布族的首领”。现在尼泊尔的林布族原住民组织“The Kirant Yakthung Chumlung”也用“Yakthung”来指代林布人②。可见“Yakthung”才是林布语固有的族名。

但在以往学者们的记录中，坎贝尔（1840：495）说林布人称他们自己为 Ekthoomba，达斯（Das 1896：31）用 Yakthumba 来称呼林布人，伊曼·辛格·彻姆炯（2003：54）用了同样的名称。范德里姆（1987：xx）则用了 Yakthungba。

关于 Yakthumba 和 Yakthungba 这两个发音相近的词的词源解释，学者们颇多争议。

达斯（1896：31）认为，Yakthumba 是林布人的本名（autonym），yak 的意思是“牦牛”，thum 的意思是“山丘”。现代林布人虽然生活在山上，但并不把驯养牦牛作为职业，因此现代林布语中 Yakthumba 没有“养牦牛的人”这个意思。但历史上，林布人作为一个山地民族，考虑到其迁徙的路线及历史，把这个词看成底层词，也是合理的。

伊曼·辛格·彻姆炯（2003：54）认为，Yakthungba 源于 Yakkhathumba，是 Yakkha 和 thumba 的组合。Yakkha 即前述基兰提族群中的雅克族，thumba 的意思是“勇敢的”。由于在战争中，林布人比 Yakkhas 表现出更大的勇气，因此他们被称为比 Yakkhas 更勇敢的人——Yakkhathumba。后来随着

① https://nationalmuseum.gov.np/archives/118.

② www.chumlung.org.np.

时间的流逝，读音变成了 Yakthungba。范德里姆（1987：x）也持相似的观点，即林布人属于 Yak 群体，具有大胆、勇猛的品质。

范西塔特（1906：108）根据历史传说给出了另一个解释。林布族历史上有十位酋长，在各自的领地建立了 Yɔk（堡垒），统治着林布人的土地，其继承者后来就被称为 Yaktumba——tumba 意为“最年长的，最尊贵的”——后来演变为 Yakthungba。这个说法在语言解释上存在问题。首先，Yɔk 和 Yak 在音位上是对立的，前者是“堡垒”的意思，后者是“山丘”的意思。其次，tumba 和 thungba 也是对立的，第一个意思是“最年长的，最尊贵的”，而第二个意思是“喝酒的人”。可见这一解释也站不住脚。

坦卡·苏巴（Tanka Subba，1999：32）从词源学给出了不同的看法。据他说，Yakthungba 很可能是三个音节的组合：yak，thum 和 ba/pa 分别是“山”“地方/地区”和“居民”的意思。这些音节连在一起可以翻译成“山里人”。这个解释的主要问题是，Yakthungba 的中间音节是 thung，而不是 thum。从 thum 如何演变为 thung，仍需解释。

综合各种资料来看，虽然学者们对 Yakthungba 的词源学没有一致意见，但都认为 Yakthungba 是林布一词的本名。笔者认为，在林布语母语中，其自称名经历了从 Yakthumba 到 Yakthungba 的转变。早期应该是 Yakthumba “山民”，随着社会的发展，逐渐演变成了现代的 Yakthungba “喝酒的人”。有两方面的证据：

一、藏缅语的鼻韵尾有-m、-n 和-ng 三个。从各语言对应的情况来看，部分语言保留三分，部分语言中的-m、-n 已开始向-ng 转化（黄布凡 1992）。林布语 thum 向 thung 的变化，也是一种常见的语音演变方式，反应了语音演变的不同历史层次。

二、酒是林布族文化的重要组成部分。林布族妇女擅长酿酒，婚礼、丧事、送礼、交换礼物、调和矛盾等都要饮酒，尤其是林布族的传统啤酒，用一种叫通巴（tungba）的竹制容器喝，因此 tungba 也可直接指代“酒”，Yakthungba 用来指称“喝酒的人”。

此外，还可与罗仁地提到的藏缅语族群的迁徙路线相互印证。从林布族所在的地理位置来看，林布人的迁徙路线是中国西藏→尼泊尔。由此可以设想 Yakthumba 的意义也跟着发生了变化，即“牦牛倌”（刚迁入尼泊尔的先民时期，还留存祖先驯养牦牛的印记）→“山地居民”（定居山区已久，驯养牦牛印记消失不见）→Yakthungba“喝酒的人”（酒在林布族文化中占据重要地位，从而“酒”成为林布族的重要标志）。

四、结　论

综上所述，最初林布族只被称为基兰提，他们以狩猎为生，居住在山里、森林和洞穴里。后来逐渐成为农耕民族，种植小米、水稻、玉米和蔬菜。在 Lo Hang Sen 统治时期（1609—1641），他们被称为“赖族”，在他们的土地被廓尔喀吞并后，他们被称为“林布人”。此后外人称他们为“林布人”，而他们则自称为“Yakthung 人”。这一点也越来越为当代尼泊尔社会接受，最新的证据是，2011 年的全国人口普查中，林布族人只被称为 Limbu，2021 年的人口普查使用了 Yaktung/Limbu 这样并列表达的方式。

参考文献

［美］白保罗　1984　《汉藏语言概论》，乐赛月、罗美珍译，瞿霭堂、吴妙发校，北京：中国社会科学院民族研究所语言室。

［美］包拟古　1995　《原始汉语与汉藏语》，潘悟云、冯蒸译，北京：中华书局。

陈保亚　1996　《论语言接触和语言联盟——汉越（侗台）语源关系的解释》，北京：语文出版社。

陈孝玲　2011　《侗台语核心词研究》，成都：巴蜀书社。

陈　宇　2016　《流亡尼泊尔藏人历史考察及近况分析》，《上海市社会主义学院学报》第 2 期。

丁邦新　2001　《汉藏语同源词研究》，南宁：广西民族出版社。

董莉英　2004　《中国西藏与尼泊尔关系探微》，《西藏民族学院学报》第3期。

方天建　2019　《滇藏缅印交角地区藏缅语族群史国外研究述评》，《云南师范大学学报》第3期。

黄布凡　1992　《藏缅语族语言词汇》，北京：中央民族学院出版社。

黄树先　2012　《比较词义探索》，成都：巴蜀书社。

金理新　2012　《汉藏语系核心词》，北京：民族出版社。

罗自群　2021　《怒苏语的"su^{35}人"和"$tsho\eta^{31}$人"类词语》，《语言研究》第2期。

魏英邦　1978　《尼泊尔、不丹、锡金三国史略》，《青海民族大学学报》第3期。

吴于廑、齐世荣　2011　《世界史·古代史》（上卷），北京：高等教育出版社。

Campbell, A.　1840　Notes on the Limbu and other Hill Tribes hitherto undescribed. *Journal of the Asiatic Society of Bengal* , ix 595 – 615.

Chemjong, Iman Singh　1966　*History and Culture of the Kirat People*. Lalitpur: Kirant Chumlung Central Office.

Chemjong, Iman Singh　2010　*Limbu-Nepali-English Dictionary*. Kathmandu, Royal Nepal Academy.

Das, K.　1896　The Limbu or Kiranti people of eastern Nepal and Sikkim. *Journal of the Buddhist Text Society of India*. pp 31 – 34.

George van Driem　1987　*A Grammar of Limbu*. Mouton de Gruyter New York: Amsterdam.

George van Driem　1990　An Exploration of Proto-Kiranti Verbal Morphology. *Acta Linguistica Afniensia* 22: 27 – 48.

George van Driem　1992　In the quest of Mahakiranti. *Contribution to Nepalese Studies*, Vol. 19. 2: 242 – 247. Kirtipur: CNAS.

George Van Driem　1997　A New Analysis of the Limbu Verb. *Southeast Asian Linguistics No. 14: Tibeto-Burman Languages of the Himalayas*, 157 – 173. *Pacific Linguistic*, A – 86.

George van Driem　1999　The Limbu Verbs Revisited. Topics in *Nepalese Linguistics*, 207 – 230. Kathmandu: Nepal Royal Academy.

George van Driem　2003　Mahakiranti revisited: Mahakiranti or Newarik? Themes in

Himalayan Languages and Linguistics, ed. by Kansakar Tej Ratna and Mark Turin, 21 – 26. Kathmandu: South Asia Institute, Heidelberg and Tribhuvan University Kathmandu.

Govinda Bahadur Tumbahang 2007 *A Descriptive Grammar of Chhatthare Limbu*, Kathmandu, Tribhuvan University.

Graham Thurgood, and Randy J. Lapolla 2003 *The Sino-Tibetan Languages*. Routledge 11 New Fetter Lance, London EC4P 4EE.

Grierson, George 1909 *Linguistic Survey of India*. Vol. 111. Part 1. 408 – 425. Calcutta: Superintendent of Government Printing.

Idingo, Dilli Bikram 2001 *Pragmatic Study of Limbu: A Referential System in Oral Texts*. M. A. Thesis, Tribhuvan University, Kirtipur.

Kainla, Bairagi. ed. 2009 B. S. *Limbu-Nepali-English Dictionary*. Kathmandu: Nepal Royal Academy.

Menghan Zhang, Shi Yan, Wuyun Pan, and Li Jin 2019 Phylogenetic evidence for Sino-Tibetan origin in northern China in the Late Neolithic. *Nature*, 569.

Mikhailovsky, Boyd 1985 Tibeto-Burman Dental Suffixes: Evidence from Limbu (Nepal). In *Linguistics of Sino-Tibetan Area: the State of the Art*, eds, Graham Thurgood and David Bradley, pp. 363 – 375. *Pacific Linguistics Series C*, 87, Canberra: The Australian National University.

Mikhailovsky, Boyd 2002 *Limbu-English Dictionary of the Mewa Khola Dialect*. Mandala Book Point, Kantipath, Kathmandu, Nepal.

Mohan Kumar Tumbahang 2013 *A Linguistic Study of Limbu Mundhum*.

Pokhrel, M. P. 1999a *Middle Voice in Limbu*. Gipan volume1: 2: 143 – 145. Kathmandu: Central Department of Linguistics.

Pokhrel, M. P. 2005 *Chhatthare Limbu Bhasama Sambandha Padako Samrachana* (*Structure of Relativizer in Chhatthare Limbu language*). *Pan* (*Language*), ed. Dilendra Subba, 32 – 33. Kathmandu: Limbu Literature Development Association.

Ramesh Kumar Limbu. *Kirat-Limbu Identity in Socio-cultural and Literary texts* . Kathmandu, Tribhuvan University, 2015.

Senior, H. W. R. 1908 *A Vocabulary of the Limbu Language*. Kathmandu: Ratnapustak Bhandar.

Sprigg, R. K. 1959 *Phonological Formulae for the Verbs in Limbu as a Contribution to the Tibeto-Burman Comparison*. In Memory of J. R. Firth eds. by C. E. Bazell et al., 431 – 453. London: Longmans, Green and Company Ltd.

Subba, P. S., & Subba, B. B. 1980 *Yakthung Huwasi* (*Arthography*). Gantok: Sikkim Government.

Subba, C. 1995 *The Culture and Religion of Limbu*. Kathmandu: K. B. Subba, Hattigounda.

Subba, Begendra. 2005 *Nepali Bhasa ra Limbu Bhasabich Pada Sangatiko Tulanatmak Adhyayan*. M. A. Dissertation in Nepali, R. R. Campus.

Subba, J. R. 1998 *The philosophy and teachings of Yuma Samyo* (*Yumaism*). Gantok: Sikkim Yakthung Mundhum Saploppa.

Subba, J. R. 2004 *Mahatma Sirijunga Singthebe: The Great Social Awakener*. Gantok: Sikkim Yakthung Saplopa.

Subba, D. 2005 *Limbu Barna Ra Barna Bigyan*. (S. Subba, & N. Maden, Eds.) Pan, 1 – 12.

Tumbahang, G. B. 1986 *Noun Phrase Structure in Limbu*. M. A. Thesis, Tribhuvan University, Nepal.

Watters, David E. 2006 Verb Stem Alternations in Kiranti Lanuages. A paper presented at *12th Himalayan Languages Symposium CEDA*, Kirtipur.

Webster, Jeffrey D. 2001 A Sociolinguistic Study of Limbu. *Journal of Nepalese Literature, Art and Culture*. Vol. iv. 51 – 82. Kathmandu: Royal Nepal Academy.

Weidert, A. 1984 *Verb Class Morphology of Limbu: Reconstructability Problems in Evolutionary Morphology*. T. U. Jounal 12. 1: 49 – 72.

Weidert, and B. Subba 1985 *Concise Limbu Grammar and Dictionary*. Amsterdam, Lobster publications.

陈塘夏尔巴话的致使范畴

郈国庆

淮南师范学院文学与传播学院

[摘要] 本文从类型学视角研究陈塘夏尔巴话的致使范畴。从结构类型上，将陈塘夏尔话的致使结构分为词汇型、形态型、普通分析型和特殊分析型四类，并详细考察此四种类型的结构特点、致使动词构造的语法手段以及致使标记的来源。从语义表达上，将陈塘夏尔巴话的致使义划分成直接致使义、协同致使义和间接致使义三种类型，讨论这三种类型的致使义与四种结构类型的映射关系。

[关键词] 藏语方言　夏尔巴话　致使范畴　形态变化

一、引　　言

陈塘夏尔巴话是那哇夏尔巴人（Naawa Sherpa）的语言，属于藏语方言。[①] 那哇夏尔巴人居住在喜马拉雅山南麓的陈塘沟（地理坐标：27°52′03″N，87°24′54″E），人口大约 1 000，分布在中国境内定结县陈塘镇藏嘎村（Gtsangkhad）和那当村（Nadang）以及尼泊尔境内桑库瓦萨巴县

① 陈塘夏尔巴话又称那哇夏尔巴语（Naawa Sherpa）或那巴语（Napa，Naapa），是尼泊尔境内新发现的藏语方言，属于夏尔巴话组（Sherpic），与索卢昆布夏尔巴话并列，国际语言代码为 nao。（Condra 2021：54—63）

（Sankhuwasabha district）北部的基玛塘嘎（Kimathanga）地区。中尼边境那哇夏尔巴人隔朋曲河（Bum Chu）相望。陈塘夏尔巴话与周围洛米话（Lhomi）在语法系统上存在明显区别，但可以相互通话。① 作为新发现藏语方言，陈塘夏尔巴话至今未被调查和研究。

本文拟对陈塘夏尔巴话的致使范畴作专题研究。我们选取藏嘎村为主要调查点，以“沉浸式”调查方法获取语料，详细描写陈塘夏尔巴话的致使范畴。本文语料均来自笔者田野调查。发音合作人：查琼，女，27 岁；玉琼桑姆，女，23 岁。

二、致使范畴说略

致使与非致使相对，又被称为使动（戴庆厦 1981）、致动（杨树达 1920/1955：133）或使役（江蓝生 2000：221），指动词所表达的动作行为不是由动作者主动发出的，而是由外力引发的。语言中表达此类语法意义的语法范畴被称为致使范畴（或使动范畴）。致使范畴是人类语言普遍存在的一个语义范畴，每种语言都有其独特的语法手段表达致使意义，但最常用且最常见的手段是用致使动词构成的动词性短语表达。

由致使动词构成的句法结构称为致使结构。致使结构可以增加动词带论元的数量，即比一般结构多一个表示致使者的论元。Comrie（1989）将致使结构定义为一种双事件嵌套结构，即由 A 和 B 两个微观事件组成一个宏观场景，A 导致了 B 的出现或者 A 使 B 产生，A 事件称为原因事件，是主体部分（matrix），在结构中处在主语位置；B 事件是结果事件，为一个内嵌小句（embedded sentence），内嵌小句的主语即结果的主体（the cause），内嵌小句的谓语即为在原因的作用下出现的动作或状态。比如

① 洛米人及洛米话分布于尼泊尔库瓦萨巴县北部地区，北至 Arun 河谷，东至 Thudam 村，南至 Hedangna 村，西至 Seduwa 地区。中国境内陈塘镇萨列村、修秀玛村、比塘村和沃雪村的夏尔巴人应该也属洛米人，讲洛米语话。（Vesalainen 2016：1—3）

“臣活之”，意思是我（张良）使他（项伯）活了下来，其中“我”是致使者，位于主语位置；“他”是结果的主体，位于宾语位置；而致使动词“活”是谓语，是在原因的作用下出现的动作。

从世界范围看，致使结构根据编码形式的语义透明度大致可分成词汇型（lexical causatives）、形态型（morphological causatives）和分析型（analytic causatives）三种。词汇型致使（lexical causatives）的原因事件和结果事件融合在一个谓语表达式中，结构中的致使动词与相对应的非致使动词没有任何形式上的联系，即致使动词不是通过非致使动词的形态变化或添加致使标记产生的，而是通过不同的词汇表示。形态型致使（morphological causatives）的原因事件与结果事件也融合在一个谓语表达式中，与词汇型致使有相似之处，但其致使动词跟非致使动词在形式上有明显的联系。分析型致使（analytic causatives）的原因事件和结果事件各自独立。从句子结构上看，分析型致使结构的谓语包含两个动词，每个动词分别陈述一个事件。词汇型和分析型分别位于语义透明度连续统的两端，而形态型则位于两者之间。金立鑫、陆丙甫（2015：166）认为上述三种编码类型跟原因和结果两个事件之间的语义距离密切相关，距离越近越倾向于采用词汇型致使结构，距离越远则越倾向于使用分析型致使结构。

根据 Shibatani、Pardeshi（2001：100）等人的研究，根据致使者对被致使者的控制力度的不同，致使结构所表示的致使义大致可以分成以下三类：直接致使义、协同致使义和间接致使义。语言类型学的研究表明，此三种致使义的语义表达呈梯级分布状，即致使者和被致使者的紧密度依次降低，紧密度最高的是直接致使，紧密度最低的是间接致使，而协同致使则处于中间位置。此外，部分学者认为上述三种致使语义类型与致使形式的能产性有关，能产性越低越是直接致使，能产性越高越是间接致使。

三、陈塘夏尔巴话致使结构的类型及嵌套

陈塘夏尔巴话的分析性比较强，致使范畴的结构主要以分析手段为

主。但是，也有部分动词通过形态变化表达致使义，这部分动词大多数源自古藏语 s-、ɴ-、g-、d-、b-等致使前缀的转化。① 除此之外，还有少部分动词通过不同的词汇表达致使义。参考类型学的分类以及陈塘夏尔巴话的自身特点，我们将陈塘夏尔巴话致使范畴的结构划分为四种类型：词汇型致使、形态型致使、普通分析型致使和特殊分析型致使。后两种同属于分析型致使，是我们按照结构差异和致使标记的不同进一步划分出的小类。

（一）词汇型

世界上绝大多数语言都有一些词汇型致使（Payne 2021：163），比如汉语中与非致使动词“死”相对应的致使动词是“杀”，与非致使动词“吃”对应的致使动词是“喂”。

传统藏语语法研究中并不关注词汇型致使，像 shi“死”和 bsad“杀”这样的词被当作自主动词与非自主动词的对立。陈塘夏尔巴话中的词汇型致使非常有限，举例如表 1：

表 1　词汇型致使动词例词表

非致使动词	汉　义	致使动词	汉　义
ɕi^{51}-ɕi^{51}-ɕi^{51}	死	søʔ^{53}-seʔ^{53}-søʔ^{53}	杀
sa^{31}-se^{31}-so^{31}	吃	tɕaɹ^{51}-pin^{31}-[illegible]^{51}	喂
paɹ^{31}-paɹ^{31}	燃	he^{51}-he^{51}-he^{51}	烧

（1a）jak^{53}-ko^{31}　daŋ^{31} ko$^{31-33}$mu^{31} ɹi^{31}-ni^{0}　tsʰa^{51}-ni^{0}　ɕi^{51}-niʔ^{53}.
　　牦牛-DEF② 昨天 晚上　山-ABL　掉.PRF-CONV　死.PRF-INFR

① 古藏语中的 g-、d-、b-前缀是否是致使动词前缀存在争议，尚需进一步论证。（江荻 2021：231）

② 本文所用的标注符号：ABL = ablative，离格；ALL = allative，向格；CAUS = causative verb，致使动词；CONV = Converb’s marker，副动词标记；（转下页）

那头牦牛昨天晚上从山上掉下来摔死了。

（1b）o^{31}pi^{0} mi^{51}-tɕik^{53} seʔ^{53}-niʔ^{53}.

3SG. ERG 人-IND 杀.PRF-INFR

他/她杀了个人。

（2a）p^{h}i$^{31-33}$tsa^{51}-sø^{51} k^{h}i$^{31-33}$tɕ^{h}i$^{31-33}$ɹi^{31} se^{31}-pen^{31} siʔ^{23}.

孩子-PL.ERG 泡泡糖 吃.PRF-REA.EGO 说.IPF.DIR

孩子说吃了泡泡糖。

（2b）ma$^{51-55}$ma^{31} tɕ^{h}a$^{31-33}$tsaŋ^{51}-la^{0} tɕ^{h}a^{31}-la^{0} teɹ^{51}-kiʔ^{53}.

妈妈 鸡窝-ALL 鸡-DAT 喂.IPF-IPF.DIR

妈妈正在鸡棚里喂鸡。

（3a）me^{31} paɹ^{31}-suŋ^{51}.

火 燃.PRF-DIR

火着了。

（3b）ki^{51}-ki^{0} paʔ$^{53-55}$po^{31} he^{51} naŋ^{51}-ŋa^{0}-tiʔ^{23}-aŋ^{51}.

狗-GEN 皮 烧.PRF 自主-REA-FAC-MIR

把狗皮烧了。

（二）形态型

陈塘夏尔巴话作为从古藏语演变而来的一种藏语方言，继承了古藏语形

（接上页）DAT = dative，与格；DEF = definitive，定指；DEM = demonstrative，指示词；DIR = direct evidence，亲知；EGO = egophoric，向心；ERG = ergative，作格；EXC = exclusive，排除式；FAC = factual，陈实；DIS = Distal demonstrative，远指；GEN = genitive，从属格；IMP = imperative，命令式；INC = inclusive，包括式；INCH = inchoative aspect，起始体；IND = indefinitive，不定指；INFR = inference，拟测；IPF = imperfective aspect，非完整体；LOC = locative，处所格；MED = Medial demonstrative，中指；MIR = mirative，新异；MP = Mood particles，语气词；PRX = Proximal demonstrative，近指；NEG = negative，否定词；NOM = nominization，名物化；OBJ = objective，对象格；PL = plural，复数；POS = possessive，领有格；PRF = perfective aspect，完整体；REA = realis，实现体；SCI = speaker central imperative marker，以说话人为中心的命令标记；SG = singular，单数；TER = terminative，终止格。

态型致使的部分特征，但由于语音演变的缘故，表达手段发生了较大的变化。

古藏语的复辅音声母在陈塘夏尔巴话中已经简化为单辅音，因此古藏语的致使前缀在陈塘夏尔巴话中已经全部脱落，取而代之的是以声母送气与否、声调高低来区别致使动词与非致使动词。

1. 送气与否

在上述三种手段中，以送气与否区别致使动词与非致使动词最为普遍。非致使动词以送气辅音为声母，致使动词以不送气辅音为声母。按照调类（高调类或低调类）不同，其来源大致可一分为二。

声调为低调类的，其非致使动词古藏语声母是不带前置辅音的浊塞音或塞擦音，而与之相对应的致使动词古藏语声母是带前置辅音的不送气浊塞音或塞擦音。无前置辅音的浊塞音或塞擦音清化后送气，而有前置辅音的浊塞音清化后不送气。因此，原本古藏语由前缀表达的致使与非致使意义，便以送气与否为代偿，详表 2：

表 2　送气与否低调类致使动词例词

非致使动词	汉　义	致使动词	汉　义
$k^{h}øn^{31}$	穿	$køn^{31}$	使穿，给穿
$p^{h}ap^{23}$	下降	pap^{23}	使下降
$tʂ^{h}up^{23}$	完成	$tʂup^{23}$	使完成
$k^{h}o^{31}$	感染.IPF	ko^{31}	传染（使感染）.IPF
$k^{h}ø^{31}$	感染. PRF	$kø^{31}$	传染（使感染）. PRF
$p^{h}ø^{31}$	洒	$pø^{31}$	泼（使洒）

例句如下：

（4a）$ŋe^{31}$　$p^{h}ok^{53-55}po^{51}$　$kaɹ^{51-55}pu^{51}$-ko^{31}　$k^{h}øn^{31}$-pen^{31}.

1SG.ERG　棉袄　白色- DEF　穿.PRF-REA.EGO

我穿了那件白色的棉袄。

（4b）ŋe^{31} ma$^{51-55}$mi^{51} ŋa^{31}-la^{0} k^{h}o$^{31-33}$lak^{23}

1SG.GEN 妈妈. ERG 1SG-DAT 衣服

køn^{31}-tɕuŋ^{31}.

穿.CAUS.PRF-EGO

我的妈妈给我穿了衣服。

（5a）tɕa$^{31-33}$taɹ^{31} p^{h}ap^{23}-suŋ^{51}.

国旗 下降.PRF-DIR

国旗降下来了。

（5b）ŋe^{31} tɕa$^{31-33}$taɹ^{31} pap^{23}-ni^{0} taŋ^{51}-ŋen^{31}.

1SG.ERG 国旗 下降.CAUS.PRF-CONV 放.PRF-REA.EGO

我降下了国旗。

（6a）taŋ^{31}-ki^{0} t^{h}øn$^{31-33}$ta^{31} taŋ^{31} tʂ^{h}up^{23}-pen^{31}.

昨天-GEN 事情 昨天 完成.PRF-REA.EGO

昨天的事情昨天完成了。

（6b）ŋe^{31} o^{31}i^{0}-la^{0} i$^{31-33}$ki^{31} tʂup^{23}-pen^{31}.

1SG.ERG 3SG-OBJ 作业 完成.CAUS.PRF-REA.EGO

我让他/她完成了他/她的作业。

（7a）ŋa^{31}-la^{0} tɕ^{h}am$^{51-55}$pa^{0} k^{h}ø^{31}-tɕuŋ^{31}.

1SG-POS 感冒 感染.PRF-EGO

我感染了感冒。

（7b）ɹo^{31}-ki^{0} ŋa^{31}-la^{0} tɕ^{h}aŋ$^{51-55}$pa^{0} kø^{31}-tɕuŋ^{31}.

3SG-ERG 1SG-DAT 感冒 传染.CAUS.PRF-EGO

他/她把感冒传染给了我。

声调是高调类的，其非致使动词古藏语声母多为清送气的塞音或塞擦音，而致使动词的古藏语声干由于受前置辅音的影响，变为清不送气的塞音或塞擦音。陈塘夏尔巴话前置辅音脱落后，便形成了送气与不送气的对立，如表 3：

表 3　送气与否高调类的致使动词例词

非致使动词	汉　义	致使动词	汉　义
tɕ^{h}o^{51}	歪	tɕo^{51}	使歪
ts^{h}ø^{51}	熟	tsø^{51}	使熟
t^{h}øn^{51}	出现	tøn^{51}	使出现，取
tɕ^{h}ak^{53}	碎. PRF	tɕak^{53}	使碎. PRF
tɕ^{h}ok^{53}	碎.IPF	tɕok^{53}	使碎.IPF
tɕ^{h}eʔ^{53}	断. PRF	tɕe^{53}	使断. PRF
tɕ^{h}øʔ^{53}	断.IPF	tɕøʔ^{53}	使断.IPF
p^{h}e^{51}	开	pe^{51}	使开
k^{h}uɹ^{51}	拿，背	kuɹ^{51}	寄（使拿给）
k^{h}ø^{51}	沸腾	kø^{51}	煮（使沸腾）
k^{h}oɹ^{51}	旋转	koɹ^{51}	使转

例句如下：

（8a）paɹ^{51}　o^{31}-ko^{31}　tɕ^{h}o^{51}-suŋ^{51}.
照片　DEM.MED-DEF　歪.PRF-DIR
那个照片歪了。

（8b）ŋe^{31}　paɹ^{51}　o^{31}-ko^{31}　tɕo^{51}-pen^{51}.
1SG.ERG　照片　DEM.MED-DEF　歪.CAUS.PRF-REA.EGO
照片被我弄歪了。

（9a）ɹi$^{31-33}$ki^{31}　ma^{0}　ts^{h}ø^{51}-peʔ^{51}.
土豆　NEG　熟.PRF-INCH.DIR
土豆还没熟。

（9b）ŋe^{31} ɹi$^{31-33}$ki^{31} tsø^{51}-pen^{31}.

1SG.ERG 土豆 煮.CAUS.PRF-REA.EGO

我煮了土豆。

（10a）køn$^{31-33}$pu^{51} tɕok$^{23-33}$-sɿ^{51} t^{h}øn^{51}-peʔ^{53}

冬天 快-ADJS 出现.IPF-INCH.DIR

马上快到冬天了。

（10b）ɹaŋ^{31}-ki^{0} ŋa^{31}-la^{0} ŋu$^{51-55}$kaŋ^{51}-ni^{0} pen$^{51-55}$ɕa^{51}

2SG-GEN 1SG-DAT 银行-ABL 钱

e$^{51-55}$tse$^{51-55}$tɕik^{53} tøn^{51}-ɹo^{31} tɕ^{h}i^{31}-a^{0}.

一点 取.IPF-NOM 做.IMP-MP

你帮我从银行里取一点钱出来吧。

（11a）num^{51} luk^{53}-tøn^{51}pi^{0} pok$^{23-33}$ta^{31} tɕ^{h}ak^{53}-suŋ^{51}niʔ^{53}.

油 盛.PRF-NOM.GEN 玻璃瓶 碎.IPF-INFR.MIR

盛油的玻璃瓶碎了。

（11b）ŋe^{31} me$^{31-33}$luŋ^{31}-ko^{31} tɕak^{53}-pen^{31}.

1SG.ERG 镜子-DEF 碎.CAUS-REA.EGO

我把那个镜子打碎了。

（12a）t^{h}ak$^{53-55}$pa^{0} o^{31}-ko^{31} tɕ^{h}eʔ^{53}-suŋ^{51}.

绳子 DEM.MED-DEF 断.PRF-DIR

那个绳子断了。

（12b）ŋe^{31} to$^{51-55}$laŋ^{51}-ko^{31} tɕeʔ^{53}-pen^{31}.

1G.ERG 棍子-DEF 断.CAUS.PRF-REA.EGO

我把那根棍子弄断了。

（13a）o^{31}i^{0} ki$^{51-55}$tʂuk^{53}-kø^{31} mik^{53} mi^{0} p^{h}e^{51}-ki^{0}-neʔ^{53}.

DEM.MED 小狗-DEF.GEN 眼睛 NEG 开.IPF-IPF-FAC

那个小狗的眼睛睁不开了。

（13b）ɹaŋ^{31}-ki^{0} ŋa^{31}-la^{0} ko$^{31-33}$tsɿ^{51} pe^{51}-le^{31}-a^{0}.

2SG-GEM 1SG-DAT 门 开.CAUS.IMP-SCI-MP

你给我开门啊。

（14a）ŋa^{31} ha$^{31-33}$ɹiŋ^{31} ɹi^{31} k^{h}e^{51}-la^{0} çin^{51} k^{h}uɹ^{51}-tu^{0} tʂo^{31}

1SG 今天 山 上-ALL 木柴 背.IPF-CONV 去.IPF

ko^{31}-ki^{0}la^{0} tsom^{31}-tu^{0} tʂo^{31} mi^{0} ts^{h}u^{51}-peʔ^{53}.

要.IPF-CONV 聚会.IPF-CONV 去.IPF NEG 能.IPF-INCH.DIR

因为我今天要去山上背柴，所以不能去聚会了。

（14b）ŋe^{31} ɹaŋ^{31}-la^{0} k^{h}a$^{51-55}$pa^{0} nin$^{51-55}$pa^{0}-tçik^{53}

1SG.ERG 2SG-DAT 电话 旧的-IND

kuɹ^{51}-ɹen^{31}.

寄.PRF-REA.EGO

我寄了个旧手机给你。

（15a）hu$^{51-55}$hy^{51} naŋ^{31}-ki^{0} tç^{h}u$^{51-55}$ko^{51} k^{h}ø^{51}-suŋ^{51}.

烧水壶.GEN 里面-GEN 开水 沸腾.PRF-DIR

烧水壶里的水开了。

（15b）ɹaŋ^{31} tç^{h}u$^{51-55}$ko^{51} kø^{51}-tu^{0} tçuk^{23}-a^{0}.

2SG 开水 沸腾.CAUS.IPF-CONV 去.IMP-MP

你去烧开水啊。

（16a）kaŋ$^{51-55}$ka$^{31-33}$tʂʅ^{31}-ki^{0} k^{h}o$^{51-55}$lo^{31} mi^{0} k^{h}oɹ^{51}-ɹeʔ^{53}.

自行车-GEN 轮子 NEG 旋转.IPF-INCH.DIR

自行车的轮子不转了。

（16b）p^{h}i$^{31-33}$tsa^{51} ha^{51}i^{0} k^{h}o$^{51-55}$lo^{31} koɹ^{51}-suŋ^{51}.

孩子 DEM.DIS.ERG 轮子 转.CAUS.PRF-DIR

那个孩子让轮子转起来了。

2. 声调高低

陈塘夏尔巴话中，一部分致使动词与非致使动词单纯以声调高低相互区别。一般情况下，低调的是非致使动词，高调的是致使动词。调查显示，单纯用声调区别致使动词与非致使动词在夏尔巴话中不是非常普遍，我们搜集到的例词很少。根据其语音与古藏语是否有整齐地对应关系，可将这部分例词分为两类。

第一类，其语音与古藏语有整齐的对应关系。这部分动词中的致使动词在古藏语中是以流音为声干的复辅音声母，而非致使动词则是以流音为声母的单辅音声母。在今陈塘夏尔巴话中，古藏语以流音为单辅音声母的词读低调，而以流音为声干的复辅音声母今大多读高调。因此，这部分动词的古藏语致使前缀脱落后，便以声调高低相互区别，如表 4：

表 4　与古藏语有对应关系的致使动词例词

非致使动词	汉　义	致使动词	汉　义
lok^{23}	回	lok^{53}	使回
$luŋ^{31}$	起.IPF	$luŋ^{51}$	使起.IPF
$laŋ^{31}$	起.PRF	$laŋ^{51}$	使起.PRF
ip^{23}	藏	ip^{53}	使藏

例句如下：

（17a）ɹo^{31}　lop$^{53-55}$tʂa^{51}-la^{0}　lok^{23}-ni^{0}　suŋ^{51}.
3SG　学校-ALL　回.PRF-CONV　去.PRF.DIR
他/她回学校去了。

（17b）ŋe^{31}　ɹo^{31}　lop$^{53-55}$tʂa^{53}-la^{0}　lok^{53}-pen^{31}.
1SG.ERG　3SG　学校-ALL　回.CAUS.PRF-REA.EGO
我让他回学校去了。

（18a）ɹɿ$^{31-33}$kuŋ^{31}　tsa^{51}-ɹu^{0}　ip^{23}-suŋ^{51}.
兔子　草-TER　藏.PRF-DIR
兔子藏到了草里。

（18b） ŋe^{31}　pen$^{51-55}$ɕa^{51}　o^{31}-pa^{0}　na$^{31-33}$tʂʅ^{31}-ki^{0}

1SG.ERG　钱　DEM.MED-PL　床-GEN

hok^{23}-na^{0}　ip^{53}-pen^{33}.

下面-LOC　藏.CAUS.PRF-REA.EGO

我把那些钱藏在了床的下面。

第二类，其语音或与古藏语无明显的对应关系。这部分动词都是以擦音或不送气塞擦音为声母，如表5：

表5　与古藏语无对应关系的致使动词例词

非致使动词	汉　义	致使动词	汉　义
ɕik^{23}	开	ɕik^{53}	解（使开）
tʂi^{31}	倒	tʂi^{51}	使倒
ɕa^{31}	裂开	ɕa^{51}	劈（使裂开）

例句如下：

（19a） tsuʔ$^{23-55}$tʂo^{31}　ɕik^{23}-suŋ^{51}niʔ^{53}.

鞋带　开.PRF-INFR.MIR

鞋带开了。

（19b） ŋe^{31}　tsuʔ$^{23-33}$tʂo^{31}　ɕik^{53}-pen^{31}.

1SG.ERG　鞋带　解.CAUS.IPF-REA.EGO

我解开了。

（20a） a$^{31-33}$liŋ^{31}　tʂi^{31}-suŋ^{51}niʔ^{53}.

玉米　倒.PRF-INFR.MIR

玉米倒了。

（20b） ɹo^{31}-ki^{0}　ŋa^{31}-la^{0}　tʂi^{51}-tɕuŋ^{31}-ŋo^{0}.

3SG-ERG　1SG-OBJ　推倒.CAUS.PRF-EGO-MIR

他/她把我推倒了。

（21a） ɹaŋ^{31}-ki^{0} to$^{51-55}$tuŋ^{51} ɕa^{31}-suŋ^{51}niʔ^{53}.

2SG-ERG 上衣 裂开.PRF-INFR.MIR

你的上衣裂开了。

（21b） a$^{51-55}$ɕaŋ^{31}-ki^{0} ɕin^{51} i^{31}-pa^{0} tʂip^{53}

舅舅-ERG 木柴 DEM.PRX-PL 全部

ɕa^{51} ts^{h}aɹ^{51}-niʔ^{53}.

劈.CAUS.PRF 完成-INFR

舅舅把这些柴劈完了。

3. 两者兼用

陈塘夏尔巴话中极少部分致使动词与非致使动词不仅以声母送气与否相互区别，而且声调也呈高低对立状态。这部分动词，除了 k^{h}ok^{23} “凋落”与 kok^{53} “摘”与古藏语 gog “掉落”和 bkok “摘”有整齐的对应关系外，其他动词与古藏语的致使与非致使形式无法对应，比如，k^{h}eŋ^{31} “满”和 keŋ^{51} “使满”与古藏语 khengs “满”和 vgengs “使满”就无法对应。这部分动词如表 6 所示：

表 6 两者兼用的致使动词例词

非 致 使	汉 义	致 使	汉 义
p^{h}iʔ^{23}	脱落	piʔ^{53}	脱（使脱落）
k^{h}e^{31}	裂开	ke^{51}	使裂开
k^{h}ok^{23}	凋落	kok^{53}	摘（使凋落）
k^{h}eŋ^{31}	满	keŋ^{51}	使满
k^{h}uk^{23}	弯	kuk^{53}	弄弯（使弯）

例句如下：

（22a）o^{31}i^{0} p^{h}i$^{31-33}$tsa^{51}-kø^{31} ke$^{51-55}$nam^{51} p^{h}iʔ^{23}-suŋ^{51}.

DEM.MED 孩子-DEF.GEN 裤子 脱落.PRF-DIR

那个孩子的裤子掉了。

（22b）o^{31}i^{0} ke$^{51-55}$nam^{51} piʔ^{53}-suŋ^{51}.

3SG.ERG 裤子 脱.CAUS.PRF-DIR

他/她脱了裤子。

（23a）çin^{51} lep$^{23-33}$lep$^{23-33}$ma^{31}-ko^{31} k^{h}e^{31}-suŋ^{51}-ŋo^{0}.

木 扁-DEF 裂开.PRF-DIR-MIR

那个木板裂了。

（23b）ŋe^{31} çin^{51} lep$^{23-33}$lep$^{23-33}$ma^{31}-ko^{31}

1SG.ERG 木 扁-DEF

ke^{51}-pen^{31}-no^{0}.

裂开.CAUS.PRF-REA.EGO-MIR

我把那个木板弄裂了。

（24a）tʂa$^{51-55}$tçuŋ$^{51-55}$mi^{51} o^{31}-pa^{0} k^{h}ok^{23}-niʔ^{53}-o^{0}.

野菊花 DEM.MED-PL 凋落.PRF-INFR-MIR

那些野菊花凋落了。

（24b）ŋe^{31} ka$^{51-55}$ɹi$^{31-33}$la^{31} ha^{51}-pa^{0} kok^{53}-pa^{0}-teʔ^{23}.

1SG.ERG 佛手瓜 DEM.DIS 摘.CAUS.PRF-REA-FAC

是我摘了那些佛手瓜。

（25a）saŋ$^{51-55}$çu^{51}-la^{0} tç^{h}u^{51} k^{h}eŋ^{31}-suŋ^{51}-ŋo^{0}.

水桶-ALL 水 满.PRF-DIR-MIR

水桶里水满了。

（25b）ŋe^{31} tç^{h}a$^{31-33}$tam^{31}-ki^{0} naŋ^{31}-na^{0}

1SG.ERG 暖水瓶-GEN 里面-LOC

tçu$^{51-55}$ko^{51} keŋ^{51}-ŋen^{31}.

开水 装满.PRF-REA.EGO

我把暖水瓶里面装满了水。

（26a）ɕin^{51}-ki^{0} to$^{51-55}$laŋ^{51} o^{31}i^{0} k^{h}uk^{23}-niʔ^{53}-o^{0}.

木-GEN 棍子 DEM.MED 弯.PRF-INFR-MIR

那根木棍弯了。

（26b）ŋe^{51} ɕin^{51}-ki^{0} to$^{51-55}$laŋ^{51} o^{31}i^{0}

1SG.ERG 木-GEN 棍子 DEM.MED

kuk^{53}-pen^{31}.

弯.CAUS.PRF-REA.EGO

我掰弯了那根木棍。

需要指出的是，陈塘夏尔巴话也存在一部分词在古藏语时期是形态型致使，但发展至今变成了词汇型致使，比如 nye“近”和 snye“靠（使近）”在陈塘夏尔巴话中变成了 ni^{31}“近”和 ŋe^{51}“靠（使近）”，并且 ni^{31}“近”只能作形容词不能作动词，例句如：

（27）i^{31}-ni^{0} ɬa$^{51-55}$sa^{51}-la^{0} p^{h}in^{51}-na^{0}

DEM.MED-ABL 拉萨-ALL 去.PRF-CONV

t^{h}ak^{53} ni$^{31-33}$-sɿ^{51} jøʔ^{23}-ki^{0}-neʔ^{53}.

距离 近-ADJS 有.IPF-IPF-FAC

从这里去拉萨的话，路很近。

（28）o^{31}i^{0} ko$^{31-33}$tsɿ^{31}-la^{0} ŋe^{51}-ni^{0} tøʔ^{23}-kiʔ^{53}.

3SG 门-ALL 靠.PRF-CONV 坐.IPF-IPF.DIR

他/她一直靠着门。

（三）普通分析型

陈塘夏尔巴话的普通分析型致使通过在动词后添加致使标记表达。致使标记是陈塘夏尔巴话中专门表达致使意义的动词。普通分析型致使结构可以抽象出如下结构公式：“MS-ES-EV-tu^{0}/tɕe^{31}-CAU”，即“致使者-被致使者-结果动词-连接成分-致使标记”。陈塘夏尔巴话可表达致使义的动词有三个，分别是 tsyʔ^{53}-tsyʔ^{53}-tsyʔ^{53}、so^{31}-sø^{31}-sø^{31}和 tuŋ^{51}-taŋ^{51}-tuŋ^{51}。致使标记（即表原因事件的动词）与内嵌小句的谓语（即表达结果事件的动词或形容词）之间通常需要其他成分连接，一般是副动词标记 tu^{0}或非完整体名物化助词 tɕe^{31}。

1. 致使标记 tsyʔ^{53}

致使标记 tsyʔ^{53}（两体一式：tsyʔ^{53}-tsyʔ^{53}-tsyʔ^{53}）是三个致使标记中最常用并且使用范围最广的一个。tsyʔ^{53}在陈塘夏尔巴话中已经完全虚化，不能作实义动词，只能用作专门表示致使意义的动词。该致使标记的语法化源头尚不知，但可以肯定的是其与藏语卫藏方言广泛使用的致使标记 vjug 没有同源关系，而与洛米藏语的致使标记 tsɤt（Vesalainen 2016：277）有相似的语音形式。

致使标记 tsyʔ^{53}与内嵌小句的谓语之间需要使用语法化自古藏语 la 类词的 tu^{0}连接，构成“V.$_{IPF}$-tu^{0}tsyʔ^{53}”的结构。因为 tu^{0}是副动词标记，因此该内嵌小句是副动词结构，在整个句子中作结果状语。陈塘夏尔巴话中能进入此结构的谓语可以是动词或形容词，例如：

内嵌小句谓语是动词的例句如下：

（29）ɹo^{31}-ki^{0}　ŋa^{31}　tɕi$^{51-55}$ni^{51}　no^{31}-tu^{0}　tsyʔ^{53}-tcuŋ^{31}.
3SG-ERG　1SG　白砂糖　买.IPF-CONV　CAUS.PRF-EGO
他/她让我买白砂糖。

（30）ma$^{51-55}$mi^{31}　ŋa^{31}　ko$^{31-33}$t^{h}om^{51}-tu^{0}　tsyʔ^{53}-tɕuŋ^{31}.
妈妈.ERG　1SG　糊涂.IPF-CONV　CAUS.PRF-EGO
妈妈把我弄糊涂了。

（31）ɹo^{31}-ki^{0}　ŋa^{31}　ma^{31}　tɕ^{h}uŋ^{51}-tu^{0}　tsyʔ^{53}-tɕuŋ^{31}.
3SG-ERG　1SG　下　跳.IPF-CONV　CAUS.PRF-EGO
他/她让我跳下去。

（32）ŋe^{31}　tʂup$^{23-33}$saŋ^{51}　ŋu^{31}-tu^{0}　tsyʔ^{53}-pen^{31}.
1SG.ERG　珠桑　哭.IPF-CONV　CAUS.PRF-REA.EGO
我把珠桑弄哭了。

内嵌小句谓语是形容词的例句如下：

（33）ɹo^{31}-ki^{0} tsik$^{53-55}$pa^{0} t^{h}o^{51}-tu^{0} tsyʔ^{53}-suŋ^{51}.
3SG-ERG 墙 高.IPF-CONV CAUS.PRF-DIR
他/她把墙加高了。

（34）ɹiŋ^{31}-tu^{0} tsyʔ^{53}-pen^{31}.
长.IPF-CONV CAUS.PRF-REA.EGO
加长了。

（35）kaː^{51} o^{31}i^{0} puŋ^{31}-tu^{0} tsyʔ^{53}-suŋ^{51}.
柱子 DEM.MED 粗.IPF-CONV CAUS.PRF-DIR
那根柱子加粗了。

（36）t^{h}uk$^{53-55}$pa^{0} tʂ^{h}aŋ^{31}-tu^{0} ma^{0} tsyʔ^{53}.
面条 凉.IPF-CONV NEG CAUS.IMP
别把面条弄凉了。

2. 致使标记 sø^{31}

致使标记 sø^{31}（两体一式：so^{31}-sø^{31}-sø^{31}）语法化自实义动词 sø^{31}“做、制造”。藏语拉萨话也存在此致使标记，只用于不自主动词和形容词之后。（周季文、谢后芳 2003：167—168）相比之下，致使标记 sø^{31} 在陈塘夏尔语中的功能范围比较大，可用于全部动词和形容词之后。

致使标记 sø^{31} 后的连接成分依据内嵌小句谓语性质的不同而变化，谓语为动词时，连接成分为非完整体名物化助词 tɕe^{31}，谓语为形容词时，连接成分是副动词标记 tu^{0}。产生这种变化的原因目前尚不清楚。

依据连接成分的性质，我们可以得知当内嵌小句谓语为动词时，内嵌小句为名词性从句，其在整个句子中作结果宾语；而当内嵌小句谓语为形容词时，内嵌小句为状语从句，其在整个句子中作结果状语，如：

内嵌小句谓语为动词的例句：

（37）a$^{51-55}$tɕi^{51}-ki^{0} ŋa^{31} tɕom^{51}-tɕe^{31} sø^{31}-tɕuŋ^{31}.
姐姐-ERG 1SG 做.IPF-NOM CAUS.PRF-EGO

姐姐让我做饭。

(38) ŋe^{31} p^{h}i$^{31-33}$tsa^{51} o^{31}-pa^{0} ten$^{51-55}$ʂʅ^{51} ta^{51}-tɕe^{31}

1SG 孩子 DEM.MED-PL 电视 看.IPF-NOM

sø^{31}-pen^{31}.

CAUS.PRF-EGO

我让那些孩子看电视了。

(39) a$^{51-55}$tɕø^{31} ŋa^{31} ŋa$^{51-55}$ɕu^{51} p^{h}a$^{31-55}$ɕo^{51} so^{31}-tɕe^{31}

哥哥.ERG 1SG 明天 饼子 做.IPF-NOM

sø^{31}-tɕuŋ^{31}.

CAUS.PRF-EGO

哥哥让我明天做饼子。

(40) ŋe^{31} ɹo^{31} k^{h}a$^{51-55}$ta^{51} p^{h}y^{51}-tɕe^{31} sø^{31}-pen^{31}.

1SG 3SG 哈达 献.IPF-NOM CAUS.PRF-REA.EGO

我让他/她献哈达了。

内嵌小句谓语为形容词的例句:

(41) ŋe^{31} paɹ^{51} o^{31}-ko^{31} tɕ^{h}e^{51}-tu^{0}

1SG.ERG 照片 DEM.MED-DEF 大.IPF-CONV

sø^{31}-pen^{31}.

CAUS.PRF-REA.EGO

我把照片弄大了。

(42) ŋe^{31} tʂe$^{31-33}$tuk^{23} la^{51}-tu^{0} sø^{31}-pen^{31}.

1SG.ERG 米粥 稀.IPF-CONV CAUS.PRF-REA.EGO

我把米粥弄稀了。

(43) tʂa$^{51-55}$ɕi^{51}-ki^{0} man$^{31-33}$tuk^{23} tsaŋ^{51}-tu^{0} sø^{31}-niʔ^{53}.

扎西-ERG 被子 干净.IPF-CONV CAUS.PRF-INFR

扎西把被子弄干净了。

（44）ŋe^{31} tʰak$^{53-55}$pa^{0} i^{31} tuŋ^{51}-tu^{0}
1SG.ERG 绳子 DEM.PRX 短.IPF-CONV
sø^{31}-pen^{31}.
CAUS.PRF-REA.EGO
我把绳子弄短了。

3. 致使标记 taŋ^{51}

致使标记 taŋ^{51}（两体一式：tuŋ^{51}-taŋ^{51}-tuŋ^{51}）语法化自动词标记 taŋ^{51}“外向动作标记”，语义跟致使标记 sø^{31} 与形容词搭配时相同，相当于汉语的“弄”。但是，taŋ^{51} 作致使标记时，其内嵌小句的谓语必须且只能是形容词，例如上文致使标记 sø^{31} 内嵌小句谓语为形容词的四句例句，可用 taŋ^{51} 替换掉 sø^{31}，如：

（45）ŋe^{31} paɹ^{51} o^{31}-ko^{31} tɕʰe^{51}-tu^{0}
1SG.ERG 照片 DEM.MED-DEF 大.IPF-CONV
taŋ^{51}-ŋen^{31}.
CAUS.PRF-REA.EGO
我把照片弄大了。

（46）ŋe^{31} tʂe$^{31-33}$tuk^{23} la^{51}-tu^{0} taŋ^{51}-ŋen^{31}.
1SG.ERG 米粥 稀.IPF-CONV CAUS.PRF-REA.EGO
我把米粥弄稀了。

（47）tʂa$^{51-55}$ɕi^{51}-ki^{0} man$^{31-33}$tuk^{23} tsaŋ^{51}-tu^{0} taŋ^{51}-niʔ^{53}.
扎西-ERG 被子 干净.IPF-CONV CAUS.PRF-INFR
扎西把被子弄干净了。

（48）ŋe^{31} tʰak$^{53-55}$pa^{0} i^{31} tuŋ^{51}-tu^{0}
1SG.ERG 绳子 DEM.PRX 短.IPF-CONV
taŋ^{51}-ŋen^{31}.
CAUS.PRF-REA.EGO
我把绳子弄短了。

（四）特殊分析型

除了上述几种类型的致使结构外，陈塘夏尔巴话还存在一种独具特色的致使结构。若按照上述类型划分，这种致使结构归根结蒂应该属于分析型致使，因为结构中的原因事件和结果事件与分析型致使一样，都有各自的谓语表达式。

特殊分析型致使结构由混合引语结构发展而来，与前文的分析型致使结构相比特殊在以下几点：1）被致使者必须使用与格助词 la^{0}标记，2）内嵌的小句是命令句或禁止句，即其谓语动词为命令式或非完整体形式，3）内嵌小句谓语动词与致使标记之间无任何连接成分，4）致使标记全部由言说义动词语法化而来，如 tɕ^{h}i^{51}（两体一式：tɕ^{h}i^{51}-tɕ^{h}i^{51}-tɕ^{h}i^{51}）和 siɹ^{31}（两体一式：siɹ^{31}-siɹ^{31}-siɹ^{31}），5）能进入此致使结构的动词全部是自主动词，形容词不能进入该致使结构。请看下列例句：

（49）ŋe^{31} a$^{51-55}$tɕo^{31}-la^{0} p^{h}a^{31} tuŋ^{51}-le^{31} tɕ^{h}i^{51}-pen^{31}.
1SG.ERG 哥哥-DAT 牛 放.IMP-SCI CAUS.PRF-REA.EGO
我叫哥哥放牛了。

（50）ma$^{51-55}$mi^{51} ŋa^{31}-la^{0} a$^{51-55}$ɕaŋ^{31} tsa^{51}-la^{0} tɕuk^{23}
妈妈.ERG 1SG-DAT 舅舅 附近-ALL 去.IMP
siʔ^{23}
CAUS.IPF.DIR
妈妈叫我去舅舅那里。

（51）ma$^{51-55}$mi^{51} ŋa^{31}-la^{0} p^{h}ok$^{53-55}$pa^{53} ma^{0} tʂy^{51} siʔ^{23}
妈妈.ERG 1SG-DAT 碗 NEG 洗.IPF CAUS.IPF.DIR
妈妈叫我别洗碗。

（52）la$^{51-55}$mi^{51} ŋa^{31}-la^{0} ɬa$^{51-55}$sa^{51}-la^{0} ma^{0} tʂo^{31} siɹ^{31}.ki^{0}
喇嘛.ERG 1SG-DAT 拉萨-ALL NEG 去.IPF CAUS.PRF
ɕeʔ^{53}-tɕuŋ^{31}.
说.PRF-EGO
喇嘛说叫我别去拉萨。

上述例句中，前两句的内嵌小句是命令句，其动词 $tuŋ^{51}$ 和 $tɕuk^{23}$ 是命令式；而后两句的内嵌小句是禁止句，其动词 $tʂy^{51}$ 和 $tʂo^{31}$ 是非完整体形式。上述例句中的被致使者 $a^{51-55}tɕo^{31}$ “哥哥” 和 $ŋa^{31}$ “我” 在句中不作为内嵌小句的主语成分出现，而是作为言说义动词的间接宾语成分出现，并且用与格助词 la^{0} 进行标记。

（五）致使结构的嵌套

陈塘夏尔巴话的词汇型、形态型、普通分析型和特殊分析型致使结构可以相互嵌套，形成复杂的嵌套致使结构。根据嵌套的层数不同，一般可以将陈塘夏尔巴话的嵌套致使结构分为两类——双层嵌套致使结构和三层嵌套致使结构。

1. 双层嵌套致使结构

双层嵌套致使结构指由上文四种致使结构类型两两嵌套所形成的复杂致使结构。致使结构的四种类型中，仅特殊分析型可以自我嵌套，其他三种类型则相反，只能与其他类型的致使结构嵌套，不能自我嵌套。如此便可形成以六种不同的双层嵌套致使结构。双层嵌套致使结构的结构类型由外层致使结构的结构类型决定，即双层嵌套致使结构的结构类型与最外层致使结构的结构类型相同。

1.1　词汇型与普通分析型嵌套

词汇型与普通分析型嵌套，从结构上看，仍属于普通分析型致使结构。与其他普通分析型致使结构相比，其特殊性在于致使标记前的动词也具有致使意义，例如：

（53）$a^{51-55}tɕø^{31}$　$tɕ^{h}a^{31}$　$søʔ^{53}$-tu^{0}　$tsyʔ^{53}$-$tɕuŋ^{31}$.
哥哥.ERG　鸡　杀.PRF-CONV　CAUS.PRF-EGO
哥哥让（我）杀鸡。

（54）$ts^{h}a^{51-55}my^{31}$　$ŋa^{31}$　$p^{h}i^{31-33}tsa^{51}$-la^{0}　$teɹ^{51}$-$tɕe^{31}$　$sø^{31}$-$tɕuŋ^{31}$.
嫂子.ERG　1SG　孩子-DAT　喂.PRF-NOM　CAUS.PRF-EGO
嫂子让我喂孩子。

1.2 词汇型与特殊分析型嵌套

词汇型与特殊分析型嵌套，从结构类型上看，其本质上仍属于特殊分析型致使结构，例如：

(55) pa$^{51-55}$saŋ^{51}-ki^{0} mak$^{23-33}$pi^{0} ŋa^{31}-la^{0} p^{h}i$^{31-33}$tsa^{51}

巴桑-GEN 老公.ERG 1SG-DAT 孩子

ha^{51}i^{0} teɹ^{51}-le^{31} siɹ^{31}-tɕuŋ^{31}.

DEM.DIS 喂.IMP-SCI CAUS.PRF-EGO

巴桑的老公叫我喂那个孩子。

(56) o^{31}i^{0} ŋa^{31}-la^{0} ts^{h}ak$^{53-55}$paɹ^{51} he^{51}-le^{31} siɹ^{31}-tɕuŋ^{31}.

3SG.ERG 1SG-DAT 报纸 烧.IMP CAUS.PRF-EGO

他/她叫我吧报纸烧了。

1.3 形态型与普通分析型嵌套

形态型与普通分析型嵌套之后仍是普通分析型致使结构，致使标记前的致使动词与非致使动词存在形式上的联系，例如：

(57) ma$^{51-55}$mi^{51} a$^{51-55}$tɕo^{31} ɕin^{51} tɕøʔ^{53}-tu^{0} tsyʔ^{53}-suŋ^{51}.

妈妈.ERG 哥哥 柴 砍.IPF-CONV CAUS.PRF-DIR

妈妈让哥哥劈柴了。

(58) a$^{51-55}$ɕaŋ^{31}-ki^{0} ŋa^{31} tan$^{51-55}$tsiŋ^{51}-la^{0} k^{h}o$^{31-33}$lak^{23}

舅舅-GEN 1SG 旦增-DAT 衣服

køn^{31}-tɕe^{31} sø^{31}-tɕuŋ^{31}.

穿.CAUS.IPF-NOM CAUS.PRF-EGO

舅舅让我给丹增穿衣服。

1.4 形态型与特殊分析型嵌套

形态型与特殊分析型嵌套，其内层是形态型致使结构，外层是分析型致使结构，整个嵌套结构是特殊分析型致使结构，例如：

(59) ma$^{51-55}$mi^{51} a$^{51-55}$tɕo^{31}-la^{0} ko$^{31-33}$tsɿ^{51} pe^{51}

妈妈.ERG 哥哥-DAT 门 开.CAUS.IMP

siɹ^{31}-suŋ^{51}.

CAUS.PRF-DIR

妈妈叫哥哥开门。

（60）a$^{51-55}$ni^{51}-ki^{0} lu$^{51-55}$tɕuŋ^{51}-la^{0} ko$^{51-55}$tɕo$^{51-55}$ma^{31} kok^{53}

姑姑-ERG 玉琼-DAT 乌鸦嘴 摘.CAUS.IMP

siɹ^{31}-suŋ^{51}.

CAUS.PRF-DIR

姑姑叫玉琼摘乌鸦嘴。

1.5 普通分析型与特殊分析型嵌套

在这种类型的嵌套结构中，普通分析型致使结构为内层结构，特殊分析型致使结构为外层结构。因此，整个嵌套结构为特殊分析致使结构，例如：

（61）ma$^{51-55}$mi^{51} a$^{51-55}$tɕo^{31}-la^{0} ŋa^{31}-la^{0} luŋ^{51}-tu^{0}

妈妈.ERG 哥哥-DAT 1SG-DAT 起.IPF-CONV

tsyʔ^{33}-le^{31} tɕ^{h}i^{31}-niʔ^{53}.

CAUS.IMP-SCI CAUS.PRF-INFR

妈妈叫哥哥让我起床了。

（62）ŋe^{31} lu$^{51-55}$tɕuŋ^{51}-la^{0} a$^{51-55}$tɕi^{51} min$^{31-33}$ma^{31}-la^{0} ŋe^{31}

1SG 玉琼-DAT 姐姐 敏玛-DAT 1SG.GEN

ma$^{51-55}$ma^{51}-la^{0} na$^{51-55}$na^{51}-tɕ^{h}ik^{53} tɕø^{51}-tu^{0} tsyʔ^{53}-le^{31}

妈妈-DAT 鼻烟-IND 送.IPF-CONV CAUS.IMP-SCI

tɕ^{h}i^{31}-pen^{31}

CAUS.PRF-REA.EGO

我叫玉琼让敏玛姐姐给我妈妈送了包鼻烟。

1.6 特殊分析型与特殊分析型嵌套

此种嵌套类型属于特殊分析型致使结构自身相互嵌套，即内外层致使结构均为特殊分析型。按照前文四大结构类型的分类方式，其仍然属于特殊分析型致使结构，例如：

（63）ma$^{51-55}$mi^{51}　ŋa^{31}-la^{0}　a$^{51-55}$tɕo^{31}-la^{0}　to^{51}　sa^{31}-tu^{0}
妈妈.ERG　1SG-DAT　哥哥-DAT　饭　吃.IPF-CONV
ɕok^{53}　tɕ^{h}i^{31}-le^{31}　tɕ^{h}i^{31}-tɕuŋ^{31}.
来.IMP　CAUS.IMP-SCI　CAUS.PRF-EGO
妈妈叫我叫哥哥来吃饭。

（64）ŋe^{31}　ma$^{51-55}$ma^{51}-la^{0}　miŋ$^{31-33}$pu^{51}-la^{0}　tak$^{53-55}$tʂo^{51}-ɹu^{0}
1SG.ERG　妈妈-DAT　弟弟-DAT　达卓-TER
tɕuk^{23}　tɕ^{h}i^{31}-le^{31}　tɕ^{h}i^{31}-pen^{31}.
去.IMP　CAUS.IMP-SCI　CAUS.PRF-REA.EGO
我叫妈妈叫弟弟到达卓去。

2. 三层嵌套结构

陈塘夏尔巴话的特殊分析型致使结构可以跟其他三种类型的致使结构形成比双层嵌套致使结构更复杂的三层及以上嵌套致使结构。在理论上这种结构嵌套的层数没有限制，但是在日常对话中最常用是三层嵌套致使结构，三层以上的嵌套结构不用，因此本文只描写和介绍三层嵌套致使结构。

三层嵌套致使结构的显著特点是最外两层必须是特殊分析型致使，最内一层可以是上文致使结构类型中除特殊分析型外的任意一种。另外，这种嵌套结构中的最内两层的动词均为命令式，最外层的动词则是限定致使义动词（即致使标记）。

根据最内层所嵌套的致使结构的类型，可以将三层嵌套致使结构分为内套词汇型、内套形态型和内套普通分析型三类。

2.1　内嵌词汇型

内套词汇型三层嵌套致使结构的最内层致使结构为词汇型，例如：

（65）ŋe^{31}　ma$^{51-55}$ma^{51}-la^{0}　a$^{51-55}$tɕo^{31}-la^{0}　jak^{53}　søʔ^{53}
1SG.ERG　妈妈-DAT　哥哥-DAT　牦牛　杀.IMP

tɕ^{h}i^{31}-le^{31} tɕ^{h}i^{31}-pen.

CAUS.IMP-SCI CAUS.PRF-REA.EGO

我叫妈妈叫哥哥杀牦牛。

（66）a$^{51-55}$tɕi^{51}-ki^{0} ŋa^{31}-la^{0} ts^{h}a$^{51-55}$mu^{31}-la^{0} p^{h}i$^{31-33}$tsa^{51}-la^{0}

姐姐-ERG 1SG-DAT 嫂子-DAT 孩子-OBJ

to^{51} teɹ^{51} tɕ^{h}i^{31}-le^{31} tɕ^{h}i^{31}-tɕuŋ^{31}

饭 喂.IMP CAUS.IMP-SCI CAUS.PRF-EGO

姐姐叫我叫嫂子给孩子喂饭。

2.2 内嵌形态型

内套形态型三层嵌套致使结构的最内层是形态型致使结构，例如：

（67）ma$^{51-55}$mi^{51} ŋa^{31}-la^{0} a$^{51-55}$tɕo^{31}-la^{0} ɕin^{51} ɕo^{51}

妈妈.ERG 1SG-DAT 哥哥-DAT 柴 劈.CAUS.IMP

tɕ^{h}i^{31}-le^{31} tɕ^{h}i^{31}-tɕuŋ^{31}.

CAUS.IMP-SCI CAUS.PRF-EGO

妈妈叫我叫哥哥劈柴。

（68）a$^{51-55}$ky^{51} ŋa^{31}-la^{0} a$^{51-55}$tɕo^{31}-la^{0} tɕ^{h}u^{51} pø^{51}

叔叔.ERG 1SG-DAT 哥哥-DAT 水 泼.CAUS.IMP

tɕ^{h}i^{31}-le^{31} tɕ^{h}i^{31}-tɕuŋ^{31}.

CAUS.IMP-SCI CAUS.PRF-EGO

叔叔叫我叫哥哥泼水。

2.3 内嵌普通分析型

内套普通分析型三层嵌套致使结构的最内层致使结构是普通分析型，最内层致使结构的致使标记动词为命令式，例如：

（69）ŋe^{31} ma$^{51-55}$ma^{51}-la^{0} paɹ^{51} tɕak^{23}-ken^{31}-la^{0}

1SG.ERG 妈妈-DAT 照片 做.IPF-NOM-DAT

paɹ^{51} o^{31}-pa^{0} e$^{51-55}$tse$^{51-55}$tɕik^{53} tɕ^{h}e^{51}-tu^{0}

照片 DEM.MED-PL 一点 大.IPF-CONV

tsyʔ^{53} tɕ^{h}i^{31}-le^{31} tɕ^{h}i^{31}-pen^{31}.

CAUS.IMP CAUS.IMP-SCI CAUS.PRF-EGO

我叫妈妈叫拍照的人把照片放大一点。

（70）ma$^{51-55}$mi^{51} ŋa^{31}-la^{0} tsik$^{53-55}$pa^{0}-la^{0} tsik$^{53-55}$pa^{0}

妈妈.ERG 1SG-DAT 建筑工人-DAT 墙

t^{h}o^{51}-tu^{0} sø^{31} tɕ^{h}i^{31}-le^{31} tɕ^{h}i^{31}-tɕuŋ^{31}.

高.IPF-CONV CAUS.IMP CAUS.IMP-SCI CAUS.PRF-EGO

妈妈叫我叫建筑工人把墙弄高。

四、陈塘夏尔巴话致使范畴的语义表达

根据语言类型学的研究，致使范畴的结构类型与语义表达之间存在映射关系。语言形式越简单紧凑的致使结构越表示直接致使意义，较为复杂的致使结构表示间接致使意义。换句话说，语言中都是从词汇型、形态型到分析型的形式连续统对应了从直接致使义到间接致使意义的意义连续统，即分析型用于表述间接致使关系，词汇型用于表述直接致使关系，而形态型则均可。（Comrie 1989）

根据上述理论，我们根据陈塘夏尔巴话致使范畴所表达的致使义的不同，将其划分为直接致使、协同致使和间接致使三类，进一步考察陈塘夏尔巴话的四种结构类型和此三种语义类型之间的对应关系。

（一）直接致使

直接致使可以理解为“致使者做了某事导致被致使者有了某种结果”，（马思敏 2022）其结构中的致使者与被致使者关系最为紧密，原因和结果之间的概念距离相近，原因事件和结果事件通常发生在相同的时间和地点。在直接致使中，致使者通常是生命度等级较高的人，对整个致使事件

具有完全的控制作用，而被致使者通常是无生命的事物，无主观能动性，完全受致使者支配。所以，致使者往往直接物理作用于被致使者，二者产生物理上的接触，导致被致使者发生变化。陈塘夏尔巴话的词汇型致使结构、形态型致使结构和普通分析型致使结构均可表达直接致使义。

词汇型致使结构是语言中结构最紧凑的一种致使结构，世界上所有的语言中几乎都可以采用其表达直接致使义，陈塘夏尔巴话也不例外，如：

（71）ŋa^{31} p^{h}i$^{31-33}$tsa^{51}-la^{0} to^{51} teɹ^{51}-køʔ^{23}.
1SG 孩子-DAT 饭 喂.IPF-IPF.EGO
我在喂孩子吃饭。

（72）ŋe^{31} k^{h}o$^{31-33}$lak^{23} o^{31}-ko^{31} he^{51} naŋ^{51}-niʔ^{53}.
1SG.ERG 衣服 DEM.MED-DEF 烧.PRF 自主-INFR
我把那个衣服烧了！（烧错了衣服）

形态型致使结构可用于表达直接致使义，例如：

（73）ŋe^{31} num^{51} o^{31}-pa^{0} pø^{51} naŋ^{51}-niʔ^{53}.
1SG.ERG 油 DEM.MED-PL 洒.CAUS.PRF 自主-INFR
我把油弄洒了。（错把油弄洒）

（74）ŋe^{31} ka$^{51-55}$ɹi$^{31-33}$la^{31} kok^{53}-pen^{31}.
1SG.ERG 佛手瓜 摘.CAUS.PRF-REA.EGO
我摘了佛手瓜。

普通分析型致使结构也可以表达直接致使义，被致使者往往是无生命的事物，例如：

（75）ŋe^{31} ky$^{51-55}$tok^{53} ha^{51}-ko^{31} ɹiŋ^{31}-tu^{0}
1SG.ERG 线 DEM.DIS-DEF 长.IPF-CONV
tsyʔ^{53}-pen^{31}.
CAUS.PRF-REA.EGO
我把那个线弄长了。

（76）ŋe^{31} tɕ^{h}am$^{31-33}$tuk^{53} ka^{51}-tu^{0} sø^{31}-pen^{31}.

1SG.ERG 酥油茶粥 稠.IPF-CONV CAUS.PRF-REA.EGO

我把酥油茶粥弄稠了。

（二）协同致使

协同致使义位于以直接致使义和间接致使义为两个端点组成的连续统的中间位置。在协同致使中，不仅致使者是有生命的，而且被致使者也是有生命的，同样也具有较强的施事性，致使事件的完成不仅依赖于致使者的参与，而且还需要被致使者的能动参与。

协同致使义本身也可以细分成三种类型：共同参与型（joint action）、帮助型（assistive）和监督型（supervision）。此三种致使义也可以形成一个连续统，共同参与型和帮助型致使义更靠近直接致使义一端，而监督型致使义更靠近间接致使义一端，其致使者和被致使者一般没有物理上的接触。

陈塘夏尔巴话中，只有普通分析型致使结构可以表达此三种类型的协同致使义，例如：

（77）ma$^{51-55}$ma^{51} p^{h}i$^{31-33}$tsa^{51}-la^{0} tsim^{51}tsi^{51}-tu^{0} tsyʔ^{53}-kiʔ^{53}.

妈妈 孩子-OBJ 玩耍.IPF-CONV CAUS.IPF-IPF.DIR

妈妈在让孩子玩耍。（共同参与型）

（78）lu$^{51-55}$tɕuŋ^{51} tʂup$^{53-55}$saŋ^{51}-la^{0} tɕin^{31} taŋ^{51}-tu^{0}

玉琼 珠桑-DAT 尿 放.IPF-CONV

tsyʔ^{53}-kiʔ^{53}.

CAUS.IPF-IPF.DIR

玉琼在让珠桑撒尿。（帮助型）

（79）ŋa^{31} lop$^{53-55}$tʂa^{51} i^{31}-pa^{31}-la^{0} i$^{31-33}$ki^{31}

1SG 孩子 DEM.PRX-PL-DAT 作业

tʂ^{h}i^{31}-tu^{0} tsyʔ^{53}-køʔ^{23}.

写.IPF-CONV CAUS.IPF-IPF.EGO

我在让这些学生写作业。（监督型）

（三）间接致使

间接致使义可以理解为“由于致使者做了某事造成被致使者产生了某种致使结果”。它与直接致使义相反，位于致使义连续统的另一端，其原因和结果之间的概念距离较远，原因事件和结果事件也不一定同时同地发生，因此总是倾向于使用形式不太紧凑的分析型致使结构表达。在间接致使义中，致使者对致使事件没有完全的掌控权，被致使者往往是生命度等级较高的人，有一定的主观能动性，被致使者可以自由决定是否愿意做。因此，致使者对被致使者的控制性较弱，致使事件的完成需要依赖被致使者的配合才能完成，这与致使者直接物理控制被致使者的直接致使义相反。间接致使义与协同致使义在被致使者必须有生命这一方面具有相似之处，但不同的是间接致使义中的致使者不直接参与动作行为的过程，而是对被致使者下达命令或要求。陈塘夏尔巴话中的形态型、普通分析型和特殊分析型致使结构均可表达间接致使义。

当形态型致使结构中的被致使者为有生命的主体时，可表达间接致使义，如：

（80）ŋe^{31}　a$^{51-55}$tɕo^{31}　laŋ^{51}-ŋen^{31}.
1SG.ERG　哥哥　起.CAUS.PRF-REA.EGO
我让哥哥起来了。

（81）ŋe^{31}　lu$^{51-55}$tɕuŋ^{51}　lok^{53}-pen^{31}.
1SG.ERG　玉琼　回.CAUS.PRF-REA.EGO
我让玉琼回去了。

普通分析型致使结构用于表达间接致使义时，与表达直接致使义时相反，其被致使者必须是无生命的事物，如：

（82）ŋe^{31}　a$^{51-55}$tɕo^{31}　luŋ^{31}-tu^{0}　tsyʔ^{53}-pen^{31}.
1SG.ERG　哥哥　起.IPF-CONV　CAUS.PRF-REA.EGO
我让哥哥起床了。

（83）ŋa^{31} tsʰa$^{51-55}$mu^{31}-la^{0} to^{51} tɕom^{31}-tɕe^{31} so^{31}-køʔ^{23}.

1SG 嫂子-OBJ 饭 做.IPF-NOM CAUS.IPF-IPF.EGO

我在让嫂子做饭。

特殊分析型致使结构只能用于表达间接致使义，如：

（84）pa$^{51-55}$pi^{51} ŋa^{31}-la^{0} to^{53} sø^{31}-le^{31} tɕʰi^{31}-tɕuŋ^{31}.

爸爸.ERG 1SG-OBJ 饭 做.IMP-SCI CAUS.PRF-EGO

爸爸让我做饭了。

（85）ɹo^{31}-ki^{0} ŋe^{31} a$^{51-55}$tɕo^{31}-la^{0} ɕin^{51} tom^{31}-tu^{0}

3SG-ERG 1SG.GEN 哥哥-OBJ 柴 捆.IPF-CONV

tɕuk^{23} tɕʰi^{31}-suŋ^{51}.

去.IMP CAUS.PRF-DIR

他/她让我哥哥去捆木柴了。

五、结　　论

本文从语言类型学角度对陈塘夏尔巴话致使范畴的结构类型、嵌套结构和语义表达进行了描写和分析。从结构类型上分析，陈塘夏尔巴话的致使结构有词汇型、形态型、普通分析型和特殊分析型四种形式，并且还存在复杂的嵌套致使结构。词汇型致使的数量较少；形态型致使在数量上比词汇型致使多，能产性远不及普通分析型和特殊分析型致使，大部分源于古藏语致使前缀的转化，主要依靠包括声母送气与否和声调高低不同在内的各种语音屈折手段表示；普通分析型致使和特殊分析型致使的能产性最高，使用频率最高范围最广，致使标记来源于表“做”义的动词 sø^{31}、动词标记语素 taŋ^{51} “放”以及表“言说”义的动词 tɕʰi^{31}和 siɹ^{31}，致使标记 tsyʔ^{53}的语法化源头尚不可知。从语义表达上看，陈塘夏尔巴话的致使范畴可表达直接致使义、协同致使义和间接致使义三种类型的致使义，致使义的表达与知识结构的类型存在系统的映射关系，直接致使义可以由词汇型、形态型和普通分析型致使表达，协同致使义仅由普通分析型致使结构表达，而间接致使义由形态型、普通分析型和特殊分析型表达。

参考文献

戴庆厦　1981　《载瓦语使动范畴的形态变化》，《民族语文》第 4 期。

格桑居冕　1982　《藏语动词的使动范畴》，《民族语文》第 5 期。

黄成龙　2014　《类型学视野中的致使结构》，《民族语文》第 5 期。

江　荻　2021　《藏语词法和形态》，北京：北京大学出版社。

江蓝生　2000　《近代汉语探源》，北京：商务印书馆。

陆丙甫、金立鑫　2015　《语言类型学教程》，北京：北京大学出版社。

马思敏　2022　《史兴语的致使结构》，《汉语史与汉藏语研究》第 1 辑。

瞿霭堂、劲松　2017　《藏语卫藏方言研究》，北京：中国藏学出版社。

瞿霭堂　1992　《夏尔巴话的识别——卫藏方言的又一个新土语》，《语言研究》第 2 期。

谭克让　1988　《藏语动词的自动态和使动态》，《民族语文》第 6 期。

杨树达　1984　《高等国文法》，北京：商务印书馆。

张济川　1989　《藏语的使动、时式、自主范畴》，《民族语文》第 2 期。

周季文、谢后芳　2003　《藏语拉萨话语法》，北京：民族出版社。

Comrie, Bernard　1976　The Syntar of Causative Construction. In *The Grammar of Causative Constructions*, Academic Press.

Comrie, Bernard　1989　*Language Universals and Linguistics Typology* (2nd sedition). Chicago: University of Chicago Press.

Graves, T. E.　2007　*A Grammar of Hile Sherpa*. the State University of New York at Buffalo.

Kelly, B.　2004　A grammar and glossary of Sherpa. In Genetti, C. (eds.). *Tibeto-Burman Languages of Nepal: Manage and Sherpa*. Canberra: Published by Pacific Linguistics. 193 – 323.

Shibatani, Masayoshi and Prashant Pardeshi.　2001　The Causative Continuum. In *The Grammar of Causation and Interpersonal Manipulation*, ed. by Shibatani, Masayoshi, 85 – 126. John Benjamins Publishing Company.

Shibatani, Masayoshi 2001 Introduction: Some Basic Issues in the Grammar of Causation. In *The Grammar of Causation and Interpersonal Manipulation*, ed. by Shibatani, Masayoshi, 1 – 22. John Benjamins Publishing Company.

Vesalainen, O. 2016 *A Grammar Sketch of Lhomi*. Dallas: SIL International.

书　评

“切韵学”体系构建的重要成果
——《宋元切韵学文献丛刊》

黄树先
首都师范大学文学院

［**摘要**］一直以来学界以图解汉语音系、辨析音理的学科通称为“等韵学”，在分期上又将宋元等韵学区别于明清，其实质是两个时期文献的性质具有较大差异。宋元时期更应该概括为“切韵学”。《宋元切韵学文献丛刊》是第一部以“切韵学”命名的丛书，是“切韵学”体系构建的重要成果。

［**关键词**］宋元切韵学　等韵学

李军、李红教授主编的《宋元切韵学文献丛刊》是国家社科基金重大项目“汉语等韵学著作集成、数据库建设及系列专题研究”的阶段性成果之一，对现存宋元时期的切韵学文献进行了全面的搜集、整理，对其中比较重要的切韵文献进行校注。该项目由国家古籍整理出版专项经费资助项目，由凤凰出版社出版完成，可谓切韵学文献影印、校释集大成之作。《宋元切韵学文献丛刊》对宋元切韵学文献的系统整理和校释，对深入归纳总结传统音系学理论的发展，对深入推进汉语等韵学研究与汉语语音史研究具有重要的文献价值与学术价值。

宋元切韵学理论是明清等韵学的源头，也是明清等韵学理论繁荣和发展的基础，对宋元切韵学文献进行整理和校注，对深入归纳总结传统音系理论的发展，对深入推进明清等韵学研究与明清汉语语音史研究具有重要的价值。

一、《宋元切韵学文献丛刊》是第一部以“切韵学”命名的丛书

汉语等韵学是中国传统语言文字学最基础的分支学科之一，是中国传统学术和传统文化中最具理论创新性和系统性的学科之一，亦可以称为中国古典汉语音系学。在构建等韵学的学科体系过程中，赵荫棠《等韵源流》设“两宋等韵之派别”“元明派等韵之背景”，从时间轴线上将“宋”独立于其他。李新魁《汉语等韵学》分为“宋元时期的等韵”与“明清时期的等韵”。耿振生《明清等韵学通论》中指出，整个等韵学史可以分为两个大阶段：唐、宋、元时期为前期，可称为“古代等韵学”或“中古等韵学”；明、清至民国期间为后期，可称为“近代等韵学”或“近古等韵学”。综合前贤的成果，对等韵学的分期以“宋元”“明清”二分法为佳。但“宋元”和“明清”均称之为等韵，就忽略了文献性质的不同。

“声韵调相配合以图解汉语音系、辨析音理的宋元切韵学大概萌发于中晚唐，大行于宋元。宋元是汉语等韵学的成熟期，是在唐五代前期切韵学的基础上发展完善起来的。随着切韵学四声相承、开合等列、清浊轻重、五音七音、双声叠韵、旁纽转纽等学说的发生与推广，解释并说明韵图使用方法的‘切韵法’亦臻成熟，形成体系。”（刘晓楠，2016）宋代官方韵书《广韵》《集韵》以及字书《大广益会玉篇》《类篇》，即第二、三代“篇韵”的颁行，为切韵学理论与韵书语音结构系统的分析相结合，满足韵书字书反切拼读的需要提供了前提条件。这一时期韵图最基本的方式是“以图表的格式来阐明韵书中反切所表示的字音”。（李新魁 1982）“以字母标双声之目，呼等析迭韵之条，纵横交贯”。（陈澧《〈等韵通〉序》）切韵图完全可以称之为“充分显示‘最小析异对’的矩形网状语音结构图”。（鲁国尧 2007）主要为表现“切韵法”而创作，性质较为单一。明清汉语等韵学理论丰富、成果丰硕，耿振生：“以这种图表给形式分析汉语语音结构的学问就是等韵学。”“宋元”“明清”不仅是

时间上的分期，从文献性质上，将“宋元”定义为“宋元切韵学”更为合理。

二、《宋元切韵学文献丛刊》全面收录并整理了宋元相关文献

宋元切韵学时期，韵图大致有三个主要系统：

（1）早期以反映《广韵》音系为主，如《韵镜》《七音略》；

（2）后期如《切韵指掌图》《四声等子》《经史正音切韵指南》，通过归并韵部的方式，开始向反映实际语音转型；

（3）20 世纪 90 年代鲁国尧在日本发现的南宋《卢宗迈切韵法》（1994：104－105），已佚的南宋杨中修《切韵类例》，则是以《集韵》为依据的切韵学著作。

宋元切韵学文献一直是学术界研究的焦点，对这些文献的校注也取得了一定的成果，尤其以《韵镜》的校注成果最为丰富，龙宇纯《〈韵镜〉校注》（1959）、马渊和夫《〈韵镜〉校本和〈广韵〉索引》（1977）、李新魁《〈韵镜〉校证》（1982），杨军《〈韵镜〉校笺》（2007）等。《七音略》有杨军《〈七音略〉校注》（2003），则是目前学术界对《七音略》校注最全面、最精细的著作。现存其他宋元切韵学文献的校勘还有很大程度的不足。《宋元切韵学文献丛刊》将流传至今的宋元切韵学文献全部纳入了校勘、注释的对象。这些文献包括：

（1）南宋绍兴辛巳年（1161）张麟之刊《韵镜》；

（2）南宋绍兴辛巳年（1161）郑樵述《通志・七音略》；

（3）南宋淳熙丙午年（1186）左右卢宗迈《卢宗迈切韵法》；

（4）南宋嘉泰癸亥年（1203）刊托名司马光的《切韵指掌图》；

（5）无名氏《四声等子》；

（6）元惠宗至元丙子年（1336）刘鉴《经史正音切韵指南》；

（7）北宋邵雍《皇极经世观物篇・声音唱和图》（1072 年左右）；

（8）南宋淳祐辛丑年（1241）祝泌《皇极经世解起数诀》；

（9）金代□髓《解释歌义》；

（10）北宋沈括《梦溪笔谈》“切韵之学”。

时间跨越两宋辽金元，文献类型有切韵图，有门法专著，有切韵学理论专论；有与韵书音系相配的传统意义上的切韵学文献，也有利用切韵理论阐发易理的应用性文献。

三、《宋元切韵学文献丛刊》版本精良，稀见版本得以出版

为满足读者阅读参考完整文献的需要，《宋元切韵学文献丛刊》均注重精选底本，并在书末多附录各切韵文献影印底本。其中《韵镜》附有两种重要版本，《七音略》附有一种重要版本，这三种版本以及《卢宗迈切韵法》，特地采用全彩影印的方式，以充分体现其版本特点与价值。《皇极经世解起数诀》四库本多见，明本目前所见仅三种，分别为南京图书馆藏本、台北故宫本和日本静嘉堂本，本丛书以南京图书馆藏明钞本为底本。《经史正音切韵指南》以国家图书馆藏明弘治本为底本，《四声等子》以咫进斋本为底本。各切韵文献均选择最为精良的版本，并进行精校，为学林提供最佳版本，为治学提供精校本。

《宋元切韵学文献丛刊》版本收集涉及日本国立国会图书馆、国立公文图书馆、早稻田大学图书馆、哈佛大学燕京图书馆、国家图书馆、南京图书馆等国内外藏书机构。另外，前中国音韵学会会长，南京大学鲁国尧教授早年在日本发现了沉埋八百余载的《集韵》系列切韵学文献《卢宗迈切韵法》，并著文向学术界公布了这一宇内孤本，提出了许多富有卓见的切韵学理论观点，如“切韵图是层累地造出来的”，汉语等韵学分为宋元切韵学与明清等韵学两个阶段，宋元早期切韵学文献分为《广韵》系列与《集韵》系列等，这些观点都已经得到了学术界的广泛接受与认可。鲁先生以八十四岁高龄，对《卢宗迈切韵法》以及《梦溪笔谈》卷十五

“艺文二”之“切韵之学”条进行更深入细致的校释、阐述，将其纳入《宋元切韵学文献丛刊》，以惠泽学林。黑水城门法文献《解释歌义》依据聂鸿音、孙伯君两位先生为学术界公布的俄罗斯科学院东方研究所圣彼得堡分所所藏稀世文献。

四、《宋元切韵学文献丛刊》“一图一注”，使用便捷

《宋元切韵学文献丛刊》对各种切韵文献的校释，注重广搜众本，旁稽诸韵书、字书，善于借鉴、参考前贤时彦的研究成果。为方便读者阅读，丛书多采用“一图一注”的编排方式；同时为满足读者阅读参考完整文献的需要，各书末均附各切韵文献影印底本。其中《韵镜》另附了两种不同的版本，《七音略》另附了一种版本。这三种版本以及《卢宗迈切韵法》，均采用了全彩影印，以充分体现其版本价值。这样的编排方式可扩大文献的受众面，减少研究者的文献搜集、抄录及繁琐的整理、对比、检索环节，推进宋元切韵学研究的广度和深度，最大限度地展现文献的使用价值，让宋元切韵学文献重新焕发新的活力，从而形成百花齐放的研究局面，促进汉语等韵学这门传统学科的健康发展。

宋元汉语切韵学文献理论自成体系、著作层次丰富、学术影响力极大。一部比较完整的宋元切韵学文献整理丛书可以进一步推动宋元切韵学乃至汉语等韵学理论体系的研究，为深入开展汉语等韵学研究提供可资参阅的文献资料。汉语等韵学一直被称之为“绝学”，章学诚《文史通义·申郑》认为，“七音之学”等“诚所谓专门绝业”。近年来党和国家领导人一直提倡“要讲清楚中华优秀传统文化的历史渊源、发展脉络、基本走向，讲清楚中华文化的独特创造、价值理念、鲜明特色，增强文化自信和价值观自信”，冷门绝学的研究日益受到重视。对具有悠久的研究历史、独特的研究理论体系、独创的语音分析理论与方法，且具有鲜明中国特色的汉语切韵学文献进行搜集与整理，不仅有助于进一步推动汉语等韵学研

究的深入研究，更有助于重新构建中国古典音系学理论体系，梳理一千多年来中国古典音系学在学术创造方面的影响、在知识传播方面的价值，及其对中国文化、社会生活所产生的重要推动作用，并为以上研究提供坚实的文献基础。

参考文献

耿振生　1992　《明清等韵学通论》，北京：语文出版社。

李　军　2020　《汉语等韵文献的整理与汉语等韵学史、古典音系学的构建》，《湖南师范大学学报》第 1 期。

李新魁　1982　《〈韵镜〉校证》，北京：中华书局。

李新魁　1983　《汉语等韵学》，北京：中华书局。

刘晓南　2016　《程朱二氏“四声互用”说考源》，《语文研究》第 2 期。

龙宇纯　1982　《〈韵镜〉校注》，台北：台湾艺文印书馆。

鲁国尧　1994　《卢宗迈切韵法》，载《鲁国尧自选集》，郑州：大象出版社。

鲁国尧　2007　《中国音韵学的切韵图与西洋音系学（Phonology）的“最小析异对”（minimal pair）》，《古汉语研究》第 4 期。

马渊和夫　1977　《〈韵镜〉校本和〈广韵〉索引》，东京：日本岩南堂书店。

杨　军　2003　《〈七音略〉校注》，上海：上海辞书出版社。

杨　军　2007　《〈韵镜〉校笺》，杭州：浙江大学出版社。